손님 모이는 가게
따로 있다

성공 자영업
길라잡이
01

손님 모이는 가게 따로 있다

최인한·최재희 지음
조영남 그림

중앙경제평론사

머리말

올해 일본은 국내총생산(GDP) 부문에서 중국에 추격을 허용해 42년 만에 세계 2위에서 3위 경제대국으로 떨어지게 됐다. 글로벌 경기침체 여파로 디플레에 빠지면서 2000년대 중반 불황에서 벗어났던 일본경제가 다시 추락할 것으로 보는 경제 전문가들도 나타났다. 하지만 일본은 여전히 무역대국이며, 세계 최고의 제조업 경쟁력을 자랑하는 경제강국이다.

기자는 일본이 10년 장기불황을 겪던 2000년대 초반과 경기가 회복기를 맞은 2000년대 중반 두 차례에 걸쳐 4년여간 일본에서 산 적이 있다. 경기침체기와 회복기를 모두 겪어봤지만 해외에서 보는 것과 달리 보통 사람들의 삶은 실제 큰 차이가 없다. 불황기에도 대학 졸업장이 없는 사람들도 열심히 일하면 중류층으로 살아가는 데 큰 어려움이 없다.

지난해부터 경기침체가 가속화되면서 젊은이들의 취업난이 심해지고, 서민층의 소득이 줄고 있지만 그래

도 우리만큼 살기가 어렵지는 않다.

일본경제가 외풍에 흔들리지 않고 안정을 유지하는 것은 중소 제조업체와 자영업자들이 강해서다. 장기 불황 속에도 일본경제가 경쟁력을 꿋꿋하게 유지하고 사회가 불안하지 않은 것은 자영업자들이 버팀목이 되고 있기 때문이다. 수도 도쿄는 물론 지방도시의 주택가에 들어가 보면 수많은 자영업소들이 활기차게 영업하는 모습을 발견할 수 있다.

기자가 살던 도쿄 신주쿠 뒷골목에도 100여 년 이상 된 빵집, 라면집, 꽃집 등이 많았다. 명문대를 나온 뒤 부모의 뒤를 이어 작은 가게를 운영하는 주인들을 보며 부러워했던 기억이 떠오른다.

자영업자의 안정없이 사회 발전을 기대하긴 어렵다. 선진 외국에 비해 자영업자 비중이 특히 높은 우리 사회는 말할 것도 없다. 지난해 말 우리나라 자영업자는 570여 만 명으로 추정된다. 4년 전보다 50여 만 명 감소한 수치다. 경기침체 여파로 자영업자들이 어려움을 겪고 있음을 반영한다. 올 들어 경기가 회복세를 타고 있지만 경기 호전을 실감하는 자영업자들은 거의 없다. 대부분 영세업자인데다 고객층이

머리말

서민들이기 때문이다.

　자영업은 고용창출을 위해서도 중요하다. 정부의 공식 통계에 들어가지는 않지만 실업과 다름없는 상태에 있는 사람을 포함한 '광의의 실업자'는 작년 말 329만 9,000명에 달했다. 1년 전보다 36만 7,000명 늘어난 것이다. 자영업 활성화 없이 고용을 늘리기도 어려운 게 우리 경제의 현실이다.

　이명박 대통령은 올해 최우선 정책 목표로 '일자리 창출'을 내세웠다. 이를 위해 서민경제 안정에 최선을 다하겠다고 강조했다. 대통령의 약속대로 자영업자를 포함한 서민들의 삶이 조금은 나아지기를 기대해본다. 자영업자들이 다시 중산층 대열에 합류할 수 있어야 우리 사회가 건강해질 수 있다.

　이 책은 한경자영업종합지원단의 결과물이다. 국내 최고 자영업 컨설턴트들이 지난 3년 동안 100여 곳의 자영업소를 직접 방문한 현장 리포트이기도 하다. 갑수

록 어려움을 겪고 있는 전국의 자영업자들에게 희망을 주는 조그만 안내서가 됐으면 하는 바람이다. 최재희 자영업지원단 단장과 소속 컨설턴트들에게 고마운 마음을 전한다. 멋진 책이 되도록 삽화를 그려준 한국경제신문 조영남 화백께 특히 감사드린다.

최인한

차례

머리말 • 4

1부 자영업 성공 비전

1장 자영업의 현주소와 미래
- 자영업의 현재와 미래 • 12
- 기자가 본 우리나라의 자영업 • 17
- 장기 불황 속 자영업 생존 방안 • 19

2장 장기불황에 따른 위기극복 노하우
- 소득 1만 7,000달러 시대 대한민국 자영업의 현주소 • 30
- 유망 업종에는 어떤 것이 있을까? • 32
- 성공 자영업자 탄생 비결 • 34
- 자영업 불황극복 노하우 • 37
- 매출을 올리려면 • 41
- 수익을 높이려면 • 49

2부 자영업 성공을 위한 실전 컨설팅

1장 음식업종 성공 컨설팅
- ❶ 서울 수유동 **해물찜·탕전문점** • 54
- ❷ 서울 구로동 **오징어요리전문점** • 61
- ❸ 서울 반포동 **소머리국밥집** • 68
- ❹ 서울 공릉동 **초밥집** • 75

- ⑤ 인천 만수동 **냉면전문점** • 82
- ⑥ 서울 하월곡동 **순댓국전문점** • 90
- ⑦ 서울 시흥동 **닭요리전문점** • 98
- ⑧ 서울 둔촌동 **보양식전문점** • 105
- ⑨ 서울 신대방동 **설렁탕전문점** • 112
- ⑩ 서울 묵동 **삼겹살전문점** • 119
- ⑪ 서울 화양동 **해장국전문점** • 126
- ⑫ 서울 신림4동 **한식당 업종 전환** • 132
- ⑬ 인천 옥련동 **활어횟집** • 139
- ⑭ 서울 신당동 **한식·생고기전문점** • 147
- ⑮ 경기 구리시 **도토리음식전문점** • 154
- ⑯ 경기 파주시 **한식당** • 161
- ⑰ 서울 만리동 **보양식·한식당** • 168
- ⑱ 서울 망우동 **생선구이전문점** • 175

2장 기타 일반업종 성공 컨설팅

- ⑲ 서울 대치동 **의류판매점** • 182
- ⑳ 서울 답십리 **맞춤양복점** • 189
- ㉑ 인천 부평구 **기독교전문서점** • 196
- ㉒ 서울 군자동 **네일아트전문점** • 203
- ㉓ 경기 용인시 **생활자기전문점** • 209
- ㉔ 경기 김포시 **생활용품제조업체** • 216
- ㉕ 경기 안산시 **청소기판매점** • 223
- ㉖ 서울 상계동 **식품제조업체** • 230
- ㉗ 강원 춘천 **민속카페** • 237
- ㉘ 서울 인사동 **호프주점** • 244

㉙ 서울 용답동 **치킨전문점** • 251
㉚ 서울 자양동 **치킨호프전문점** • 258
㉛ 서울 독산동 **도시락제조업체** • 265
㉜ 경기 의정부시 **제과점** • 272
㉝ 서울 신길동 **빵집** • 279

3부 우리 시대 영웅, 성공 창업자 13人

자영업으로 성공한 CEO 13人의 이야기 • 288
- **남상만** 대림정 대표, 한국음식업중앙회 회장 • 290
- **김순진** (주)놀부 회장 • 293
- **배연정** 배연정소머리국밥 사장 • 296
- **장경순** 촛불1978 대표 • 299
- **이호경** 떡삼시대 대표 • 302
- **정형화** 닥터정 T클래스 대표 • 305
- **김익수** 채선당 사장 • 308
- **이영덕** (주)한솥 대표 • 311
- **김영덕** 퀴즈노스서브 사장 • 314
- **김성동** 카페띠아모 대표 • 317
- **현철호** 네네치킨 대표 • 320
- **정수연** 프레쉬버거·할리스커피 대표 • 323
- **홍종훈** 마인츠돔 사장 • 326

성공 자영업 컨설팅 후기 • 329

1부
자영업 성공 비전

1장 자영업의 현주소와 미래

2장 장기불황에 따른 위기극복 노하우

1장 자영업의 현주소와 미래

최인한 기자

◉ 자영업의 현재와 미래

자영업자 수는 줄고 고용은 갈수록 어려워져

집권 만 2년이 지난 이명박 정부의 정책 기류에 변화가 감지된다. 올 들어 이 대통령은 부쩍 '친서민' 정책을 강조하고 있다. 정권 출범 초기 경제를 활성화하기 위해 '친대기업' 정책을 내세운 것과 비교하면 크게 달라진 모습이다. 대통령의 친서민정책에 대해 '알맹이' 없는 포퓰리즘이라는 비판론자들의 지적도 있지만, 경제정책 기조가 바뀐 것은 분명해 보인다.

대통령의 정책 기조 변화에는 분명 이유가 있을 것이다. 여러 가지 해석이 가능하겠지만 2008년 상반기에 광우병 파동을 겪으면서 대통령이 '국민', 좀 더 좁혀 말하면 말 없는 다수 서민들의 '파워'를 뼈저리게 체험한 것이 계기가 됐다. 하류층으로 전락하는 자영업자에 대한 대책이 마련되지 않으면 우리나라는 지속적인 경제성장은 물론 사회 안정을 기대하기 어려울 것이다.

경기침체가 장기화되면서 서민의 삶은 갈수록 팍팍해지고 있다. 실제로 중산층에서 하류층으로 추락하는 자영업자들이 급속도로 늘어났다. 빈곤층으로 빠져드는 자영업자는 우리나라 경제에 큰 짐이다. 570만 명에 이르는 자영업자가 벼랑 끝에 몰리면 우리 경제는 더욱 어려워질 수밖에 없다.

정부의 공식 통계를 봐도 이런 상황을 파악할 수 있다. 2009년 말 현재 자영업자 수는 570만여 명으로 2005년보다 50만 명 감소했다. 우리 경제가 더블 딥(경기가 회복되다가 다시 침체하는 현상)까지 가지는 않겠지만 당분간 본격적인 경기회복을 기대하기는 어려울 것 같다. 자영업자들이 더욱 힘들어질 것이란 얘기다.

고용난 심각해

갈수록 악화되는 고용상황도 우리 사회의 '뇌관'이다. 취업난은 날이 갈수록 심각해지고 있다. 2009년 10월 기준으로 15~29세 인구 975만여 명 가운데 경제활동인구는 416만 명에 그쳤다. 경제활동참가율은 1999년 관련 통계를 집계한 이래 가장 낮은 42%에 불과하다. 경제협력개발기구(OECD) 평균인 54%와 비교할 때 크게 떨어지는 수치다. 비경제활동인구가 그만큼 많다는 뜻으로 자영업의 중요성이 커지는 것도 이 때문이다.

글로벌 경기침체가 이어져 당분간 고용상황이 크게 개선될 확률은 낮다. 정부 당국자도 이런 견해에 동의한다. 윤증현 기획재정부 장관은 2009년 말 공식석상에서 "올해 10만 명 내외의 일자리 감소가 예상된다. 고용 여건은 2003년 이후 지속적으로 악화됐다. 공공 부문을 제외한 취업자 감소폭이 크다. 민간의 자생적 회복 노력이 더디다. 고용 여건 개선에는 시일이 상당히 걸릴 것이다"라고 전망했다.

1997년 외환위기 때는 상용직 고용 불안이 문제가 됐지만 2008년 금융위기 이후 자영업자와 일용직 일자리 감소가 두드러지고 있다. 2009년 9월 상용직 취업자는 전년 동기 대비 46만 4,000명이 늘었지만 자영업(-32만 4,000명), 일용직(-13만 4,000명) 취업자 수는 큰 폭으로 줄었다. 상대적으로 영세한 계층의 고용시장이 불안해지면 양극화가 심화되어 심각한 사회문제를 잉태하게 된다. 삼성경제연구소는 올해에도 일자리가 부족할 것으로 전망했다. 손민중 삼성경제연구소 수석연구원은 "경기가 회복된다 해도 일자리가 늘어나긴 어려울 것이다"라고 전망했다.

고용을 확대하려면 수출 의존형 경제에서 벗어나야 한다는 주장이 많다. 수출 의존도가 높은 제조업의 고용유발계수(10억 원을 투입했을 때 창출되는 일자리 수)가 계속해서 떨어지고 있기 때문이다. 한국은행에 따르면 제조업 분야 고용유발계수는 2007년 6.6명까지 떨어졌다.

반면 서비스업은 2000년 13.7명에서 2005년부터 12.6명을 유지하고 있다.

현 정부의 친서민정책과 자영업 향방

이명박 정부의 친서민정책은 '서민'이라기보다 중산층에 초점을 두고 있다는 지적이 많다. OECD는 중위소득(전체 가구를 소득 순서로 배열했을 때 가운데에 해당하는 소득수준)의 50~150%를 버는 계층을 중산층으로 정의하는데, 우리나라에서는 2008년 기준으로 월 354만 원을 버는 계층이다. 정부는 연소득 3,000만 원 이하 무주택자의 경우 '서민·근로자 전세 대출'을 해준다. 이를 감안할 때 연소득 3,000만 원 이하를 서민층이라고 볼 수 있다.

서민층의 분류는 기준에 따라 다소 다르겠지만 현 정부의 '친서민' 행보는 지속될 확률이 높다. 이명박 대통령은 지난해 국회 시정연설에서 '4대강 살리기'와 함께 '친서민·중도실용' 핵심 과제를 추진하겠다고 강조했다. 친서민정책 후속편으로 '교육'이 준비되고 있다. 외고 폐지, 대입 수능시험 개선, 영어 사교육비 절감 등 서민의 피부에 와닿는 민생정책이 탄력을 받을 것으로 보인다.

대기업과 부유층에 치우친 정책으로 비판받던 이명박 정부가 친서민정책을 편다고 했을 때 국민은 어리둥절해했다. 하지만 이명박 정부는 등록금 후불제, 보금자리주택, 미소금융 등 친서민정책을 속속 내놓고 있다. 케인스주의자로 좌파 성향에 가까운 정운찬 전 서울대 총장도 국무총리로 영입했다. 2008년 촛불집회 당시 10%대까지 추락했던 이 대통령의 지지율은 친서민 행보를 보이면서 올 초 50%선까지 치솟았다.

올해는 지자체장 선거, 내년엔 국회의원 선거가 기다리고 있어 이명박 정부가 다수 서민의 표를 무시하긴 어려울 것으로 예상된다. 이것이 친서민 행보가 이어질 것으로 보는 배경이다. 자영업 지원정책도 계속 나올 것으로 전망된다.

이명박 대통령의 마인드가 2009년 6월 서울 이문동 재래시장을 찾은 뒤 크게 달라졌다. 재래시장 상인들이 대통령의 친서민 행보에 아낌없이 박수를 보내자 이 대통령이 크게 고무됐다는 후문이다. 이명박 정부의 경제정책 변화는 여러 곳에서 감지된다.

대표적인 예가 대형마트들이 내놓은 기업형슈퍼마켓(SSM)을 둘러싼 논란이다. 유통 대기업들은 2000년대 들어 대형마트 시장이 한계에 부딪히자 대형마트와 동네 슈퍼마켓 사이의 틈새시장인 SSM 사업에 뛰어들었다. SSM은 골목까지 무차별적으로 파고들었다. 2000년 26개였던 SSM은 2009년 7월 428개로 16배 정도 늘어났다.

시민단체는 지역 상권에 미치는 영향 등을 조사해 규제 당국이 허가를 내주는 방식인 '허가제'를 요구했다. 정부는 SSM을 개설하려면 지역 협력 사업계획을 세워 지자체에 등록만 하면 되는 '등록제'를 추진 중이다. 이 같은 정부의 기본 방침과 관계없이 SSM 진출은 이미 곳곳에서 브레이크가 걸렸다. 영세 자영업자나 서민들의 반발을 고려해 정부가 점포 신설에 부정적인 태도를 보이고 있기 때문이다.

자유시장경제체제 아래서 대기업이라고 해 점포 신설을 제한할 수는 없다. 하지만 SSM의 골목상권 진출이 거대자본 세력과 영세 자영업자 사이에 첨예한 이슈로 부상하면서 정부는 눈치를 볼 수밖에 없게 됐다. 대기업의 SSM 확장이 그리 녹록해 보이진 않는다. 경기침체가 장기화되면서 자영업의 생존문제가 앞으로도 첨예한 사회적 이슈가 될 공산이 크다.

◎ 기자가 본 우리나라의 자영업

자영업 컨설팅 현장에서

한국경제신문은 중소기업청과 공동으로 2009년 상반기와 하반기에 '창업·자영업 로드쇼'를 전국 10대 도시에서 개최했다. 수도권에 비해 낙후된 지방 중소도시의 주요 상권을 찾아가 국내 최고 전문가들로 구성된 한경자영업종합지원단이 무료로 컨설팅을 해주는 행사다. 2009년 10월 의정부를 시작으로 안양, 속초 등 수도권과 강원도 3개 도시를 돌면서 새삼 느낀 점이 많다.

우선 지역 상인과 예비 창업자들의 반응이 매우 뜨거웠다. 지난해 3월에 이어 두 번째로 진행했는데 시간이 갈수록 지역 주민들의 반응은 폭발적이었다. 첫날 오전 의정부 시청에서 열린 '중소상인 활성화' 세미나에 사람들이 예상보다 많이 찾아와 준비해둔 100석으로는 어림도 없었다.

중산층이 많은 평촌의 먹을거리촌에서 열린 현장 컨설팅과 점포방문 컨설팅에도 상인은 물론 일반 시민들이 몰려와 북적였다. 하지만 안타까운 점도 있었다. 상인들이 찾아오기 쉽게 하려고 현장 컨설팅 행사장을 상가 인근 지역에 설치했으나 주변만 맴돌 뿐 과감하게 행사장 안으로 들어서지 못하는 상인들도 많았다. 그들은 왜 망설였을까?

사전 신청을 받은 점포를 방문해보면 경기침체 여파로 상인들이 매출감소, 자금조달 등 각종 문제에 직면해 있음을 알 수 있다. 그런데도 코앞에 있는 행사장을 선뜻 찾지 못하는 것은 자영업자들의 '폐쇄성' 때문일 것이다. 우리는 자영업 '지면 컨설팅 프로그램'도 5년째 진행하고 있다. 해마다 컨설팅을 100건 이상 실시해 500명 이상의 자영업자들이 혜택을 받았다. 입소문이 나면서 의뢰 건수도 매달 급증하고 있다. 이들 가운데는 전문가들의 조언을 받아들여 위기를 극복하고 재도약에 성공한 사람들이 많다.

로드쇼 행사장을 찾은 상인들 중에서도 처음엔 매출, 권리금 등 영업상황을 공개하기 꺼리다가 컨설턴트들의 진심에 감동해 가정사 등 속내까지 털어놓고 한두 시간 이상 머물다 간 사람들이 많았다. 예비 창업자들이나 자영업자들이 '마음의 벽'을 허물고 컨설팅에 적극적으로 응하면 해결책은 나온다. 두드리는 자에게 문은 열리기 마련이다.

또 하나 안타까운 것은 상인들이 정부나 지자체 등 외부 지원에 너무 매달리고 있다는 점이다. 스스로 난관을 타개해 살아남아야겠다는 의지가 다소 약하지 않나 하는 생각이 들었다.

일본에서 근무할 때와 비교해보면 자영업자들의 자부심도 부족한 것 같다. 일본에서는 6~10㎡(2~3평)짜리 라면가게나 빵집을 하더라도 점주들의 자부심과 열성이 대단하다. 내가 아니면 누가 할 수 있느냐는 자긍심이 있다.

자영업을 하더라도 남들에게 존경받으려면 더 많이 노력해야 한다. 자신이 정말로 중요한 일을 하고 있으며, 지역 주민들에게 기여한다는 의식을 갖고 스스로 가치를 만들어야 한다. 실패와 성공은 종이 한 장 차이로 판가름 난다.

◎ 장기 불황 속 자영업 생존 방안

자영업자들도 혁신해야

경제가 아무리 어렵다 해도 주변을 둘러보면 성공한 자영업자들이 많다. 남들이 힘들고 어렵다고 하는 자영업에 뛰어들어 대를 잇는 젊은이들도 많다. 연세대 영문과를 졸업한 박승필(27세) 씨는 부친이 하는 양복점을 잇기 위해 '취업' 대신 '가업'을 선택했다. 그는 서울 답십리에 있는 양복점 '엘부림(elburim)'을 부친과 공동 경영하고 있다.

"어릴 때부터 영어선생님을 꿈꿨습니다. 하지만 대학에 들어온 뒤

아버지가 운영하는 양복점이 고전을 면치 못하고, 양복점 자체가 백화점 등에 밀려나는 것을 보면서 양복점을 살려야 한다는 사명감을 갖게 됐습니다."

지금도 아이들에게 영어를 무료로 가르쳐주는 박씨는 '교육자'도 좋지만 부친이 40년 동안 지켜온 양복점을 키우는 것이 더 보람 있는 일이라고 말했다.

박씨는 부친을 도와 양복점을 조금씩 변모시키고 있다. 매장을 뒷골목에서 도로변으로 옮겼고, 상호도 '부림양복점'에서 '엘부림'으로 바꿨다. 박씨는 엘부림이 20~30대 전문직 종사자 등을 겨냥해 고급 백화점에서 한 벌에 수백만 원씩 하는 명품 양복을 절반 이하 가격으로 제공하는 '맞춤 양복점'이라고 강조했다. 그는 "각종 기능대회에서 대상을 수상한 부친의 손맛을 살리고, 마케팅을 제대로 하면 승산이 있다. 본점을 키운 뒤 프랜차이즈 사업에 나설 계획이다"라고 포부를 밝혔다.

엘부림의 경우 아들이 대를 이어 '전통'을 살리는데다 매장환경을 바꾸고 마케팅 활동을 과감하게 펼치면서 반년 만에 매출이 두 배 이상 늘었다. 신문과 방송을 통해 가게가 알려지면서 연예인이나 운동선수 등 유명인사들도 단골이 될 정도로 인기를 끌고 있다.

불황으로 자영업자들이 어려움을 겪고 있지만 우리 사회에는 박씨 같은 젊은이들이 적지 않다. 서울 광장동의 유명한 묵전문집 '도토리 마을'의 서보건(34세), 서보균(32세) 형제도 비슷한 경우다. 치대를 졸업한 형은 의사의 길을 포기하고 대학을 졸업한 2007년 모친이 운영하던 광장동 도토리마을을 이어받아 묵을 팔고 있다. 국제무역학을 전공한 동생도 연봉 6,000만 원인 증권사에 다니다가 2008년 가을 회사를 그만두고 경기도 구리시에 '도토리마을' 분점을 냈다.

서씨는 "20년 이상 어머니 가게를 찾아오는 단골들을 보면서 좋은 음식을 만드는 게 보람 있는 일이라고 느꼈다. 샐러리맨보다 '수입'도 훨씬 많다"라고 말했다.

일본이나 유럽 등 선진국에는 대를 이어 자영업을 하는 사람들이 많다. 일본의 경우 도쿄대, 게이오대 등 명문대를 졸업한 뒤 부친이 하던 우동집이나 라면집을 물려받는 게 드문 일이 아니다.

이에 비해 관료나 직장인 등 화이트칼라를 선호하는 우리 사회에서는 '장사'를 그리 후하게 평가하지 않았다. 하지만 최근 일자리가 줄어드는데다 실용 마인드로 무장한 젊은이들이 늘면서 자영업에 대한 평가가 달라지고 있다. 자영업이나 중소기업에 젊은이들이 많이 진출한다는 것은 사회의 건강한 발전을 위해 바람직하다. 일본경제가 글로벌 경기침체 속에서도 안정돼 있고, 자동차, 로봇 등 주요 제조업에서 굳건한 경쟁력을 유지하고 있는 것은 대를 이어 한 가지에 몰두하는 사람들이 많기 때문이다.

세계 소비시장 침체로 위기에 몰렸던 도요타, 혼다 등 일본 자동차 업체들이 차세대 주력차인 하이브리드차 시장에서 90% 이상 점유율을 차지한 것은 기초가 튼튼하기 때문이다. 100년 이상 장수하는 기업이 일본에는 5만 개나 있는 반면 우리나라에는 두산과 동화약품 두 개에 불과한 것이 두 나라의 경제력 격차를 반영한다.

선진국은 흔들림이 적은 사회다. 그런데 우리나라의 경우 자영업자들이 한 해에 30여 만 명씩 줄어든다니 보통 일이 아니다. 정부는 대책을 서둘러야 하고, 자영업자들도 살아남기 위해 스스로 경쟁력을 갖춰야 한다. 성공한 자영업자로 꼽히는 남상만 한국음식업중앙회 회장은 "경영 환경이 아무리 어려워도 긍정적인 사고와 끈기를 가지면 어떠한 난관도 극복할 수 있다"라며 젊은이들이 용기를 가져달라고 주문했다.

자영업도 혁신해야 살아남는다

"지방 학생들이 취업이나 창업에 성공하려면 차별화된 아이템을 찾아야 합니다. 바다에 인접한 지리적 여건을 활용해 대학과 속초시가 손잡고 해양심층수를 개발해 상용화를 눈앞에 두고 있습니다."(어재선 경동대 교수)

"정부 지원이 필요하지만 시장 상인들도 시설을 현대화하고 서비스의 품질을 높여야 합니다. 그래야 내·외국 관광객들의 발길을 잡을 수 있죠."(양승석 제주 중앙지하상가상인회장)

중소기업청과 한국경제신문이 전국 자영업 현장을 찾아가 경영 컨설팅을 해주는 '창업·자영업 로드쇼'의 여운이 아직도 가시지 않는다. 연간 1만여 명의 자영업자와 예비 창업자들이 현장을 방문해 보여준 뜨거운 관심 때문만은 아니다. 경영난에서 벗어날 탈출구를 찾지 못하고 있는 전국 600여 만 자영업자들의 현주소를 실감했기 때문이다.

지난해 강원도 속초에서 제주까지 이어진 취재현장에서 만난 자영업자들은 크게 두 부류로 나뉘었다. 장사가 안 된다고 대형 업체를 성토하고 정부 정책을 탓하는 상인들이 꽤 있었다. 금융위기 1년이 지나면서 출구전략이 거론되고 부동산과 주식이 오르는데 '왜 재래시장 경기만 나쁘냐'며 불만을 터뜨렸다.

다른 한쪽에는 장사가 안 되는 이유가 자신들의 영업 방식에 문제가 있는 것은 아닌지, 개선해야 할 점이 무엇인지를 고민하는 상인들이 있었다. 수도권에 비해 비즈니스 정보나 취업 기회가 부족한 지방에서 경쟁력을 높이는 방법은 무엇일지 연구하고 준비하는 젊은이들도 있었다.

월스트리트저널(WSJ) 등 외신들은 리먼브러더스 파산 1년이 지나면서 경기가 회복 조짐을 보이고 있지만 글로벌 경제 시스템이 이전과는 달라지고 있다는 분석 기사를 연일 쏟아내고 있다. 전문가들은 앞으로 세계경제가 지난 25년간의 성장 속도에 비해 절반 정도 성장할 것이라는 우울한 전망을 내놓았다. 이번 금융위기가 극복된다 해도 모두에게 돈이 넘쳐나는 호황기가 오지 않을 것이란 얘기다.

일본의 NHK는 금융위기 1년 특집 프로에서 미국이 주도해온 국제질서가 다극 중심으로 바뀌는 등 세계 자본주의체제가 변모하고, 국가 간 생존경쟁이 더 치열해지고 있다고 전했다. 급변하는 글로벌 경제의 파고 속에서 해외 여건이 취약한 우리 경제는 경쟁국보다 더 빨리 영향을 받고 있다. 변화에 적응하지 못하면 국가, 기업, 개인 모두 살아남기가 점점 어려워진다. 자영업자라고 예외일 수 없다.

정부가 SSM의 골목상권 진출을 막아준다고 해서 구멍가게의 생존이 보장되지는 않는다. 소비자들이 외면하면 재래식 점포가 도태되기까지 그리 오랜 시간이 걸리지 않을 것이다. 음식점이나 다른 서비스 업종도 마찬가지다. 자영업자 스스로 변하고 경쟁력을 높여야 한다. 시장경제체제에서 혁신하지 않는 기업은 살아남을 수 없다는 것을 역사는 보여주고 있다.

2009년 베스트셀러였던 《죽은 CEO의 살아 있는 아이디어》의 저자 토드 부크홀츠는 전설적인 성공신화를 남긴 최고경영자 10명의 공통점을 다음과 같이 정리했다. "성공한 CEO들은 업종이 다르지만 새로운 비즈니스를 창조한 인물들이었다. 그들은 '소비자의 행복'을 추구해 성공을 거뒀다." 자영업자들이 살아남기 위해서 해야 할 일도 이와 크게 다르지 않을 것이다.

자영업·중소기업 천국, 일본을 배우자

일본은 장수 기업(시니세) 대국이다. '시니세'는 규모는 작지만 역사가 100년이 넘은 유서 깊은 상점(업체)을 뜻한다. 일본에는 기업이 약 125만 개 있는데 이 중 시니세로 분류되는 업체가 1만 9,518개(1.6%)에 달한다. 역사가 200년이 넘는 업체가 938개, 300년이 넘는 업체도 435개에 달한다.

이들 시니세는 대부분 가족 단위로 운영된다. 필자가 일본에 있을 때 살았던 도쿄 신주쿠에도 대를 이어 하는 라면집, 우동집, 꽃집 등 오래된 자영업소들이 많았다. 한자리에서 짧게는 수십 년, 길게는 100년 이상 상호를 지켜온 가게들을 보면서 일본인의 저력을 느낄 수 있었다.

일본이 시니세 강국으로 자리 잡은 비결은 무엇일까? 최근 발간된 《100년을 이어가는 기업의 조건》(아사히신문출판)은 경영난을 겪고 있는 국내 자영업자들에게도 시사하는 바가 많다. 이 책은 전통에 걸맞은 신뢰를 유지하되 과감하게 변신을 시도해온 점을 장수기업의 비결로 꼽았다. 장인정신으로 똘똘 뭉쳐 시류와 타협하지 않을 것 같은 시니세의 기존 이미지와는 사뭇 다른 결과다.

시니세들이 가장 중요하게 여기는 덕목으로는 '신뢰'와 '신용'이 압도적으로 많았다. 시니세들은 오랜 세월에 걸쳐 고객, 거래처, 지역사회와 신뢰관계를 쌓은 덕분에 대대로 가업을 원만하게 이어올 수 있었다. 조사 대상 업체 중 73.8%가 자신들의 경쟁력은 '신용'이라고 꼽은 것과도 일맥상통한다. 2위로 '정성'을 꼽은 기업들이 많았고, '기술 계승', '마음', '진실' 등이 뒤를 이었다.

시니세 가운데 잘나가는 기업의 또 다른 특징은 가업을 이어가기 위해 창업 이후 끊임없이 변화를 시도해왔다는 것이다. 조사에 응한 814개 시니세 가운데 78.7%가 판매 방식을 바꿔왔다. 최근 정보기술(IT)이 발달하면서 인터넷 주문을 활용한 상거래가 대표적인 예다. 기업 경영의 핵심인 상품이나 서비스 자체에 변화를 준 곳도 72.4%에 달했다. 주력 사업 내용이나 제조 방법을 바꿨다는 업체도 각각 50%를 넘었다.

1848년 창업해 160년간 파스 하나로 연간 4,500억 원가량의 매출을 올리고 있는 데이코쿠제약의 무라야마 쇼사쿠 사장은 "우리 회사는 역사가 길지만 최근 10년 새 그 모습이 완전히 바뀌었다. 지금은 벤처기업이라고 봐도 무방할 정도다"라고 말했다.

끊임없는 혁신과 변화

2008년 말 발생한 글로벌 금융위기 이후 일본 자영업소나 기업들은 불황으로 어려움을 겪고 있다. 기업들은 불황을 타개하기 위해 다양한 전략을 마련하고 있다. 특히 경기에 민감한 건설회사들은 새로운 시장을 개척하기 위해 아이디어를 짜내고 있다.

매출 감소를 겪는 일본 주택건설업체들은 젊은 세대를 겨냥한 고급 임대주택 사업을 강화하고 있다. 굴지의 건설회사인 다이와하우스는 최근 임대용 단독주택 건설 사업에 새로이 진출했다. 이 회사는 2009년 3월 부촌으로 소문난 효고현 니시노미야시 고급 주택가에 '니시노미야 서니힐스'를 완공했다.

다이와하우스는 약 5,000㎡(약 1,515평) 부지에 고급 임대주택을 16채 지었다. 실내 면적이 110~300㎡로 넓지만 방을 최대 2개만 넣어 입주자 취향에 따라 공간을 활용할 수 있게 만든 것이 특징이다. 월 임대료는 23만 5,000~56만 엔(약 300~730만 원)선이지만 입주자 모집한 달 만에 전량 소진됐다. 연령별로는 30대 입주자들이 많았다.

무라카미 겐치 사장은 "서니힐스는 우리 회사 임대사업의 모델이 될 것이다. 고급 주택가에 집을 구입할 자금은 없지만 부촌에 살고 싶어 하는 고소득 젊은 층의 수요가 많은 것 같다"라고 분석했다.

집에서 예기치 않은 사고를 당하는 고령자를 겨냥해 서비스에 나선 건설업체들도 있다. 특히 은퇴 후 자택에서 노후를 보내는 고령자들이 거동하기 쉽도록 주택 내부를 고쳐주는 주택 개조(리폼) 수요가 크게 늘고 있다. 아예 '고령자 전문'을 내세우는 건설회사도 등장했다.

주택 개조업체들은 거동이 불편하거나 휠체어를 사용하는 노인들을 위해 집안 곳곳의 문턱을 없애고, 이동하기 쉽게 벽면에 손잡이를 설치해준다. 또 노인들이 미끄러지지 않도록 마루를 고치거나 조명기구를 바꿔주고 화장실, 침실 등에서 사고를 당했을 때 긴급구조를 요청할 수 있게 비상벨도 달아준다.

고령자 대상 주택 개조 수요가 급증하면서 관련 신제품도 대폭 출시되었다. 조작이 간편하고 힘이 적게 들어가는 샤워기와 변기, 문턱을 없애주는 연결기구, 거동이 불편한 사람들이 욕조에 들어가기 쉽게 만든 욕조용 리프트, 1인용 소형 엘리베이터 등이 인기를 끌고 있다. 불황 속에도 블루오션은 있기 마련이다.

일본의 대표 술인 '니혼슈(청주)' 업체들의 변신도 눈여겨볼 만하다. 니혼슈 소비량은 1975년을 정점으로 감소세로 돌아서 2008년에는 전성기의 40% 수준까지 떨어졌다. 한때 3,500개를 넘던 양조장 수는

1,500개로 줄었다. 양조업체도 하나둘 사라지고 있다. 야마구치현 이와쿠니시에 있는 양조업체 아사슈조도 1984년 폐업 직전까지 갔다. 부친에게서 회사를 물려받은 사쿠라이 히로시 사장(57세)은 "해마다 매출이 10%씩 줄어 사실상 도산 직전이었다"라고 회고했다.

아사슈조는 전통적인 시골 동네에 자리 잡고 있는데, 술 소비가 줄어들고 전국 브랜드까지 밀려와 경영난이 가중됐다. 부친은 양조를 그만두고 소매업에 전념하자는 의견까지 내놨다. 하지만 사쿠라이 사장은 "직원들의 생계가 달린데다 몇 대째 이어온 가업이 끊기게 할 수 없다"라는 신념에서 존속을 결단했다.

사쿠라이 사장이 생존하기 위해 가장 먼저 한 일은 해매다 매출의 1할을 신규 투자로 돌리는 것이었다. 차별화된 상품만이 회사를 살리는 길이라는 판단에서였다. 당시 매출은 연 1억 엔(13억 원) 정도였다. 대중주는 포기하고 다이긴조(고급 니혼슈) 생산으로 방향을 틀었다. 판매처로는 지역 시장을 버리고 도쿄, 오사카 등 대도시를 뚫는 전략을 선택했다.

사쿠라이 사장은 새로 개발한 '닷사이' 브랜드의 니혼슈를 들고 대도시에서 열리는 시음회에 적극 참가했고, 니혼슈전문점 등을 공략해 이름을 알렸다. 판매 의욕이 높은 주류 판매점과 특약을 맺어 한정 공급하는 등 판매방식도 차별화했다. 연초 주문을 받아 그 양만큼만 생산해 공급하자 찾는 사람들이 더 늘었다.

최근 10년 사이에 생산량은 5배, 판매량은 4배 이상 증가했다. 이 회사는 2000년 이후 해외시장 개척에도 나섰다. 일식 붐이 인 미국, 유럽 등의 일식집을 집중 공략해 해외 17개국에 수출하고 있다. 지금은 미슐랭 가이드북이 소개하는 유명 일식집에 보급될 정도로 인기를 끌고 있다. 사쿠라이 사장은 "술 시장에선 마니아를 잡는 게 성공의 지름길이다"라고 말했다.

경제가 아무리 어려워도 틈새시장은 있다. 자영업자들이여, 혁신하라! 그리고 자신감을 갖고 도전하라!

2장 장기불황에 따른 위기극복 노하우

최재희 단장

⊙ 소득 1만 7,000달러 시대 대한민국 자영업의 현주소

　소득 1만 7,000달러 시대를 살아가는 우리 국민의 소비수준은 선진국 수준이다. 인터넷이 생활화되면서 모든 사람이 정보에 눈이 밝아졌고, 지속적인 불황 탓에 소비자의 소비여력은 부족하지만 소비수준만큼은 상당히 높아졌기 때문에 장사하기가 정말로 까다로워졌다. "그래도 역시 장사가 어렵다"라는 속설이 무너지는 시대를 맞이했다.

　결론적으로 말하면 올림픽 이후 자동화와 대량생산 체제로 바뀌어 사는 사람보다 파는 사람이 많은 구조로 변했다. 그래서 파는 사람, 즉 장사꾼은 고객에게 잘 보여야 그 사업을 유지할 수 있는 환경이 되었다. 이러한 환경을 빨리 인식하고 누가 먼저 변하느냐 하는 것이 장사의 성패를 가르는 핵심이 될 것이다.

장사를 하려면 기본적으로 주변 경제 환경부터 살펴보아야 한다. '위기는 곧 기회다. 장사는 지금이 적기다' 라며 도전한 사람 중 성공한 사람은 불과 5% 수준이다. 실패를 경험하는 것이 일반적이다. 경기가 좋을 때 장사해야 성공 가능성이 높은 것이 사실이다. 고객들의 돈 씀씀이도 좋을 뿐 아니라 장사 실력이 다소 부족해도 큰 문제가 되지 않기 때문이다.

사업뿐만 아니라 취업도 마찬가지로 어렵다. 이태백, 삼팔선, 사오정, 오륙도, 육이오 등의 단어와 함께 실직시대는 지속되었다. 생산현장에서는 사람 대신 기계가 제품을 만들어내고, 은행 등 서비스 업종은 자동화되어 사람이 필요한 업무가 대폭 줄었기 때문에 일자리가 없어졌다. 물론 인천남동공단이나 시화공단, 화성공단 등에는 사람이 없어 중소기업들이 제품을 생산하지 못하는 경우도 많다.

산업현장에는 동남아 등지에서 온 저임금 근로자들이 자리를 채우고 있다. 대학을 졸업하고도 취업 길이 막혀 이십대 태반이 구직자라는 뜻의 이태백시대를 맞이하고 있다. 취업 길이 막혀 창업으로 선회하는 청년실업자가 증가하자 정부에서는 청년창업을 장려하는 여러 가지 정책을 내놓거나 행사를 마련했다. 내수부진으로 사업여건은 악화되었지만 오히려 창업자는 증가하는 현상으로 수요와 공급의 균형이 무너지는 구조적인 문제점이 발생했다. 자영업 포화상태는 오래전부터 계속되고 있다.

주요 신문들과 방송들은 자영업과 재래시장이 무너지고 있다고 집중 보도하고 있으며, 지역마다 특성을 달리하지만 빈 점포가 속출하고 권리금 하향세가 지속되고 있다. 세계 금융위기를 겪으면서 자영업자들의 매출이 30%가량 줄어들어 서민들의 살림살이는 외환위기 때보다 더 어려워졌는데 전체 소득이 배 가까이 늘었다는 것은 몇몇 부자 기업들이 돈을 많이 벌었다는 의미다.

이 때문에 빈부격차가 더욱 심화되고 있다. 돈을 많이 버는 이들이 앞장서서 설비투자를 하고 고용창출을 한다면 경기가 다소 회복될 텐데 그렇지 않은 것이 현실이다. 수출은 잘되는데 고용창출과 연결이 되지 않아 취업대란을 일으키는 기현상이 소득 1만 7,000달러 시대를 맞이한 대한민국 자영업의 현주소다.

◎ 유망 업종에는 어떤 것이 있을까?

요즈음 "어떤 업종으로 장사하면 돈을 벌 수 있습니까?"라는 질문을 많이 받는다. 필자가 이 분야의 전문가라지만 이러한 질문에 답변할 것이 별로 없다. "이러이러한 조건을 갖추고 있는데 이 사업이 가능성이 있을까요?" 하는 것이 올바른 질문이다.

이 경우 필자는 대개 질문자가 가장 자신 있다고 생각하는 업종을 선택하되 어떤 방법으로 장사해야 하는지를 조언하거나 창의적인 아이디어를 제공한다. 그리고 창업하거나 업종을 전환할 경우 유의사항이나 위험성을 설명해준다.

자금력이 있으면 일을 크게 벌이는 것이 유리하다며 무리하게 창업을 시도하는 사람도 있다. 대형 점포일수록 경쟁력을 갖추기도 쉽고 돈을 많이 벌 수 있는 것도 사실이지만 반대로 크게 망할 수도 있다는 사실을 염두에 두어야 한다. 자영업 창업은 누구나 할 수 있는 만큼 돈을 벌어 성공하려면 창업 규모와 관계없이 자기만의 경영스타일을 바탕으로 다른 사람보다 좋은 아이디어를 가지고 철저히 준비해야 한다.

그렇다면 누구를 대상으로 상품을 팔아야 할까? 서민이나 다수 고객을 대상으로 박리다매 전술을 펼치며 장사하는 것도 좋지만 돈이 많은 부유층을 대상으로 하는 것이 매출규모나 수익측면 등에서 부가가치가 높다. 부자들의 소비를 촉진하거나 이들과 인맥을 만들어 장사한다면 성공은 가까워질 것이다.

장사하거나 사업하는 데 프로인 부자들은 요즈음 무엇을 하고 있을까? 돈 냄새를 귀신처럼 잘 맡아 돈 벌고 불리는 데 입신의 경지에 들어선 일부 부자들은 요즘 돈 벌기를 거부하고 있다.

돈 버는 구조를 갖춘 사업을 하는 부자들도 사업을 정리하거나, 그렇지는 않더라도 사업을 적극적으로 확장하는 예를 찾아보기가 어렵다. 그렇다고 돈을 쓰는 것도 아니다. 버는 것도, 쓰는 것도 중단했다는 것이 경제전문가들의 일반적인 견해다.

장기적인 불황과 사회적인 여건이 이들의 경제활동을 포기하게 만든 결과다. 부자로 대변되는 이들은 소비 대상을 해외시장에서 찾고 있다. 내수시장의 현주소는 돈을 벌 수 있는 환경도 아니고 돈을 쓸 환경도 아니라는 것이 부자들의 일반적인 생각이기 때문이다.

부자들은 돈을 더 벌기 위해 생산체제를 늘리는 일 외에 수주를 위해 접대하거나, 돈 버는 정보를 입수·공유하기 위해 인맥을 형성하거나, 의식주와 관련된 일에 돈을 쓴다. 기업을 정상적으로 운영해 돈을 많이 벌었다면 사업가로서 존경받는 환경이 되어야 마땅하다. 부자들이나 기업들이 돈을 더 많이 벌려고 제공하는 접대성 소비가 사회의 지탄을 받고 제재를 받는다면 돈을 쓰지 않게 된다.

돈을 많이 번 사업가라고 하면 노동력 착취, 각종 불법행위, 위화감 조성, 부동산투기 등 부정적 이미지가 먼저 떠오르는 사회 환경 아래서 그들이 돈을 쓰고 싶어도 쓸 수 없는 것은 너무나 당연하다. 포화상태에 이른 창업시장, 취업이 안 되는 현실, 부자들이 소비하지 않는 환경이 개선되지 않고는 앞으로도 상당기간 불황이 계속될 것이다.

◉ 성공 자영업자 탄생 비결

성공한 기업가가 탄생하는 과정에는 보이지 않는 수많은 역경과 난관이 있다. 사업가로 성공하려면 강한 경영마인드, 리더십, 결단력, 추진력, 자금력 등 여러 가지 요소를 갖추어야 한다. 그래서 흔히들 사업은 아무나 하는 것이 아니라고 한다. 이 말은 쉽게 결단하지 못하거나 결심은 했지만 추진력이 없어 창업을 포기하는 경우가 다반사라는 것을 반영한다.

그러나 기업가로서 자질과 덕목을 다방면으로 갖추고 시작하는 경우는 거의 없다고 보는 것이 맞다. 사업을 시작할 때는 개인적으로도 가장 어려운 시기였다는 것이 공통점이다.

자영업 창업에 도전해 성공이라는 결실을 맺은 사업가들은 대부분 벼랑 끝에 몰려 창업을 시도했다. 더 물러설 곳이 없다는 절박한 심정과 가족에 대한 책임감, 뚜렷한 목표의식, 성공하고 말겠다는 열정을 가지고 접근했고, 자금이 부족해 규모를 줄여 최소한으로 시작한 경우가 많았다. 또 미래가 불확실하다보니 창업을 결심하기까지 많이 망설였지만 막다른 골목에서 선택의 여지가 없었다는 것이 다른 중소기업이나 대기업을 운영하는 성공기업과는 다른 점이다.

성공한 자영업자의 공통점은 지역에서나 업계에서 최고가 되겠다는 목표가 있었고 이를 달성하기 위해 열정을 다했다는 것이다. 성공하기까지 수많은 위기가 있었지만 이를 해결하기 위해 부단히 노력했다. 일하는 과정에서 발생한 문제를 해결하기 위한 결단력과 추진력이 남다르게 뛰어났다. 또 남을 배려하는 정신이 뛰어났고 자신도 어려운 처지에 있었지만 남을 생각하는 마음이 앞섰다.

이러한 배려의 정신은 사업에도 그대로 적용되었다. 고객 처지에서 상품을 기획하고, 어떻게 하면 질 좋은 상품을 저렴하게 공급하여 고객을 만족시킬지를 수없이 고민한 것이 성공의 비결이 되었다. 이런 과정을 거친 뒤에는 여기에 만족하지 않고 2단계 목표인 기업가가 되기 위해 기업가로서 자질과 덕목을 하나하나 갖추면서 프랜차이즈 시스템을 활용하여 사업을 키워나가 마침내 성공한 기업가로 자리매김했다.

특히 사업하면서 발생하는 문제를 해결하기 위해 정보를 꾸준히 수집하여 분석하고 이해하기 위해 노력했으며, 준비는 많이, 결정은 빨리, 추진은 과감하고 신속하게 했다. 기업가로 성공하려면 변하는 환경을 빨리 간파하고 고객이 무엇을 필요로 하며 그것이 사업에 어떤 영향을 줄지 분석하는 지혜가 필요하며, 이를 적절한 시기에 실천하는 것이 중요하다. 이는 과감성과 추진력이 중요한 요소로 작용한다는 것으로도 해석할 수 있다.

추진력으로 자기 운명을 지배해야 한다. 필요한 것이 무엇인지 알아내 그것을 얻기 위해 노력하는 것이 무엇보다 중요하다. 강력한 추진력을 기르기 위해 지금 하는 일에 정신을 집중해야 한다. 그리고 자기 힘을 객관적인 시각으로 정확하게 평가할 수 있어야 성공으로 향할 수 있다.

창업으로 한 방에 부자가 되겠다고 생각하지 말고 도전정신을 가지고 과학적으로 접근해 최선을 다한다면 성공의 길은 그리 멀리 있지 않을 것이다.

◎ 자영업 불황극복 노하우

'장사가 안 된다'는 기준은 무엇인가

경기가 좋건 안 좋건 간에 '창업'이라는 단어는 수많은 사람들의 화두가 된다. 경기가 안 좋으면 불안감 때문에, 경기가 좋으면 자신의 월급보다 몇 배는 더 수익을 올리는 창업자들이 부러워 창업을 마음에 품게 된다. 그러나 막상 창업에 도전하고 보면 결과가 마음먹은 대로 나타나지 않고 수많은 난관에 부딪히게 된다.

자기 가게를 운영하다보면 여러 가지 문제가 발생할 수 있고 난관을 헤쳐 나가는 데 다양한 기술과 경험이 필요할 수 있다. 필자는 해마다 100여 건의 컨설팅, 300여 건의 상담과 대중강연을 하면서 다양한 부류의 자영업자들을 만나고 있다.

오랜 현장경험을 바탕으로 예비창업자를 제외한 자영업자들이 많이 요청해오는 애로사항의 원인을 분석해보면, 사업성 부진에 따른 점포 매도, 경영악화에 따른 정부 지원자금 요청, 매출하락에 따른 매출증대방안 등이 주류를 이룬다.

현재 영업실적이 좋으면서도 색다른 정보나 경영기법을 연구하려고 컨설팅을 요청해오는 모범적인 자영업자들도 간혹 있지만 구조의 손길을 내미는 자영업자들은 대부분 사업 규모가 작고 생계가 어려운 상황에 놓여 있다. 결국 이들의 상황은 '장사가 잘 안 된다'는 한마디로 요약할 수 있다. 그런데 전문가로서는 '장사가 잘 안 된다'는 표현이

애매하게 느껴진다. 사업성이 부족하고 향후 전망이 없어 폐업을 서두르는 사양업종도 있지만 장사가 그런대로 유지되는 편인데도 죽는 소리를 하는 경우가 많다.

예를 들면 창업자금 5,000만 원을 투자해 조그마한 한식점을 운영하는데 재료비, 월세, 종업원 인건비, 공과금 등을 제하고 250만 원의 수익을 창출하고 있다면 영업실적이 나쁘지 않은 편이라고 할 수 있다. 이때 250만 원은 5,000만 원에 대한 월 2부의 소득과 본인 인건비 150만 원을 합한 금액이다.

이러한 결과를 두고도 '장사가 잘 안 된다'고 표현하는 사람도 있고, 힘만 들지 남는 것이 없다는 사람도 있다. 또 다른 면에서는 2008년에는 수익이 400만 원 창출되었는데 현재 수익인 250만 원으로는 도저히 생계가 유지되지 않는다고 표현하는 자영업자도 있을 것이다. 이러한 상황은 자영업자 개인의 환경에 따른 인식 차이에 기인한다. 전문가들은 대개 객관적으로 평가한다.

개인 상황에 따라 자녀교육비, 생활비, 금융이자 등의 지출이 많아 수익이 더 필요한 경우가 많았다. 2009년 국내 가계부채 700조 원 돌파, 한 가구당 4,213만 원, 한 사람당 1,462만 원꼴의 부채를 짊어지고 있는 현실을 감안하고, 빈부격차까지 고려할 때 주택구입과 창업자금 마련 등으로 생겨난 자영업자들의 부채도 평균 이상이 될 것으로 보인다.

가게는 수익을 창출하면서 그럭저럭 유지되지만 가계지출이 많아서 유지되기 어려운 경우가 비일비재하다. 그런 의미에서 필자는 자영업자들에게 가계와 가게의 구분이 필요하다는 말을 하고 싶다. 가게의 경쟁력 강화 추구도 필수적이지만 가정의 씀씀이를 줄여야 장사해서 돈이 남고, 그래야 자영업에 흥미를 느낄 수 있다.

수단을 부리기 전에 매출을 올릴 준비부터 하라!

경기가 좋아지지 않을까 하는 막연한 기대감으로 가게를 경영한다면 실패의 쓴맛을 보게 될 것은 자명하다. 경기가 회복되어도 가게의 경쟁력이 부족하다면 매출증대나 수익증가라는 경기회복 수혜의 폭은 미미할 것이다.

가게를 운영하면서 고객이 편리하게 출입할 수 있는 구조를 갖추도록 설계하고, 수익률을 높이기 위해 비용절감에 최선을 다해야 한다. 내부적으로는 원가를 줄이기 위한 아이디어를 발굴하고, 외부적으로는 마케팅 전략을 적극적으로 구사하면서 동시에 교육 등을 실시해 직원들의 주인의식을 함양하고 서비스를 생활화하는 것이야말로 자영업이 경쟁력을 갖추고 불황 속에서 호황을 누리는 경영혁신과제가 될 것이다. 고객이 상품을 팔아줄 수 있는 여건을 만들어가는 작업이 필요한 것이다.

점포는 고객이 출입하기 편리한 시설, 상품 구매욕구를 불러일으킬 수 있는 디스플레이, 종업원이 편리하게 접객할 수 있는 동선, 점주가 편리하게 관리할 수 있는 시설로 기획해야 한다. 식당의 경우 대부분 출입문 옆에 카운터가 있으며 경영주 또는 직원이 앉아 있다. 이때 의자를 없앤다면 항상 서서 근무하는 구조로 바뀌게 되고, 손님에게 즉시 인사할 수 있을 것이다.

수익률을 높이려면 상품을 많이 판매하고 이윤을 많이 남겨야겠지만 창업 전 총투자비용을 절감하는 것도 수익을 창출하는 한 가지 방법이다. 창업자는 창업에 필요한 물품이나 공사에 관련된 정보에 밝아야 비용을 줄일 수 있다. 사전에 지식을 쌓고 발로 뛰면서 경험해보며 여러 경로로 가격을 알아보는 것만이 낭비를 줄이는 최선의 방법이다.

자영업자들은 대부분 상품을 공급받아 파는 형태로 영업한다. 따라서 동일한 상품을 누가 더 저렴하고 좋은 조건에 구매하는가에 따라 성패가 결정될 수 있다. 기존거래상과 경쟁거래상의 가격 동향과 도매가격 추이를 유심히 살펴보고 가격에 거품이 있다면 제거해야 한다. 이와 아울러 취급품목을 줄여 전문점을 지향하고 대량 구매를 활용해 원가 절감을 시도해야 한다.

어떤 고객을 확보하는가도 사업의 성패를 좌우한다. 경기가 어려울수록 고정고객을 확보한 점포와 고객에게 불만을 갖게 하는 점포는 운명이 달라진다. 결국 고정고객을 많이 확보한 사업자가 가게를 안정적으로 운영하게 되고 매출을 극대화할 수 있기 때문에 고정고객을 확보하기 위해 고객명부를 작성하고 고객에게 다양한 서비스를 제공할 수 있는 기반을 조성해야 한다.

사업가는 누구나 할 것 없이 고객에게 최상의 서비스를 제공하기 위해 노력해야 한다. 직원들이 고객을 주인처럼 맞는다면 성공하지 않을 수 없다. 그러나 자영업은 근로환경이 열악한 경우가 많아 직원들의 이직률이 높다. 직원이 바뀔 때마다 교육하고 사업장에 적응시키려면 상당한 인력 낭비가 따른다. 인력 감소에 따른 서비스의 질적 저하도 고려해야 한다. 따라서 고객 서비스 교육을 지속적으로 실시하고 주인의식을 갖도록 대우하는 것은 물론 미래를 보장하는 구조를 갖추는 일도 중요하다.

◎ 매출을 올리려면

가게를 운영할 때 매출은 수익을 가져오는 일등공신이자 창업 성공을 가름하는 기본 잣대가 된다. 매출을 좌지우지하는 데는 창업자의 탁월한 경영능력도 필요하지만 입지 조건도 매우 중요하다. 조금이라도 유리한 고지에서 창업하려면 좋은 입지를 선택해야 하지만 점포 구입비(권리금과 보증금) 등을 감안해 창업자금에 맞추려면 입지가 좋지 않은 곳에 점포를 구할 수밖에 없는 경우도 생긴다. 그래도 열심히 노력하면 잘되겠지 하는 기대에 부풀지만 경영능력이 탁월한 사람이 아니고는 매출이 저조할 수밖에 없다.

그러나 기존사업자라면 입지 조건은 이미 결정되어 있으므로 선택의 여지가 없다. 주어진 조건에서 최선을 다해야 한다. 선택된 상권의 특성을 파악하고 목표고객에게 점포 이미지가 제대로 전달되는지를 분석해 매출을 증대하는 방법을 찾아야 한다.

  목이 좋은 곳에 입지하고 유동인구가 많은 곳이라면 박리다매 전술이 필요하다. 즉 이익이 적게 남더라도 많이 팔아서 매출을 올리는 전략이다. 목이 좋지 않은 곳을 선택했다면 후리소매 전술이 필요하다. 고객을 많이 유치하려 해도 고객이 많지 않기 때문에 상품 가치를 극대화해 많이 남겨야 하는 것이다. 결국 가게를 유지하려면 창업자가 기대한 만큼 수익을 올려야 한다는 사실이 전제되어야 한다.

상권 범위를 넓혀서 홍보하라

  점포를 방문하는 고객들은 지리적 여건에 따라 다소 다를 수는 있겠지만 일반적으로 반경 300~500m 이내인 1차 상권에 속하는 사람들이다. 그런데 상권 범위 내에서 이용하는 고객의 수가 절대적으로 부족하기 때문에 기존의 광고지역보다 영역을 좀 더 넓혀 광고나 홍보를 강화할 필요가 있다. 결론적으로 기존의 점포 상권이 협소하다는 뜻이므로 상권 범위를 넓혀서 영업한다면 매출이 올라갈 것이다.

매장이 좁다면 공간을 정리해 점포 면적을 넓혀라

  매장이 좁을 경우 쓸모없는 공간을 활용해 점포를 넓힘으로써 고객이 점포 앞에서 쉽게 들어올 수 있도록 분위기를 조성하고 상품을 더 많이 진열할 수 있다. 잘 팔리는 상품은 관련 상품을 강화해 상품 양을 늘리고 그 상품과 관련된 부가상품을 많이 취급해 매출 품목을 늘려야 한다.

가게에 들어온 손님이 오래 머무를 수 있게 하라

점포에 들어선 손님을 되도록 오랫동안 머물게 해 다른 상품을 구매하도록 유도해야 한다. 고객이 어떻게 하면 오래 머물 수 있을지 고려해 휴식장소를 만들어 본다거나 진열대와 진열 방법을 바꾸어 보기도 한다. 관련 상품끼리 진열하는 것도 한 방법이다. 예를 들면 신발 옆에 양말을 두거나 와이셔츠 옆에 넥타이 핀 등을 진열하는 식으로 주상품과 연계된 보조상품을 진열한다면 고객을 몇 분이라도 더 머무르게 할 수 있다.

고객 1인당 소비 객단가를 올려 매출을 증대하라

고객이 방문하는 수가 한정되어 있고, 방문 횟수도 미미하다면 다양한 세트상품이나 전략상품을 개발해 고객 1인당 소비금액을 높여 매출을 증대할 수 있다. 객단가는 고객 한 사람이 소비하는 평균가격대를 말한다. 고객이 한 사람 방문하더라도 매출을 많이 올리는 것이 바로 객단가를 올리는 전략이다.

잘 팔리는 상품을 구분해 전체 상품 구성에 개성을 부여하고 팔리는 상품 위주로 진열을 바꾸거나 가격대별로 상품을 진열한다. 오감을 자극해 상품의 질이 고급스러워 보이게 한다거나 가격을 높일 수 있도록 진열을 연출해본다. 세트상품 등 자기 점포만의 독자적인 상품을 개발하는 방법도 효과적이다.

고객의 방문 빈도를 높여라

한 달에 두 번 정도 가게를 방문하는 고객을 세 번 오도록 만들면 매출은 30% 증가하게 된다. 고객의 재방문을 유도하기 위해 다양한 이벤트나 마일리지 적립, 고객우대 등을 마련하고 문자알림 서비스나 특정기간 할인행사 등을 실시하여 고객이 내점할 동기를 부여해야 한다. 여성고객 우대정책도 효과가 비교적 높은 편이다. 창가에서 젊은 여성들이 식사하거나 담소를 나눈다면 지나가던 남성고객들의 환심을 살 수도 있을 것이다.

고정고객을 늘려 안정성을 추구하라

유동고객 확보보다 고정고객 확보에 최선을 다해야 한다. 불황기에는 흔히 가격경쟁으로 치우치기 쉽다. 그러나 가격경쟁은 다른 회사도 쉽게 모방하므로 결국 공멸하게 된다. 이런 상황에서는 고정고객을 확보해 가격민감도를 떨어뜨려야 한다. 만족한 기존 고객은 신규 고객 확보에 도움이 된다. 이러한 고정고객을 확보하려면 고객의 불평을 적극적으로 들어야 한다.

처음 구매했는데 아무 문제가 없는 경우와 문제가 있어서 해결해준 경우 어느 쪽이 충성고객이 되느냐는 자명하다. 또 물건을 구매했을 경우 애프터서비스 등으로 점포 이미지를 부여해야 하며 고객을 대상으로 소모임을 만든다든가, 고객명부를 작성해 항상 고객과 관계를 유지하는 것이 좋다. 고객 유지 서비스에 투입되는 비용은 낭비가 아니라 새로운 이윤을 낳기 위한 투자가 된다.

언론홍보를 적극 활용하라

자신이 경영하는 매장이 신문이나 방송, 잡지 등에 소개되는 일은 홍보 효과 측면에서 매우 매력 있는 일이다. 뒤에서 소개하는 컨설팅 사례 업체도 지면에 보도되고 난 후 고객들이 많이 찾아오고, 단골고객이나 지인들에게 인사를 받기도 했다. 그리고 인터넷을 통하여 방송작가들에게 알려져 방송출연이 연계되고, 다른 신문이나 잡지 등에서도 취재요청이 뒤따라 그 파급효과는 눈덩이 불어나듯 커졌다. 비용을 지불하고 자기 의도대로 광고하는 것에 비교할 바가 아니었다.

다만 누구나 언론홍보를 할 수 있는 것은 아니다. 그러나 언론이나 매체에 어려움을 호소하는 전화를 하거나, 메일을 보내거나, 보도자료를 작성해 기자들에게 검토해보라고 메일을 송부하는 식으로 도전하는 적극성도 발휘할 필요가 있다. 밑져야 본전이라는 것이 바로 장사꾼이 취할 수 있는 도전정신이다.

인터넷을 적극 활용하라

자영업자들도 인터넷을 누가 더 잘 활용하느냐에 따라 영업실적이

달라진다. 누가 인터넷으로 홍보를 잘하고 상품 판매능력을 발휘하느냐에 따라 결과는 확연히 달라진다. 장사꾼이라면 어떤 환경에 처해 있더라도 물건을 잘 팔 수 있다거나 신규고객이 창출될 수 있다면 자신의 영업능력을 최대한 발휘할 수 있어야 한다.

최근 인터넷을 이용해 상거래를 하는 외에 웹사이트에서 홍보활동을 벌여 지역 명소로 등장하기도 하고, 프랜차이즈 본사로 활동하는 점포들이 상당수라는 점을 생각하면 자기 점포의 홈페이지, 블로그, 카페 정도는 가지고 있어야 한다.

홈페이지를 만들고 나면 가게의 새로운 정보나 사진 등을 자주 업데이트하여 블로그나 카페 정보가 검색엔진을 통해 자주 노출되도록 해야 한다. 또 가게 명함이나 전단지, 각종 홍보물 등에 URL을 표시하여 고객이 사이트를 방문해 상세한 정보를 검색할 수 있도록 배려해야 한다. 구체적인 효과가 눈에 띄게 나타나는 것은 아니지만 효과적인 방법임에 틀림없다.

또 인터넷을 통해 행사하면 각종 매스컴을 탈 확률이 높아지고 방문객도 훨씬 늘어난다. 명함에 이메일 주소를 적거나 회사 URL을 기재하는 것은 기본이며 이메일을 이용한 고객관리도 가능하다.

유니폼을 입고 서비스하라

주요 단골고객의 기호를 파악하여 다시 방문하도록 유도하고 직원교육을 철저히 실시해 고객 접객기술을 향상하는 것이 중요하다. 그러나 종업원을 한두 사람 고용하는 소점포에서 접객기술 교육을 실행하기는 쉽지 않다.

이럴 경우 유니폼 서비스를 활용해 고객의 변화 욕구를 충족하며 분위기를 바꾸어 구매 심리를 자극하는 방법도 고려해볼 수 있다. 유니폼과 명찰을 착용하게 되면 당사자들은 책임감이 생겨 행동도 달라지기 마련이다. 고객으로서는 직원들의 서비스가 품격이 높다고 생각하는 경향이 강하다.

권유판매를 활용해 매출을 올려라

권유판매를 활용해 매출을 올리는 전략을 구사한다. 권유판매를 할 경우 직원이 자신의 편의를 위해 질문하지 말고 고객 편의를 위해 질문해야 한다. 고객을 대할 때 절대로 성급하게 서두르지 않으며, 따뜻한 미소로 최대한 관심을 갖게 하는 등 정기적인 반복교육으로 매출증대를 시도해야 한다. 권유판매를 할 때 메뉴를 묘사하는 범주는 다음 다섯 가지다.

- **재료 설명** : 저희 식당의 히레돈가스는 품질이 가장 좋은 안심만을 골라 부드러운 빵가루를 입혀서 고소하고 바삭바삭하게 튀겼습니다.

- **음식의 특징** : 코든 블루는 매우 인기 있는 음식입니다. 코든 블루는 부드럽고 연한 모차렐라 치즈를 바삭바삭한 돈가스 속에 넣어서 만든 유럽 스타일의 음식입니다.

- **장점 설명** : SBS TV '신동엽의 신장개업'이라는 인기 코너에 저희 식당 히레돈가스가 최고라고 방영되기도 했습니다. 돈가스가 나오기를 기다리는 동안 가볍게 맥주 한잔 하시는 것도 아주 좋으실 겁니다.
- **가치 설명** : 한 분이 드시기에 충분하지만 두 분이 나누어 드셔도 괜찮은 양입니다.
- **가격 제시** : 6,000원입니다. 괜찮은 가격이죠. 더욱 맛있게 드시려면 OO돈가스에 카레를 곁들여 보세요. 그렇게 해도 1,500원만 더 내시면 됩니다.

신장개업을 추구하라

　인근 지역에 전단을 배포하고 적극적으로 홍보해도 고객이 늘어나지 않는다면 판매하는 상품, 가격, 인테리어 등을 다양하게 검토해봐야 한다. 배후 세대나 유동고객에게 관심을 끌지 못했기 때문이다. 여기에서 발견되는 문제점을 해소하고 새로운 기분으로 개업수준에 이르는 대대적인 신장개업을 해서라도 고객의 관심을 끌어야 한다. 고객을 위한 이벤트 등 다양한 기획이 필요하므로 전문가의 조언이나 도움을 받아 실시하는 것이 좋다.
　상호변경, 시설 리모델링이나 동선변화, 메뉴 개편 등은 가게 문을 닫고서라도 동시에 해야 한다. 완료되면 별도로 일정을 정해 개업이벤트를 해서 가게 분위기나 서비스가 바뀌었음을 고객에게 충분히 알려야 한다. 장사하면서 약간씩 바꾸는 것은 고객 처지에서 보면 달라진 것도 없고, 변화되었다는 느낌도 받지 못하며 홍보효과도 거의 없다.

앞서 열거한 매출증대법의 기본 원칙은 고객우선이라는 점을 명심해야 한다. 고객 처지에서 생각하고, 고객 처지에서 분위기를 창출하고, 고객이 필요로 하는 상품을 파는 것이다. 상품을 팔기보다는 점포의 가치를 팔려고 노력하고, 고객의 마음을 사로잡는 영업 전략을 세우는 것이 매출 증대의 핵심이다.

◉ 수익을 높이려면

인근의 다른 점포보다 고객도 많은 편이고 매출이 적정하게 발생하는 편인데도 수익이 나지 않는다면 매출증대 방법을 추구하기보다 원가절감이나 운영비용 절감 쪽으로 방향을 바꾸어야 한다. 이것이 자영업자의 수익으로 직결되기 때문이다.

예를 들면 매출이 1,000만 원인 음식점의 경우 원가 35%, 인건비 25%, 임차료 15%, 제경비 10%, 영업이익 15%라면 원가를 5% 절감하고, 제경비를 3% 절감하며, 인력을 효율화해 인건비를 5% 절감한다면 영업이익은 13%가 늘어난 25%가 될 수 있다.

이렇듯 자영업자가 매출상승을 기대하기보다 원가나 운영경비를 절감해 수익률을 높이는 것도 좋은 전략이 될 수 있다. 장사의 최종 목표는 이익추구이기 때문에 매출이 적정수준으로 발생하는데도 적정수익이 나지 않는다면 원가절감을 시도하는 전략으로 선회해야 한다.

원가절감 방법에는 여러 가지가 있다. 단순히 원가가 낮은 상품을 권장하여 많이 판매하거나, 대량구매로 사입단가를 낮추거나, 납품처를 다양화해 납품가격 협상이나 조정을 시도하거나, 발주 과정에서 적정재고량을 유지하거나, 보관 과정에서 유실부분을 줄이거나, 대체 재료를 선정하거나, 재고관리·조리 과정에서 레시피를 철저히 따라 로스(loss)를 줄이는 등 원가절감 방법을 다양하게 시도하면 그만큼 수익으로 직결될 것이다.

제경비 분야는 주로 전기, 가스, 수도요금 등의 분야인데, 대형점포는 관리 인력이 있어 관리하는 데 어려움이 없지만 소형점포일수록 금액이 미미하기 때문에 관리에 소홀해지기 쉽다. 예를 들면 피크타임이 아닌 아이들타임의 경우 전기, 각종 전열 기구를 끄거나, 직원들에게 미터기를 교대로 체크하게 하여 관심을 높인다거나, 공조기 필터청소, 냉동·냉장고 성애제거, 효율이 좋은 불꽃 사용, 열효율이 좋은 기기나 기구로 교체하는 식으로 절감하는 방법도 있다.

또 그릇 파손을 방지하기 위해 재질이 다른 그릇을 함께 세척하지 않거나 고객 수와 물수건 사용량, 수선비, 랩이나 쓰레기봉투 등의 사용량을 관리하는 식으로 원가 절감 방법을 다양하게 생각해볼 수 있다.

인건비 절감의 경우 매출목표와 실제 매출이 다르면 매출목표를 재

조정하거나 근무스케줄을 재고해보고, 적정인원이 잘 파악되지 않을 경우 인원배치를 재검토하거나, 파트타임 시간을 조절하거나, 시급을 조정하거나, 작업할당을 조정하거나, 작업 재배치·교육을 통하여 개개인의 능력을 극대화·효율화해 능력을 최대한 발휘하게 하는 것도 좋은 방법이 될 수 있다.

2부
자영업 성공을 위한 실전 컨설팅

1장 음식업종 성공 컨설팅

2장 기타 일반업종 성공 컨설팅

1장 음식업종 성공 컨설팅

성공 자영업 길라잡이 01

Q 서울 수유동 해물찜·탕전문점

　서울 강북구 수유동에서 해물찜·탕전문점 '하나해물사랑'을 운영하는 윤송열(50세)입니다. 점포는 화계사입구 주택가 2층에 있습니다. 86㎡(26평) 규모로 실내에 테이블 12개, 테라스에 테이블 3개를 두고 있습니다. 2008년 1월 가정집을 개조해 국수전문점으로 운영하던 가게를 인수해 영업을 시작했습니다. 보증금 4,000만 원에 월세 90만 원을 내는 조건으로 계약했으며 업종 변경에 따른 시설투자비로 2,000만 원이 들었습니다.

저는 중소기업 관리이사직을 퇴직하면서 음식점을 창업하기로 결심했습니다. 한식, 일식, 중식, 양식, 복요리 5개 요리사 자격증을 취득했습니다. 전국 각지에서 열리는 창업강좌도 수강했고, 유명한 해물탕집을 찾아다니면서 벤치마킹도 했습니다. 그러나 자금이 넉넉지 않아 상권이 좋지 않은 지금 자리에 가게를 차렸습니다.

가게는 오전 11시부터 밤 10시까지 영업합니다. 저는 주방 일을 전담하고 아내가 홀을 맡고 있습니다. 홀서빙 종업원 1명과 주방보조 파트타임 직원 1명을 두었습니다. 주요 메뉴는 해물탕, 찜, 보쌈, 훈제오리, 복지리 등입니다. 점심메뉴로는 해물칼국수, 해물수제비, 동태탕 등을 판매합니다. 점심시간엔 장소가 협소해 그냥 돌아가는 고객이 많고, 저녁시간엔 회식 손님들이 많은 편이지만 매출에 기복이 있습니다.

하루 평균 매출액은 50만 원입니다. 그러나 해물가격이 올라서 원가

가 45% 수준입니다. 인건비 520만 원과 월세를 제하고 나면 남는 게 별로 없습니다. 맛으로 승부하자는 생각이지만 홍보에는 자신이 없습니다. 매출을 올릴 수 있는 방법을 알려주세요.

A 주변 사무실·관공서 돌며 지역명소로 알려야

의뢰인의 점포는 화계사입구 사거리에서 화계사 방향으로 100m 거리에 있습니다. 한산한 주택가에 이면도로를 낀 상권이지만 주말에는 등산객이나 화계사를 찾는 유동인구가 생깁니다. 그러나 점포가 이면도로에서 20m 정도 들어간 곳에 자리 잡아 눈에 잘 띄지 않는 열악한 입지조건을 갖고 있습니다. 배후 세대는 단독주택이나 다세대주택이 대부분이고 소비수준이 상대적으로 낮아 왕성한 소비를 기대하긴 어렵습니다.

의뢰인이 제공하는 해물탕과 해물찜, 복요리는 요리사 손맛에 따라 성패가 좌우되는 음식입니다. 입지적·기술적 어려움이 있는데도 현재 영업 실적을 낼 수 있는 점은 초보창업자들이 본받을 만합니다.

의뢰인 가게의 매출은 월평균 1,200만 원으로 주택가 상권치고는 양호한 편이나 식자재 구입비용, 임차료, 인건비, 수도광열비 등 고정비를 제외하면 부부 인건비를 겨우 건지는 수준입니다. 정원에는 나무와 화단이 어우러져 분위기도 좋고 내부도 청결합니다. 점주 부부의 접객 서비스도 우수한 편입니다.

하지만 원가 비중이 45%에 달해 월 1,500만 원 이상 매출을 올려야 안정적입니다. 2년 가까이 가게를 열정적으로 운영해온 결과 단골이 많이 늘어났습니다. 점심시간에는 오히려 장소가 협소해 고객들을 놓치는 실정입니다. 한신대 신학대학원생과 주변 직장인들, 인근 지역 교직원, 금융회사·관공서 직원 등이 이 식당의 주요 고객입니다.

점심시간에는 회전율을 높이기 위해 음식을 신속하게 제공해야 합니다. 점심 손님을 분산하기 위해 오후 1시 이후 식사하는 고객에게 10% 할인 혜택을, 오후 2~5시에 예약하는 고객에게는 할인해주거나 가벼운 안주를 서비스해주는 것도 좋습니다. 그러나 객단가가 높은 회식 손님이나 술자리 손님을 유치하는 것이 관건입니다. 맥주, 소주, 막걸리 이외에 양주를 판매하는 것도 매출에 도움이 됩니다.

의뢰인은 가시성을 높이기 위해 이면도로 입구에 에어간판을 세웠습니다. 에어간판은 가격을 바꾸거나 신메뉴를 출시할 때마다 교체해야 합니다. 해물탕·복요리전문점은 상권 범위가 매우 넓은 편입니다. 의뢰인의 업소를 찾는 고객 중에도 인근 거주 고객은 많지 않습니다. 상권이 넓은 경우 전단지를 배포할 때 사무실, 빌딩 등을 직접 방문하는 방식과 신문에 간지를 삽입하는 방식을 병행해야 합니다. 전단지에는 외부 전경과 실내 예약석 사진을 넣고 '예약손님 우대'라는 문구를 넣으십시오.

다가오는 개업 2주년 때는 이벤트를 기획해 홍보하면 고객이 대폭 늘어날 것입니다. 이벤트로 방문한 고객들의 명함이나 연락처를 받아 추첨행사를 하는 것도 좋습니다. 고객 연락처는 리스트로 보관하고 신메뉴를 출시하거나 사은행사를 할 때마다 알림 문자서비스를 제공하면 고객을 유치하는 데 효과가 있습니다.

의뢰인의 가게를 방문하는 고객들 중에는 정치인, 단체장, 기관장, 교육자 등 VIP 고객이 많은 편입니다. 이들의 사인을 받아 입구에 액자로 걸어두면 지역명소라는 입소문을 내는 데 좋습니다. 인터넷 홈페이지나 카페, 블로그를 개설해 적극적으로 홍보하십시오.

점포도 사람과 마찬가지로 하나의 인격체입니다. 점주가 매장에 정성을 기울일 때 점포도 성장합니다. 단기적인 영업실적에 연연하지 말고 장기적인 시각에서 지역명소로 자리매김하려는 노력을 기울이면 좋은 결실을 맺게 되리라고 확신합니다.

40~50대 비중 높은 다세대·연립주택지

의뢰인의 점포가 속한 삼양사거리에서 4·19사거리 상권은 인구에 비해 상권 규모가 작다. 삼양사거리를 중심으로 버스 노선이 있지만 지하철역이 없어 다소 불편하다. 의뢰인의 점포를 중심으로 반경 500m 이내에 2만여 명이 거주하는 주거 밀집지역이다. 노령 인구 비중이 높고 다세대주택과 연립주택이 들어서 있어 아파트 비율은 10%가 채 안

된다. 아파트 단지는 수유동 벽산아파트 1,454가구가 있다. 유동인구는 40~50대가 가장 많으며 출퇴근하는 사람들이 대부분이다. 근처에 한신대가 있어 20대도 있지만 40~50대처럼 많지는 않다. 인근 편의시설로는 수유중앙시장, 강북구민회관, 국립재활원 등이 있고 초·중·고교도 밀집돼 있다.

주된 업종으로 중장년층을 겨냥한 한식, 분식, 해물탕집 등 음식점과 미용실, 이용실, 의료원, 노래방, PC방, 부동산 등 서비스 업종이 많다. 10~20대를 위한 학원, 편의점과 퓨전주점, 소주방, 호프 등도 구색은 갖췄으나 젊은 층을 흡수하기엔 부족하다. 현재로선 서민적인 업종이 주류를 이루고 있지만 이 상권에 경전철이 완공되면 4·19사거리~화계사입구~삼양사거리 구간의 교통난이 다소 해소되고 미아뉴타운 중심의 지역경제가 활성화될 것으로 보인다.

경전철 개통 이후 새로운 상권이 형성되면 젊은 층 유동인구가 많아질 것으로 보여 퓨전주점, 철판구이전문점, 파스타전문점 등이 유망업종으로 꼽힌다. 지역 인구 구성상 중장년층을 겨냥한 생고기전문점, 토속음식점, 칼국수전문점 등은 시장성이 꾸준하다.

해물탕전문점 성공 TIP

점포 앞 수족관으로 고객 유인, 손님 성향 따라 맛 조절

- 가격과 양에서 실속이 있고 고객에게 친근감을 줘야 합니다. 점포 앞이나 잘 보이는 위치에 수족관을 설치해 꽃게, 낙지, 어패류 등을 전시하면 고객 유인효과를 볼 수 있습니다.

- 해물탕 맛의 비결은 신선한 재료와 손맛뿐 아니라 따뜻한 인심과 정입니다.
- 입지에 따라 고객들이 선호하는 맛이 달라집니다. 같은 해물탕전문점이라도 남성 중심의 술손님이 많은 오피스가에서는 얼큰하고 자극적인 매운맛이, 여성이 많은 주택가에서는 시원하고 부드러운 맛이 인기를 끕니다. 단골손님의 성향을 파악해 맛을 조절하는 지혜도 필요합니다.
- 해물탕전문점은 음식이 대부분 매워서 어린이를 동반한 가족 손님을 끌기 어렵습니다. 어린이가 좋아하는 꽃게나 새우를 이용한 퓨전요리를 한두 가지 제공하면 가족 손님의 만족도를 높일 수 있습니다.
- 점주 나이에 따라 주력하는 고객층이 바뀔 수 있습니다. 점주가 중장년이라면 나이가 지긋한 직장인을, 20대 청년 창업자라면 대학생을 공략하는 것이 수월합니다. 장사도 결국 고객과의 커뮤니케이션이 얼마나 원활한가에 따라 성패가 갈립니다. 주요 고객층에 따라 메뉴도 달라져야 합니다.
- 무료시식회를 자주 여는 것이 좋습니다. 무료시식회는 새로운 음식에 대한 자신감을 표출하고 잠재고객에게 투자하는 하나의 방법입니다.

성공 자영업 길라잡이 02

Q 서울 구로동 오징어요리전문점

　서울 구로구 구로2동에서 오징어요리전문점 'The 오징어'를 운영하는 조현정(40세)입니다. 고려대 구로병원 사거리 코너에 있습니다. 296㎡(90평) 규모로 테이블 31개를 두고 있으며, 가게 앞에 테이블 4개를 설치할 수 있는 공간이 있습니다. 2년 전 보증금 7,000만 원, 월세 850만 원의 가게를 권리금 7,000만 원을 주고 인수해 저가형 돼지고깃집을 1년 6개월 동안 운영했습니다. 올 들어 돼지고기 원가가 크게 올라 2개월 전 오징어요리전문점으로 업종을 바꿨습니다.

　남편이 다니던 제약회사에서 구조조정이 시작되던 해 음식점 창업을 결심하고 일식·한식 요리사자격증을 취득했습니다. 4년 전 이태원에서 소갈비살전문점 '논골집'을 오픈해 2년 동안 운영한 경험이 있습니다. 남편은 3년 전 퇴직해 가게를 함께 운영하고 있습니다.

　영업시간은 오후 4시부터 다음 날 오전 5시까지입니다. 남편이 주방을 맡고, 제가 서빙합니다. 주방 3명, 홀서빙 2명, 파트타이머 3명을 고용하고 있습니다. 병원 직원이나 방문객이 많이 찾아옵니다. 주메뉴는 오징어요리와 해산물입니다. 최근 해물 가격이 많이 올라 매출에서 원가 비중이 40%로 높아졌습니다.

　개업 첫 달에는 4,000만 원의 매출을 올렸으나 지난달 3,500만 원으

로 떨어졌습니다. 인건비 950만 원과 임차료 850만 원, 관리비 30만 원, 전기·수도 및 가스료 250만 원을 빼면 부부 인건비도 나오지 않는 상황입니다. 매출증대 방안을 알려주세요.

A 활어회·해물안주 보강해 중장년층 공략

의뢰인은 저가형 돼지고기전문점을 운영할 때 '오징어불고기'와 '오징어날치알볶음밥'을 개발해 인기를 끌었습니다. 돼지고기 가격이 오르면서 채산성이 떨어지자 오징어요리전문점으로 업종을 전환했습니다.

오징어요리전문점은 젊은 층이 주고객일 경우 철판요리, 중장년층이 타깃이면 활오징어 요리를 내세워야 합니다. 주변에 활어횟집이 없다면 활오징어요리점이 횟집을 대신할 수도 있습니다. 하지만 오징어는 낙지에 비해 대중성과 만족도가 떨어지는 것이 단점입니다.

요즘 점포 매출은 월 3,500만 원 수준입니다. 식재료비, 임차료, 인건비 등을 감안한 손익분기점은 4,500만 원입니다. 월매출 목표를 5,000만 원으로 잡고 영업시간 연장, 홍보 및 서비스 강화 등의 노력이 뒤따라야 합니다. 오징어요리전문점은 고객이 멀리서 찾아올 수 있도록 메뉴를 구성하고 마케팅을 병행해야 합니다.

고려대병원 방문객과 직원, 배후 세대에 거주하는 직장인, 주말 가족 외식 고객 등이 주요 소비층입니다. 병원 방문객이나 교대 근무하는 직원들이 많아 점심 영업을 고려해볼 만합니다. 아직 개업 초기여서 영업시간을 연장해도 큰 무리는 없습니다. 물론 인건비 상승에 따른 채산성을 검토해야 합니다.

점심 메뉴로는 오징어전골, 오징어섞어찌개, 오징어덮밥, 오징어불고기백반, 오징어더덕불고기, 오삼불고기, 오징어먹물초밥 등이 적당합니다. 종합병원이 있는 상권임을 감안해 어죽이나 전복죽을 추가할 수도 있습니다.

점포 인근에 병원을 제외하면 사무실 근무자나 주부가 적어 저녁 영업이 매출을 좌우합니다. 주요 고객은 20~40대 남성이지만 지금 메뉴는 여성들이 좋아할 만한 것이 많습니다. '술' 보다 '요리' 중심으로 점포 이미지가 형성돼 있어 중장년층이 찾기에 부담스럽습니다. 가족 외식 수요를 창출하려면 10~20인석짜리 단체석을 만들어야 합니다.

오징어요리는 대중성이 부족하지만 독특한 메뉴입니다. 오징어를 강조하기 위해 오징어 상징물이나 오징어 모양의 조명, 에어 간판 등을 활용하면 이색적으로 보일 수 있습니다.

메뉴와 가격은 단순화하는 게 좋습니다. 고객층 상당수가 30대 이상 남성이라는 측면에서 한두 가지 주력 메뉴를 강화하는 전략이 필요합니다. 3만 원대 해물안주, 튀김과 볶음, 무침, 탕 등을 세트로 모은 모둠 메뉴를 선보이면 음식준비, 마케팅, 판매 등에서 효율성을 높일 수 있습니다.

단체 고객을 유치하기 위해서는 활어회를 보강하는 것이 좋습니다. 오징어와 일부 해산물로는 중장년층의 만족도를 높이는 데 한계가 있으므로 광어나 우럭 등의 활어회를 곁들이면 좋습니다.

의뢰인은 업종을 전환하면서 기본적인 홍보나 이벤트를 하지 않았습니다. 별미 요리인 오징어를 내세운 만큼 정식으로 오픈 이벤트를 실시하는 게 바람직합니다. 젊은 층을 공략하려면 유니폼 뒷면에 대표 메뉴 몇 가지를 부착하는 것도 좋습니다.

점심시간에 점포 앞에 연탄 화로를 설치해 마른 오징어를 구워 냄새를 피우면 유동인구의 관심을 끌 수 있습니다. 식상한 커피보다 군오징어를 디저트로 나눠주는 것도 고객들에게 점포를 각인시키는 방법입니다.

저녁에는 사장님이 함진아비처럼 말린 오징어를 머리에 쓰고 경품 행사를 벌인다든지, '오징어' 세 글자로 삼행시 짓기, 산지별 오징어를 모아 산지 맞히기 게임 등을 열어 안주를 경품으로 서비스하는 것도 효과가 있습니다. 성이 오씨인 손님에게 할인해주거나 메뉴판을 오징어 모양으로 만드는 것도 고객들에게 흥밋거리를 제공하는 마케팅 방법입니다.

 **식사보다 '술'이 통하는 주택가**

의뢰인의 점포는 고려대 구로병원 사거리에 자리 잡고 있다. 구로디지털단지, 가산디지털단지와 인접해 상권은 오래되었지만 성장이 더딘 곳이다. 1차 상권인 반경 500m 이내에 2만 4,000여 명이 거주할 정도로 인구 밀도가 높다. 하지만 세대당 세대원 수가 2.2명에 불과해 비정상적인 주거 특성을 보인다.

전체 세대 중 아파트가 차지하는 비중은 13% 정도로 낮다. 배후 세대는 일반 주택가로 형성돼 있다. 20~40대 연령 비율이 전국 평균보다 높고, 어린 자녀들의 비중은 낮다. 따라서 주말 외식 고객은 적고, 술집 이용자들이 상권을 지배하고 있다.

전체 업종 가운데 음식점이 46%에 달한다. 특히 유흥업종이 23%를 차지할 정도로 식사보다 '술'이 통하는 상권이다. 서민들이 많아 객단가가 높은 메뉴보다 푸짐하면서도 저렴한 메뉴가 인기를 끌고 있다. 음식점 수는 59명당 1개꼴로 많은 편이어서 경쟁이 치열하다. 남성을 타깃으로 하면서 대중적인 메뉴를 운영하는 음식점들의 생존 경쟁이 특히 심하다.

지나치게 트렌디한 아이템이나 퓨전 메뉴보다 20대부터 40대까지 어울릴 수 있는 대중적인 메뉴가 성공할 확률이 높다. 한식과 유흥업종을 제외한 외식업 매출은 저조하다. 음식점이 아닌 업종도 유흥과 연계될 수 있는 아이템을 고르는 것이 바람직하다. 어린이와 청소년을 대상으로 하는 교육사업, 생활밀착형 판매 · 서비스업 등은 성공하기 어렵다. 점포 주변의 유동인구와 수익성을 꼼꼼히 체크한 후 창업 아이템을 결정해야 한다.

오징어전문점 성공 TIP

매일 공급받아 신선한 맛 유지, 계절요리도 필요

- 산오징어를 매일 배송받아 요리하면 원재료의 신선함과 쫄깃쫄깃한 맛이 살아납니다. 오징어가 다 팔리면 알탕, 멍게 등 다른 메뉴로 대체해야 합니다. 몸통이 미끄러워 칼질이 쉽지 않은 오징어를 요리하려면 세절기와 탈피기를 설치해야 합니다.
- 오징어 요리를 다양하게 개발해야 합니다. 내장까지 통째로 쪄내 고소한 맛이 나는 오징어통찜, 블랙푸드 열풍을 탄 먹물탕이 최근 인기를 끌고 있습니다. 연포탕, 개불, 멍게 등 각종 해물요리와 새우구이, 한치회, 밴댕이회, 가리비회 등 계절 메뉴도 필요합니다.
- 맛과 서비스를 차별화하세요. 독특하고 고급스러운 메뉴와 인테리어, 다양한 이벤트, 회원 보너스제 등으로 차별화된 인상을 심어줘야 합니다. 합리적인 가격까지 뒷받침되면 단골을 늘릴 수 있습니다. 특히 목표 고객층을 집중 공략해야 합니다. 유행에 민감한 신세대, 부담 없이 식사와 술 한 잔을 즐기려는 직장인을 공략하세요. 구전 효과보다 좋은 것은 없습니다.
- 전문음식점의 매장 분위기는 밝고 깨끗해야 합니다. 서구식 레스토랑에 익숙해져 있는 요즘 젊은이들은 허름한 분위기를 꺼립니다. 인테리어를 감각적으로 꾸미고 조명을 밝게 만들어 고급스럽고 깔끔한 분위기를 연출하세요.

성공 자영업 길라잡이 03

Q 서울 반포동 소머리국밥집

서울 서초구 반포동에서 소머리국밥집 '한양식당'을 운영하고 있는 김영남(65세), 이정자(61세) 부부입니다. 점포는 강남고속터미널 상가 건물 1층에 있습니다. 33.3㎡(10평) 규모로 테이블 11개를 두고 있습니다.

3년 전 기존 음식점을 인수해 영업을 시작했습니다. 보증금 1억 3,000만 원에 월세 140만 원, 관리비 100만 원을 내는 조건으로 계약했으며 시설투자에 6,000만 원이 들어갔습니다.

저는 건설회사에 다니다가 퇴직했습니다. 지인에게서 점포를 소개받고 음식점 창업을 결심했습니다. 우리 부부는 외식업 경험이 전혀 없었으나 열심히 일한 결과 개점 초기 돈도 좀 벌었습니다. 하지만 지난해부터 갑자기 매출이 줄어 요즘은 생계비도 못 건지는 수준입니다.

고속터미널 상권 특성을 고려해 24시간 영업하고 있습니다. 저와 아내가 교대로 서빙하고, 종업원 2명이 주방을 맡고 있습니다. 주요 메뉴는 소머리국밥 7,000원, 순댓국 5,000원, 선지해장국 5,000원, 내장탕 6,000원 등입니다. 하루 평균 매출이 50만 원을 밑돌고 있습니다. 주변에서 영업 중인 10여 개 점포 중 매출이 가장 저조합니다. 부부가 밤낮으로 가게에 매달려 일하지만 인건비도 건지지 못하고 있습니다.

소비자 입맛이나 상권이 변한 것 같습니다. 어떻게 대처해야 할지 고민만 커지고 있습니다. 점포를 살릴 수 있는 방안을 알려주세요.

A 메뉴 대폭 줄여 전문화하고 가격 낮춰야

의뢰인은 서울 최대 역세권에서 영업하고 있습니다. 강남고속버스터미널과 지하철역을 이용하는 사람들은 하루 평균 15만 명이 넘습니다. 이처럼 좋은 상권에서 심야영업까지 하는 상황을 감안하면 지금 매출은 매우 저조한 수준입니다. 10여 년 전과 비교해 강남터미널 이용객이 감소했지만 매출 부진의 원인은 다른 곳에 있다고 여겨집니다.

우선 현재 영업 실적에 대한 냉정한 평가가 선행돼야 합니다. 그래야 올바른 대안을 찾을 수 있습니다. 24시간 영업하면서 한 달 매출이 고작 1,300만 원에 그치고 있습니다. 임대료 140만 원에다 관리비 100만 원 그리고 종업원 인건비 340만 원과 200여 만 원의 금융비용을 포함하면 사실상 적자입니다.

결국 지금보다 2배 이상 매출을 올려야 수익도 내고 일하는 보람도 느낄 수 있습니다. 유동인구나 상가 내 활동인구를 감안하면 월 2,500만 원 정도의 매출을 올려야 합니다. 상권 변화 등 외부 요인보다 내부 문제를 해결하는 데 주안점을 둬야 합니다.

무엇보다 메뉴 전문화가 시급합니다. 간판에 적힌 '소머리국밥' 전문점의 이미지가 무색할 만큼 파는 음식 종류가 너무 많습니다. 역세권이라는 상권 특성을 고려한다 해도 메뉴가 지나치게 많습니다. 라면, 삼계탕, 설렁탕, 동태찌개 등 40여 종이 넘는 메뉴가 고객들에게 혼란을 주고 있습니다. 홀이나 주방 면적에 비해서도 메뉴가 많습니다.

역세권의 유동인구를 잡겠다는 의뢰인의 의도와 달리 소비자들에게 '전문성'이 없는 식당이라는 이미지를 주고 있습니다. 콩나물해장국이나 우거지해장국, 육개장을 주력으로 하는 속풀이 국밥집으로 전문화하는 것도 좋은 방법입니다. 소머리국밥은 고속터미널을 찾는 고객들과도 어울리지 않습니다.

소머리국밥은 서울 외곽지역에서 나들이 가는 행락객들에게 인기를 끄는 음식입니다. 서울 시내에서는 일부 마니아를 제외하면 수요층이 넓지 않습니다. 젊은 직장인이나 버스 이용객, 여성들은 소머리국밥이라는 간판을 보고 매장 방문 자체를 꺼릴 수도 있습니다. 만약 과감하게 업종 전환을 시도한다면 돈가스·우동전문점, 비빔밥전문점, 분식점 등이 무난합니다.

가격도 재조정해야 합니다. 대표 메뉴인 소머리국밥을 7,000원에 팔고 있으나 경기 상황 등을 고려하면 다소 비싼 수준입니다. 주력 상품을 팔기 위해 저가 미끼상품과 고가상품으로 구성한 스타벅스의 가격 정책을 참고할 필요가 있습니다.

지금처럼 주력 상품이 비싸면 소비자들에게 부담을 줄 수 있습니다. 다른 메뉴도 덩달아 비싸게 보여 실속파 소비자들에게 외면을 받습니다. 식재료 원가 부담이 커지더라도 판매가격을 소폭 인하해야 합니다. 박리다매를 추구하면 가격 인하에 따른 원가 부담을 충분히 만회할 수 있습니다.

단골 비중이 낮은 역세권이더라도 위생과 청결에 더 많이 신경 써야 합니다. 점포 오픈 후 오랫동안 보수하지 않아 이웃 경쟁 점포에 비해 낡고 옹색해 보입니다. 특히 색 바랜 음식 사진은 서둘러 교체하세요. 간판과 전면 유리 선팅도 새롭게 단장해야 합니다.

고객의 니즈는 하루가 다르게 변하고 있습니다. 예전의 터미널이나 역세권에서 장사하던 추억은 과감히 떨쳐버려야 합니다. 고객이 쉽게 메뉴를 선택할 수 있는 기회를 만들고 언젠가는 다시 찾아올 수 있도록 접객 서비스에 최선을 다하세요.

하루 유동인구 15만 명인 '대표 역세권'

의뢰인의 점포는 서울의 대표 역세권인 강남고속버스터미널 상가 1층에 있다. 1차 상권에 해당하는 반경 500m 이내 상주인구가 1만 4,000여 명에 불과하지만 유동인구는 하루 15만 명을 넘는다. 신세계백화점과 영풍문고, 꽃상가 등을 찾는 소비자들도 꾸준히 늘고 있다.

하지만 지상에서 승하차하는 유동인구의 상당수가 곧바로 지하로 내려가 지하철로 환승하거나 쇼핑하기 때문에 실제 지상 점포를 이용하는 고객은 그리 많지 않다. 그래서 상가 임대료나 권리금도 지하보다 지상이 오히려 싸다.

역세권 지역에는 통근이나 통학, 쇼핑, 모임 등 다양한 목적을 지닌 방문객이 모여들어 소비의 다양성이 존재한다. 역 자체가 목적지가 아니어서 단골을 만들기 어렵다는 단점이 있다. 반면 동종업종끼리 경쟁이 치열하지 않다는 것은 장점이다. 한 건물에서 동일업종이 장사할 수 있는 거의 유일한 상권이기도 하다.

역세권은 교통이 편리해 만남의 장소로도 인기가 높다. 따라서 커피숍이나 호프집, 레스토랑 등을 이용하는 고객이 항상 넘쳐난다. 역을 정기적으로 이용하는 통행객을 대상으로 하는 업종도 적당하다. 제빵학원, 간호학원, 공무원학원, 어학원 등의 수요가 많다.

단골 중심의 영업 전략보다는 유동인구를 어떻게 잡느냐에 성패가 달려 있다. 영업 실적에 비해 임대료나 권리금이 높거나 건물 자체에 하자가 있는 경우도 많다. 창업하기 전에 점포의 임대조건을 꼼꼼히 점검할 필요가 있다.

> **경쟁이 치열한 업종에 도전하는 것을 두려워 마라**
>
> 경쟁업체가 많다는 것은 소비계층이 뚜렷하게 존재한다는 사실을 간접적으로 증명하는 것인 만큼 업종을 전환하거나 창업을 하려면 경쟁자를 두려워하면 안 된다. 경쟁에 자신이 없다고 경쟁자가 적은 뉴 비즈니스나 검증되지 않은 사업에 뛰어든다면 실패를 자초할 수 있다. 따라서 새로운 아이템을 찾기보다는 거부감 없는 대중적인 아이템에 새로운 서비스를 가미해 포장을 잘하는 것이 안정적이다.

 국밥전문점 성공 TIP

신세대에 어필하는 깔끔한 분위기, 해장메뉴 보강도 필요

- 국밥전문점은 이미지 쇄신이 필요합니다. 국밥은 재래시장에서 파는 싼 음식이라는 이미지가 강해 고객층이 제한될 확률이 높습니다. 기존 국밥과 다르다는 내용을 알리면 매출 증진에 도움이 됩니다.
- 국밥은 조리과정의 표준화에 성공 여부가 판가름 납니다. 매장에 조리 매뉴얼을 갖추고, 신세대에게 어필할 수 있는 깔끔한 분위기를 연출해야 합니다. 국물 맛을 내는 식재료도 신경 써야 합니다. 좋은 품질을 꾸준히 유지해야 손님들이 찾아옵니다.
- 매출이 대부분 일어나는 점심시간에 회전율을 극대화할 수 있는 방법을 찾아야 합니다. 계절별, 요일별 매출을 예상해 적정량을 준비해두었다가 주문받는 즉시 음식을 제공하는 시스템을 갖춰야 합니다. 반찬도 2~3가지를 미리 식탁에 준비해두고 손님이 필요한 만큼 덜어 먹을 수 있게 하세요.
- 매출을 늘리려면 저녁이나 새벽 메뉴를 보강해야 합니다. 새벽에 주점이나 유흥업소에서 나온 고객들을 겨냥한 해장 메뉴를 보강할 필요가 있습니다.
- 품질 좋은 식자재를 구입하고 재고를 효율적으로 관리하기 위해 안정적인 거래처를 확보하는 것이 중요합니다. 메뉴의 식상함을 줄이려면 계절 메뉴를 개발해야 합니다. 여성을 겨냥한 다이어트 메뉴와 중장년층을 위한 건강식 메뉴도 필요합니다.

> 성공 자영업 길라잡이 04

Q 서울 공릉동 초밥집

서울 공릉동에서 '스시바다'를 운영하는 문성열(58세)입니다. 지하철 7호선 공릉역 인근 노원문화원 옆 풍림아파트 114동 상가 1층에 있습니다. 가게는 36㎡(11평) 규모로 개업한 지 석 달 됐습니다. 영업이 부진하던 초밥전문점을 보증금 1,000만 원, 월세 100만 원에 넘겨받았고, 시설 개보수비 등으로 3,000만 원이 들었습니다.

저는 금융권에서 20년 동안 근무하다가 외환위기 때 명예퇴직했습니다. 직장생활 당시 해외 근무를 많이 한 경험을 살려 퇴직 후 10년 동안 영어강사로 노원구에서 활동했습니다. 요즘도 서울산업대에서 외국어 스터디그룹을 운영하고 있습니다. 저희 가족은 노원구에서만 30년을 살았습니다. 아내가 공릉교회에서 봉사활동을 하고 있어 지인은 많습니다.

'내 가게'를 동경하다 좋은 식자재를 사용해 맛으로 승부하면 음식업으로 성공할 수 있다는 확신을 갖고 창업했습니다. 낮 12시부터 밤 11시까지 영업합니다. 호텔조리학과 출신 아들과 주방장, 아내와 저까지 포함해 4명이 일하고 있습니다. 8,000원짜리 초밥과 2만 원짜리 회가 주력 메뉴입니다. 점심시간에는 탕과 우동류도 제공합니다. 남해와 제주에서 공수되는 신선한 활어를 도매업자에게서 당일 직접 구매해

사용하고 있습니다. 고객들에게 저렴하면서 맛이 좋다는 평을 듣고 있습니다.

첫 달 매출은 700만 원이었으나 지난달에는 1,200만 원까지 늘어났습니다. 60% 수준의 재료비와 인건비 등을 포함하면 부부 인건비를 빼도 300만 원 정도 적자를 보고 있습니다. 하지만 고객이 느는 추세여서 희망을 갖고 있습니다. 빠른 시일 안에 흑자를 낼 수 있는 방안을 알려주세요.

A 테이크아웃 늘리고 참치 등으로 메뉴 재구성

창업 경험도 없고 연령도 높은 의뢰인이 자신의 꿈을 이루기 위해 용기를 낸 데 대해 경의를 표합니다. 음식점은 가족 인력 의존도가 높아 고정비 지출 부담이 적습니다. 30년 이상 지금 지역에서 거주했고, 봉사활동을 많이 했기 때문에 지인이 많은 점도 강점입니다.

점포 인근에 풍림·라이프·신도 등의 아파트 단지가 밀집돼 있고, 상가가 부족한 점을 고려하면 잠재고객을 늘릴 수 있는 여지가 많은 것으로 판단됩니다. 가게가 아파트 상가 1층에 위치해 눈에도 잘 띕니다. 하지만 가게 면적이 좁고 실내 테이블이 없다는 점이 아쉽습니다. 서울산업대 교직원 등 다소 먼 거리에서 고객이 찾아오고 있으나 바(Bar)식 테이블이어서 단체 고객을 수용하기에는 부족합니다.

부족한 좌석 등 시설상 단점을 극복하려면 초밥은 테이크아웃 중심으로 영업을 활성화해야 합니다. 신선한 횟감으로 만들어내는 초밥 가격은 8,000~1만 3,000원으로 저렴한 수준입니다. 우동, 탕류도 6,000원에 제공하고 있습니다. 소비자로서는 맛있는 음식을 저렴하게 먹을 수 있지만 점주로서는 원가가 과도하게 발생해 수익성 측면에 문제가 있다고 판단됩니다.

메뉴 분석 결과 식자재 원가가 매출의 60% 이상을 차지하고 있습니다. 많이 팔수록 노동력만 투입되고 수익이 나지 않는 구조입니다. 고객 유인 차원에서 특정 메뉴 몇 가지를 파격적인 가격으로 내놓을 수는 있지만 전 품목을 너무 싸게 제공하면 안 됩니다. 참치 등의 새로운 품목을 도입해 메뉴를 재구성하고, 고가 메뉴도 개발해 객단가를 끌어올려야 합니다.

월평균 매출은 1,200만 원 수준으로 식자재 구입비 720만 원, 종업원 두 사람 인건비 370만 원에 월세 100만 원, 전기·가스·수도료, 카드수수료 등을 감안하면 200만 원에 가까운 적자가 나고 있습니다. 의뢰인과 부인의 인건비는 아예 없는 셈입니다. 높은 품질을 유지하면서 원가를 45% 선으로 낮추려면 주류 판매 비중을 높여야 합니다. 손익분기점은 영업일수 25일 기준으로 월 1,500만 원입니다. 무엇보다도 매출 확대가 시급합니다.

의뢰인은 가게를 인수받은 뒤 메뉴를 부분적으로 조정하고 시설 개보수만 했습니다. 상호는 물론 시설을 대부분 그대로 활용하고 있습니다. 고객이 볼 때 영업이 부진한 가게에서 운영자 얼굴만 바뀐 정도입니다. 상호를 과감히 바꿔 신장개업 분위기를 살리세요. 주류 판매 비중을 높이려면 출입구 쪽의 흰색 유도등을 붉은색 계통으로 교체하는 게 좋습니다.

홍보활동도 강화해야 합니다. 초밥 등 실속 메뉴와 신개발 메뉴를 토대로 배너 간판이나 에어 간판을 설치하십시오. 전단지도 직접 배포하면 효과가 있습니다. 전단지를 제작할 때 디자인 비용이 다소 들더라도 고급스럽게 꾸미는 게 좋습니다. 일식집은 분위기가 생명입니다.

의뢰인은 '최고 품질의 제품을 싸게 판다'는 경영 철학을 갖고 있습니다. 신선한 식자재를 직접 구입하고, 초밥의 본고장인 일본에서 요리를 직접 배우겠다는 의지와 열정도 가지고 있습니다. 식당으로 성공하려면 점주는 항상 배우는 자세로 고객의 성향을 연구하고 열정을 다해

서비스해야 합니다. 자신의 지식과 영업 현장의 차이를 빠른 시일 안에 극복하면 성공할 것으로 기대됩니다.

 **일식당 등 유사업종 많아 경쟁 치열**

서울 지하철 7호선 공릉역과 하계역 중간 지역에 위치한 공릉동 아파트 단지 일대는 하계·중계·상계를 잇는 '삼계(三溪)' 지구의 시작점에 해당한다. 하계동과는 도로 하나를 사이에 두고 있지만 단지 규모나 기반시설에서 계획적으로 만들어진 지구와는 다소 차이가 있다.

1차 상권인 반경 500m 이내에 1만여 세대가 거주하고 있으며, 가구당 세대원수는 2.6명이다. 전체 가구의 78%가 아파트이지만 99.9㎡(30평형) 이하가 94%를 차지할 정도로 소득 수준은 높지 않다. 10대 청소년층이 두터워 배달이나 테이크아웃형 외식업보다는 비교적 규모가 큰 중대형 매장을 선호하는 경향이 강하다. 숯불구이전문점이나 활어회전문점, 중식당, 패스트푸드, 패밀리레스토랑 등이 유망하다.

음식점이 인구 200명당 1개꼴로 영업 중이어서 비교적 안정적인 매출을 기대할 수 있는 상황이다. 하지만 비슷한 품목을 파는 경쟁점이 있다면 상황은 달라진다. 의뢰인 점포 인근에는 일식당이 많은 편이다. 특히 150m 정도 떨어진 곳에 대형 시푸드레스토랑이 버티고 있다는 게 부담스럽다.

외부에서 고립된 아파트 단지 상권이라면 비슷한 아이템끼리 경쟁하기보다는 수요가 적더라도 독점적 이익을 얻을 수 있는 아이템을 선택하는 것이 낫다. 점포가 전형적인 식사 중심 상권에 있지만 의뢰인이 일식주점을 지향한다는 점도 걸림돌로 작용하고 있다. 아파트 단지 상가로는 비교적 규모가 작은데다 단지별로 조그마한 상가들이 분산돼 있어 중심성이 약하다는 것도 단점이다.

 초밥전문점 성공 TIP

횟감 신선도 유지에 사활 걸어야

- 초밥(스시) 맛은 생선과 밥의 조화에 있습니다. 5시간 정도 숙성한 생선을 사용해야 하며, 활어를 잡는 과정에서 민물을 많이 먹지 않도록 빨리 처리하고 비린내를 제거해야 합니다. 밥에 설탕(단맛)과 소금(간), 식초(새콤한 맛)를 적정히 배합해 맛을 내야 합니다.
- 포장판매의 장점을 살려 주문·배달 판매 비중을 높여야 합니다. 오전 10시부터 밤 12시까지 영업하고, 휴일에도 문을 열어 고객들이 항상 이용할 수 있도록 해야 합니다. 오피스가라면 주문을 받아 배달하는 경우가 많기 때문에 배달 시스템을 구축해야 합니다.
- 활어의 품질 자체가 소비자 만족도를 좌우합니다. 점주는 횟감을 보고 신선도를 파악할 수 있어야 합니다. 독립 점포의 경우 점주가 직접 생선을 구입하기 때문에 생선에 대해 상세히 알고 있어야 합니다. 횟감의 신선도 유지에도 공을 많이 들여야 합니다. 속초나 통영, 남해 등 산지를 방문해 활어 루트를 알아보는 것도 장사에 도움이 됩니다. 이곳에서는 자연산 활어를 공급하는 중간 도매업자를 만날 수 있습니다.
- 유명 초밥집을 벤치마킹해야 합니다. 상호, 입지, 매장 인테리어와 집기 수준, 가격 대비 활어의 양과 밑반찬 수, 서비스 수준, 화장실 청결도 등을 비교해본 뒤 이유와 원인을 나름대로 분석하고 적용해야 합니다.

성공 자영업 길라잡이 05

Q 인천 만수동 냉면전문점

인천광역시 만수동에서 '한천칡냉면'을 운영하는 최예자(51세)입니다. 만수동 아파트 단지에 둘러싸여 있는 담방로사거리 먹자블록 이면도로에 있습니다. 가게는 100㎡(30평) 규모로 4인용 테이블 10개를 두고 있습니다.

문을 연 지는 6개월이 지났습니다. 우렁쌈밥전문점으로 운영하던 자리를 보증금 1,000만 원에 월세 100만 원의 조건으로 인수했으며, 시설투자비 등으로 총 5,000만 원을 투입했습니다. 제가 홀서빙을 맡고, 남편이 주방에서 일합니다.

창업하기 전 남편은 자동차회사 영업직으로 15년 동안 근무하다가 퇴직했습니다. 저는 여성의류 판매점을 10년 이상 운영한 경험이 있습니다. 점포 인근에 대형 쇼핑몰이 들어서면서 매출이 줄어 문을 닫았습니다.

남편과 함께 식당을 해보려고 지인에게 냉면 제조기술을 전수받은 뒤 올해 초 창업했습니다. 영업시간은 오전 11시부터 오후 11시까지이며, 연중무휴입니다. 메뉴는 유천식 물냉면, 비빔냉면, 콩국수, 물만두 등입니다. 냉면은 5,000원을 받고 있습니다.

매출은 개업 초기 평일 40만 원, 주말 50만 원선이었습니다. 그러다

가 두 달이 지나면서 줄기 시작해 8월에는 20만~30만 원까지 떨어졌고, 9월엔 10만 원 밑으로 곤두박질쳤습니다. 매출을 늘리기 위해 흑돈 삼겹살, 주꾸미전골 등 새 메뉴를 도입했으나 별 효과가 없습니다.

지금 상태라면 가족의 생계도 유지하기 어렵습니다. 영업 부진으로 부부간 마찰도 생겨나고 있습니다. 겨울철이 다가오면 매출이 더 줄어들까 걱정입니다. 위기 극복 방안을 알려주세요.

A 냉면 다양화하고 비수기 메뉴 보완 메뉴 갖춰야

만수동 먹자골목은 새벽까지 외식과 음주문화를 즐기는 젊은 층과 가족 단위 고객이 많아 소비가 왕성한 지역입니다. 냉면은 여름철 별미지만 계절 메뉴만 잘 보완한다면 사계절 영업이 가능한 업종입니다.

서울 오장동 함흥냉면과 종로4가에 밀집한 평양식 냉면 등 성공한 점포들은 수육을 특화해 소비자들에게 좋은 반응을 얻고 있습니다. 또 옥천냉면은 냉면과 고기완자, 유천냉면은 만두와 조화를 이루고 있습니다. 이들 업소는 오랜 전통을 바탕으로 단골을 많이 확보하고 있습니다. 동네마다 명소로 자리 잡은 대형 갈빗집들도 냉면을 필수 메뉴로 제공하고 있습니다.

잘나가는 업소들은 냉면점의 전문성을 지키면서도 궁합이 맞는 보완 메뉴로 비수기를 극복하고 있습니다. 최근에는 숯불돼지고기나 갈비를 덤으로 제공하는 '고기 냉면', '갈비 냉면' 업소도 등장해 인기를 끌고 있습니다. 식사와 술 한 잔을 동시에 즐길 수 있어 실속 소비를 즐기는 고객들의 니즈를 반영한 것입니다.

의뢰인 점포의 지난달 매출은 300만 원선으로 2명의 인건비 300만 원을 포함한 손익분기점 870만 원에 턱없이 부족합니다. 이익을 내려면 매출 1,000만 원을 목표로 삼아 가게 콘셉트를 다시 설정하고, 메뉴 보완 및 홍보 강화 등의 노력을 해야 합니다.

의뢰인이 매출을 늘리기 위해 새로 추가한 삼겹살과 쭈삼불고기, 곱창구이, 곱창전골 등은 선술집 분위기 매장에서 성공 확률이 높은 아이템입니다. 하지만 냉면전문점의 메뉴로는 어울리지 않습니다. 구이전문점인지 냉면전문점인지 고객이 판단할 수 있도록 콘셉트를 명확하게 설정해야 합니다. 새로 도입한 메뉴를 없애고, 냉면전문점의 이미지를 강화하기 위한 메뉴 보완이 필요한 시점입니다. 지금 제공하고 있는 유천식 냉면에다 뜨거운 육수를 제공하는 비빔냉면, 함흥냉면, 회냉면, 온면 등으로 품목을 다양화해 고객의 선택폭을 넓혀줘야 합니다.

점포 입지를 고려하면 술자리를 찾는 고객들을 겨냥해 냉면을 주문하면 덤으로 숯불고기를 제공하는 고기냉면(육쌈냉면)도 고려해보세요. 계절 비수기를 극복하기 위해서는 현재 제공하는 왕만두와 고기만두를 이용한 만두전골, 두부전골 등의 도입을 추천합니다. 만두는 직접 만드는 수제만두를 내놓아야 합니다. 서비스로 주는 부추전 등도 상품화해 3,000원 정도의 가격으로 추가 매출을 올려야 합니다.

창업 당시 쌈밥전문점으로 운영하던 가게 시설을 소폭 보수해 오픈한 흔적이 남아 있습니다. 냉면 맛만 좋으면 장사가 잘될 것으로 쉽게 생각했기 때문입니다. 메뉴 개편 때 벽면 메뉴판을 새로 부착하고, 간판을 천갈이하면서 신장개업 분위기를 살려야 합니다. 가게 전면의 절반 정도가 주차공간이어서 가시성도 저해되고 있습니다.

빈 공간에 숯불로 고기 굽는 모습을 연출한다면 고객 유입 효과를 기대할 수 있습니다. 새 메뉴 도입을 계기로 전단을 만들어 배포할 때는 유동 고객에게 직접 배포하는 방식이 효과적입니다. 특정 기간이나 오후 6시 이전 방문 고객을 대상으로 소주 한 병을 무료로 제공하는 '해피 타임' 서비스 등도 고려해볼 만합니다.

돈을 버는 목적은 가정이 행복하고 삶의 질을 높이기 위해서입니다. 부부가 함께 장사하는 경우 영업이 부진해지면 서로 책임을 전가해 갈

등이 생기기 쉽습니다. 부부가 함께 영업현황을 분석하고 대화로 어려움을 해결하는 지혜가 필요합니다. 장사가 잘되는 가게는 부부 금슬이 좋고 웃음이 끊이지 않습니다. 음식장사를 즐겨야 합니다.

 **15년 된 아파트 단지, 외부유입은 적어**

장수IC에서 인천의 중심으로 향하는 관문에 위치한 만수3지구는 전형적인 아파트 단지 상권이다. 1차 상권에 해당하는 반경 500m 안에 8개 학교와 동부교육청 등 관공서가 입지해 주거환경이 비교적 좋다. 세대당 인구수는 3명 정도로 정상적인 주거 패턴을 보이고 있다.

이 지역은 아파트 단지가 조성된 지 15년 정도 경과해 상권 변화가 크지 않은 게 특징이다. 상가 중심지에는 은행, 학원, 분식점, 옷가게 등 다양한 업종이 몰려 있고, 의뢰인 점포가 위치한 동북쪽에 소규모 먹을거리 상권이 형성돼 있다. 경쟁력만 갖춘다면 초보 창업자가 영업하기에 적합한 곳이다. 다만, 음식점이 인구 70명당 1개꼴이어서 경쟁이 치열하다.

아파트 단지 상권은 외부에서 소비자가 유입되기 어려울 뿐만 아니라 나가기도 어렵다. 따라서 동일업종끼리 경쟁은 금물이다. 창업에 앞서 비슷한 업종이 얼마나 있는지 꼼꼼히 살펴야 한다. 아파트의 경우 조성 초기에는 판매업과 배달형 외식업이 적합하며, 5~10년까지는 가정주부를 대상으로 한 외식업과 보습학원, 예체능 학원이 성업한다. 10년이 지나면 성장세가 한풀 꺾이는데 입시학원과 주류 관련 외식업이 공존하는 현상이 나타나기도 한다. 외식업소의 경우 중대형 매장을 선호하는 경향이 강하다.

아파트상권에서는 한순간에 고객의 발길이 끊기는 현상도 나타난다. 갑자기 맛이 바뀌거나 위생 문제 등이 발견됐을 때다. 아파트 단지는 소비성향이 비슷한 주민들의 심리적 공조가 강한 곳이기 때문에 고객 한 사람, 한 사람에게 최선을 다해야 한다.

냉면전문점 성공 TIP

인테리어는 밝고 깨끗하게, 경험 풍부한 주방장 영입

- 냉면은 전통 음식이지만 칡이나 솔잎 등 건강에 도움이 되는 재료를 첨가한 다양한 냉면이 개발되면서 사계절 음식으로 정착되고 있습니다. 하지만 계절을 많이 타기 때문에 비수기에도 버틸 수 있는 계절 메뉴를 추가하는 게 좋습니다.
- 냉면전문점은 맛이 성패를 결정하므로 손맛이 좋고, 경험이 풍부한 주방장을 영입하는 게 매우 중요합니다. 일반인에게 잘 알려진 냉면집을 수소문한 뒤 그곳에서 다년간 요리를 배우고 주방장으로 독립할 때가 된 사람을 찾는 것이 효과적입니다.

- 대형 냉면전문점이 있는 지역을 피하고, 소규모 매장으로 영업이 활성화될 수 있는 곳을 골라야 합니다. 규모는 99m²(30평) 이상이 적당하며, 좌식으로 꾸미는 게 효과적입니다. 인테리어는 밝고 깔끔하게 처리해야 합니다. 점심식사 등 제한된 시간에 찾아오는 손님이 많아 신속한 서비스와 깔끔한 위생관리가 중요하며, 가족단위 손님이 많기 때문에 주차시설은 필수적입니다.
- 냉면은 너무 오래 삶으면 면발이 탄력을 잃어 맛이 없어집니다. 냉면을 삶을 때는 솥에 물을 많이 붓고 가닥가닥 떼어낸 면을 풀어 넣어 끓어오르면 바로 건져내야 합니다. 냉면은 메밀을 반죽해 뽑아내서 삶는 시간이 길어지면 면발이 퍼집니다. 삶은 면을 찬물에 씻을 때는 손으로 털면서 여러 번 헹궈야 합니다. 마지막으로 얼음물에 담가 한 번 더 씻으면 면발이 쫄깃해집니다.

성공 자영업 길라잡이 -06

Q 서울 하월곡동 순댓국전문점

　서울 성북구 하월곡1동에서 '수미순대국밥'을 운영하는 이미자(48세)입니다. 월곡동 두산위브아파트 단지 건너편 밤나무골시장 통로 옆길에서 주택가로 이어지는 골목길에 있습니다.

　가게는 26㎡(8평) 규모로 4인용 테이블 5개를 두고 있습니다. 지난달 초 문을 열었습니다. 퀵서비스 사무실로 운영하던 자리를 보증금 500만 원에 월세 50만 원의 조건으로 인수한 뒤 시설 개보수비로 1,300만 원을 투자했습니다. 식당 경험이 많은 언니와 함께 운영하고 있습니다.

　횟집과 백반집에서 주방보조로 10년 정도 일하다가 내 가게를 갖고 싶어 처음 창업했습니다. 나이를 먹으면서 체력적으로 한계를 느껴 집 부근에서 점포를 찾았습니다. 집은 가게에서 도보로 15분 거리에 있습니다. 언니와 제가 순대요리를 좋아하는데다 골목시장이 형성돼 있어 순댓국전문점이 적합하다고 판단했습니다.

　오전 8시에 문을 열어 오후 8시까지 영업합니다. 이달부터는 일요일에도 쉬지 않고 일하고 있습니다. 주력 메뉴는 순대국밥, 머리고기국밥, 김치콩나물 순대국밥입니다.

　도토리전, 머리고기, 술국, 곱창전골 등도 취급하고 있습니다. 열심히 일하고 있으나 하루 매출이 10만 원도 안 되어 이익이 나지 않는 상

황입니다. 재료비, 임차료 50만 원, 수도·전기·가스료 등을 내고 나면 100만 원도 안 남습니다. 큰 욕심은 없고 자매 둘이서 최소한의 생계비를 벌고 싶습니다.

한 번 방문했던 손님들은 음식 맛이 좋다고 칭찬합니다. 빠른 시일 안에 매출을 늘릴 수 있는 방안을 알려주세요.

A 주점으로 전환해 퇴근길 유동고객 끌어들여야

의뢰인 점포는 재개발되지 않은 단독주택들이 많은 노령화된 상권에 속해 있습니다. 하지만 도보로 10분 거리에 있는 두산위브아파트를 중심으로 하는 상권에는 두산위브 2,655세대, 래미안월곡 1,372세대, 대

우푸르지오 등 재개발된 아파트 단지가 몰려 있습니다. 아파트 주상복합상가에는 아파트 주민을 대상으로 하는 생활편의 업종들이 영업 중이며, 아파트 앞 대로변 상점들도 비교적 활성화돼 있습니다. 그러나 의뢰인 가게는 골목시장 안쪽에 있어 아파트 주민들이 거의 이용하지 않습니다.

점포의 상권 범위는 반경 100m 정도로 배후 세대가 매우 취약합니다. 주민들의 소득 수준은 서울 평균보다 낮아 저가형 소비가 적합한 곳입니다.

전형적인 골목시장 특성을 보이고 있어 전문점 형태보다 종합적인 메뉴를 취급하는 게 유리합니다. 순댓국은 장년층이 선호하지만 순대는 젊은 층도 선호합니다. 하지만 인근 밤나무골시장에 20년 넘게 운영해온 순댓국집 등 동종업소가 3곳이나 있고, 족발전문점 등 경쟁업소도 다수 있습니다.

월매출은 300만 원 정도로, 창업자 두 사람의 인건비를 포함한 손익분기점 500만 원에 턱없이 부족합니다. 손익분기점 이상의 매출을 올리려면 순댓국만으론 어렵습니다. 유동인구나 배후 세대가 취약해 전문점 형태로는 매출 확대에 한계가 있습니다. 먼저 업종 변경을 권합니다. 1안은 인근 단독주택에 입주한 인쇄소, 가내수공업 형태의 제조업체, 사무실 등의 직원을 겨냥해 가정식 백반을 취급하는 한식업소로 전환하는 것입니다. 또 다른 방안은 퇴근길 유동인구를 대상으로 막걸리, 동동주 등을 접목한 간이주점을 하는 것입니다.

의뢰인은 돼지부산물 등 식재료를 매일 새벽 마장동에서 구입해 쓰고 있습니다. 맛을 제대로 내려면 신선한 식자재가 매우 중요합니다. 기존 메뉴에다 중장년층이 선호하는 얼큰한 닭볶음탕, 닭갈비두루치기, 돼지고기두루치기 등을 안주로 추가해보십시오. 순댓국에 나오는 김치, 깍두기와 함께 부추겉절이를 서비스하면 좋습니다. 점포 정면 좌측에 철판을 구비해 빈대떡, 해물파전, 모둠전 만드는 모습을 연출해 유동 고객에게 테이크아웃 판매도 시도해보세요. 배후 세대에 거주하는 퇴근길 고객을 잡으려면 술 한 잔이 생각나도록 점포 분위기를 바꿔야 합니다.

의뢰인은 26㎡의 점포를 꾸미는 데 1,300만 원이 들었습니다. 대부분 주방시설용 설비투자비였습니다. 자금이 넉넉지 않아 신규 고객 창출을 위한 간판, 선팅, 매장 내부 벽면 도배, 홍보물 등에 대한 투자가 다소 미흡한 것으로 보입니다. 무료 시식 메뉴를 제공하는 이벤트도 마련해 신장개업 분위기를 살려야 합니다. 벽면 메뉴판도 다시 만들어야 합니다.

홍보활동은 개업 초기 인근에 명함을 배포한 게 전부였습니다. 업종을 전환하고 새 메뉴를 도입한 뒤 전단을 만들어 인근 지역에 직접 배포하세요. 동네 주민과 유동 고객에게 점주가 직접 전단을 배포해야 효과가 좋습니다.

의뢰인은 오랜 기간 식당일을 해오면서 식재료를 절약하는 습관이 몸에 밴 것 같습니다. 주인과 종업원 처지는 다르다는 것을 알아야 합니다. 고객을 창출하기 위해 '손님은 왕이다' 라는 점을 깊이 인식해야 합니다. 식재료를 절약하기보다는 고객에게 인심을 베풀어 '단골' 을 많이 만들어야 합니다.

30대 이상 남성 많은 서민 주택가

의뢰인의 점포는 성북구 하월곡동 두산아파트 맞은편 2차선 도로에서 주택가로 50m 들어온 골목 1층에 있다. 점포 앞을 다니는 유동인구가 거의 없고, 차량도 가끔 지나가는 비교적 조용한 지역으로 순댓국전문점을 하기에는 수요층이 적은 곳이다.

점포 반경 500m 이내 1차 상권에는 1만 7,600여 가구가 거주하고 있으나 아파트는 7,022가구로 절반이 안 된다. 다세대, 빌라, 다가구 등 일반 재래 주택이 많은 상권이다. 또 상권 내에는 66.6㎡(20평) 미만의 소형 아파트가 많아 주민들의 소비 수준이 높지 않다. 연령별로는 유아나 청소년보다 30대 이상 중장년 인구 비중이 높으며, 특히 30대 남성이 많다.

1차 상권 내 업종 분포를 보면 음식, 부동산, 생활서비스, 도·소매업 등 다양하다. 음식점의 경우 무봉자순대국, 고향한방토종순대, 순대야놀자, 병천순대국 등 순대 관련 업종이 14개나 된다. 죽전문점(3개), 철판요리(1개)에 비해 순댓국전문점의 경쟁이 치열하다.

소득 수준이 비교적 낮은 소비시장의 특성을 감안하면 대규모 시설 투자보다는 맛과 품질, 서비스로 승부해야 장사가 잘되는 지역이다. 그런 면에서 순댓국전문점은 잘 선택했지만 업소끼리 경쟁이 치열하기 때문에 술안주 메뉴를 개발해 식사보다는 술장사로 매출을 올리는 전략을 구사하는 게 좋다. 매출을 늘리기 위해 퇴근길 직장인들을 잡아야 한다.

> **싸다고 고객이 몰리지는 않는다**
>
> 고객은 적당한 가격을 원하는 것이지 싼 가격을 원하는 것은 아니다. 그러나 주인들은 대부분 가격이 저렴하면 고객이 찾아올 수밖에 없다고 생각한다. 그러나 소형 업소에서 가격으로 경쟁하다보면 경영상 어려움이 따르게 되고 서비스의 질이 떨어질 확률이 높다. 고객이 진정으로 원하는 것은 걸맞은 가격이지 무조건 싼 가격은 아니기 때문이다.

순댓국전문점 성공 TIP

돼지고기 냄새 나지 않게, 국물은 진하고 시원하게

- 순댓국은 저렴하고 푸짐하면서 국물이 있어 한국인의 정서에 잘 맞는 음식입니다. 하지만 순댓국 하면 떠오르는 깔끔하지 못한 이미지와 특유의 누린내 때문에 고객층을 폭넓게 확보하지 못하고 있습니다. 고객층을 다양하게 확보하려면 깨끗하고 쾌적하게 인테리어 공사를 해야 합니다.

- 전통음식이 개성화, 차별화되어가는 추세이기 때문에 순댓국전문점도 지속적인 연구 개발로 맛과 영양 면에서 차별화해야 합니다.
- 순댓국전문점은 번화가나 사무실 밀집지역에 위치해야 합니다. 또 가족 단위 외식 고객을 확보하려면 배후 세대를 가지고 있어야 합니다. 원거리 고객을 확보하기 위해선 주차공간을 갖춰야 합니다.
- 가격이 너무 싸면 고객은 쉽사리 받아들이지 않습니다. 경쟁점의 가격대를 조사해 실속 있는 가격을 책정해야 합니다. 가격이 싸도 서비스 품질이 낮으면 고객 만족을 얻을 수 없습니다. 적절한 음식가격에 특별한 서비스를 하는 것이 성공의 지름길입니다.
- 순댓국은 잡뼈를 9시간 이상 끓여 국물 맛을 내고, 돼지고기 냄새가 나지 않게 하는 게 중요합니다. 국물이 설렁탕보다 진하고 시원해야 합니다. 밑반찬은 전라도식 부추무침을 제공해 정갈한 맛을 내고 식욕을 돋워야 합니다.

성공 자영업 길라잡이 07

Q 서울 시흥동 닭요리전문점

　서울 시흥동에서 '종로닭한마리칼국수'를 운영하는 홍정옥(46세)입니다. 점포는 남부여성발전센터가 있는 시흥4동 교차로에서 은행나무 사거리 방향으로 20m 떨어진 언덕 부근에 있습니다. 100㎡(30평) 규모로 4인용 테이블 14개를 두고 있으며, 2009년 3월 문을 열었습니다. 감자탕 가게를 보증금 3,000만 원, 권리금 3,000만 원, 월세 110만 원의 조건으로 인수한 뒤 시설보수비로 1,000만 원을 투자했습니다. 창업 당시 여성 가장에게 대출해주는 정책자금도 2,000만 원 지원받았습니다.

　저는 6년 전 남편과 사별하고 경기도 화성에서 농사일을 하면서 4남

매를 키워왔습니다. 생계비와 아이들 교육비를 감당하기 어려워 제조업체에서 2년간 일했으나 회사가 어려워져 해고되었습니다. 창업 경험은 없었지만 음식장사를 하면 생계를 꾸려갈 수 있을 것으로 판단해 초등학교 6학년짜리 막내아들을 데리고 서울로 올라와 장사를 시작했습니다. 시골에 살 때 토종닭요리를 즐겨 만들었는데 주변에서 맛있다고 칭찬을 많이 했습니다.

영업시간은 오전 11시부터 오후 11시까지이며, 종업원 1명과 함께 일하고 있습니다. 메뉴는 닭한마리칼국수 한 가지로, 1만 5,000원을 받고 있습니다. 떡사리나 칼국수사리, 감자사리 등을 추가로 주문받습니다. 개업 초 하루 평균 35만 원의 매출을 올렸으나 최근 10만 원선까지 떨어졌습니다. 재료비와 임차료, 인건비, 수도·전기·가스료 등을 제하면 매달 적자입니다. 고향에 생활비로 매달 70만 원을 보내야 하고 아이들 교육비도 들어가 생활이 어렵습니다. 장사를 너무 쉽게 시작한 것 같아 후회되기도 합니다. 점포 회생 방안을 알려주세요.

A 저렴한 점심메뉴 개발·영업시간 연장 고려해야

의뢰인이 운영하는 '닭한마리칼국수'는 서울 전역에서 성숙기를 지나 구조조정이 진행 중인 업종입니다. 최근 업종을 전환하거나 다른 메뉴를 추가해 복합점으로 운영하는 점주들도 많습니다. 단품 메뉴로 신

규 창업을 시도하는 것은 무리입니다.

시흥4동 사거리는 아파트가 거의 없고 단독주택이 많아 노령화된 상권입니다. 소득 수준이 서울 평균보다 낮아 저가형 소비 아이템이 적합한 곳입니다. 의뢰인 가게에서 지난 5년 동안 감자탕전문점으로 영업해온 것을 감안하면 저녁 늦은 시간까지 유동인구는 많다고 봅니다. 하지만 언덕길에 있어 인근 지역과 상권이 단절된 게 단점입니다. 독산동 우시장 방향 먹자거리에서 외식을 마치고 집으로 발걸음을 돌리는 3차 고객들을 잡아야 합니다.

매출은 개업 첫 달 1,200만 원을 정점으로 감소세가 이어져 최근 600만 원 이하로 떨어졌습니다. 지난달 이후 매출 부진은 계절적 요인도 있는 것으로 여겨집니다. 메뉴를 새로 보강하고 가격, 서비스 품질, 타깃 고객에 대한 홍보 등을 다시 점검해야 합니다.

매출을 늘릴 수 있는 1차적인 방법은 남부여성발전센터의 유동 고객을 잡는 것입니다. 남부여성발전센터에서는 여성들의 직업·창업교육을 많이 진행하고 있습니다. 보육센터, 도서실 등 부대시설도 많아 금천구, 구로구 일대에 거주하는 여성들이 이용하고 있습니다. 채용박람회 등의 행사가 열릴 때는 서울 남부권 전역에서 외부 인구도 많이 유입되고 있습니다.

남부여성발전센터를 찾는 유동 고객을 잡기 위해 메뉴를 다양화해 점심 영업을 활성화해야 합니다. 1만 5,000원짜리는 한두 명이 점심식사를 하기에는 다소 부담스러운 가격입니다. 교육생이나 강사들이 대부분 1인 고객이기 때문에 이들에게 알맞은 4,000원대 닭칼국수, 바지락칼국수 등 칼국수를 주요 메뉴로 취급하고 5,000원대 닭갈비두루치기, 주꾸미두루치기, 생고기두루치기 등을 추가 메뉴로 개발해야 합니다.

배후 세대의 신규 고객을 끌어들이기 위해 서비스의 질을 높이고 가격 전략도 새로 짜야 합니다. 점포 인근에 모텔과 주점이 몰려 있어 저녁 늦게까지 유동인구가 많은 점을 고려해야 합니다. 심야의 술자리 손님을 잡으려면 안주 메뉴를 도입하고, 새벽 2시까지는 영업해야 합니다. 음식이 푸짐하게 보이면서도 가격은 싸야 유리합니다. 업종 특성상 밑반찬을 간단히 제공하고 메인 음식을 넉넉하게 제공하세요.

의뢰인은 고추 등 양념과 식자재를 대부분 시골에서 직접 가져오고 있습니다. 고객들에게 국내산 신토불이 음식을 강조하면 매출 향상에 도움이 될 것입니다. 식재료가 뛰어나고 정성이 들어가면 음식 맛은 좋아집니다. 의뢰인이 주방에서 책임지고 요리와 식자재를 직접 관리하는 게 효과적입니다. 매출이 줄어든다고 종업원을 내보내고 1인 2역을 하면 고객 서비스는 떨어질 수밖에 없습니다. 홀서빙은 경험 있는 종업원을 채용해 맡기고 음식 품질을 향상시켜야 합니다.

의뢰인은 개업 초기 전단지를 배포한 뒤 홍보활동을 포기했습니다. 이번 기회에 메뉴를 개선한 뒤 점심시간 직전과 저녁시간대에 지나가는 유동 고객들에게 직접 배포하세요. 벽면 메뉴판도 다시 만들어야 합니다. 메뉴 사진이 들어가 있는 POP(구매시점) 광고물을 부착해 고객들의 식감을 자극해야 합니다. 지역사회에서 신규 매장으로 뿌리를 내리려면 주민들과 먼저 친숙해져야 합니다. 넉넉한 인심으로 고객들과 인간적인 관계를 유지하는 것도 매우 중요하다는 점을 잊지 말아야 합니다.

 **연령층 다양한 주택가, 호프·주점 많아**

서울을 남북으로 가로지르는 1번국도 시흥사거리 이면도로에 있는 시흥4동 상권은 주거지역으로 이동하는 길목이라는 게 강점이다. 의뢰인 점포의 반경 500m 이내에 해당하는 1차 상권 거주 인구는 3만 6,000여 명에 달한다. 어린 자녀가 없는 세대가 많고, 20대부터 전 연령층에 걸쳐 고르게 분포돼 있다.

업종별로는 한식당 및 고깃집이 93개, 주점이 72개, 분식점이 42개나 돼 경쟁이 치열하다. 식당들은 대부분 인근 주택 단지의 소규모 손님을 대상으로 영업한다. 빌라 및 주택이 76%를 차지해 소비력이 크지는 않다. 이런 상권은 기본적으로 외식보다 호프·주점이 활성화돼 있다.

여성보다 남성들을 겨냥해 가격이 저렴한 업종이 강세를 보인다. 최근 들어 의료, 교육, 생활서비스 관련 소비가 늘어나는 추세다. 주소비층은 20대 이하 젊은 층부터 30대 이상까지 다양하다. 하지만 대부분 이면도로에 접해 있고 점포 크기가 작아서 소규모 분식점을 제외하면 고객들이 선호하는 먹을거리 업소는 적은 편이다.

음식점이 많지만 틈새시장도 있다. 유동인구가 많은 남부여성발전센터 교차로 인근에는 여성들에게 인기가 높은 샤브샤브, 쌈밥, 국수전문점 등을 고려해볼 만하다. 커피숍도 1990년대 스타일이어서 샌드위치나 토스트, 에스프레소 커피전문점도 성공 확률이 높은 업종이다. 노후한 상가 건물이 많아 재건축이 이뤄질 경우 투자 리스크가 따른다는 점을 예비 창업자들은 명심해야 한다. 공간이 넓지 않아도 운영 가능한 판매업도 적당하다.

구전홍보가 지역명소로 만든다

음식점을 방문할 때는 혼자 가는 일이 드물다. 그래서 일행과 조율하는 과정을 거치는 것이 일반적이다. 특별히 음식에 거부감이 없다면 누군가 강력하게 추천하는 업소를 찾게 된다. 이 같은 고객층을 확보하면 최고의 구전 효과를 얻을 수 있다. 고객은 주인과 인간적으로 친해지고 싶어 한다. 따라서 친구 같은 주인, 형 같은 주인, 언니 같은 주인, 동생 같은 주인이 되도록 노력하는 것이 지역사회에서 뿌리내리고 성공 점포로 나아가는 지름길이다.

닭요리전문점 성공 TIP

일정한 맛 낼 수 있는 고품질 닭고기 조달 중요

- 닭요리전문점은 고기 맛과 질을 항상 최상의 상태로 유지해야 하므로 일정한 맛을 내려면 신뢰할 수 있는 업체와 거래해야 합니다. 식자재 조달 때 믿을 만한 거래처 확보가 무엇보다 중요합니다. 고기 구매에서 조리까지 세심하게 관리해야 하며 일정한 맛을 내기 위해 끊임없이 노력해야 합니다.
- 음식점은 청결이 생명이기 때문에 매장을 항상 깨끗하게 유지해야 합니다. 고객들은 비위생적이라고 생각되면 불쾌감을 느껴 발길을 끊어버리는 경향이 있습니다. 손님이 나가면 빨리 테이블을 치워 정돈된 모습을 보여줘야 합니다. 수저, 컵 등 비품의 위생상태도 철저히 관리하세요. 닭요리는 기름이 잘 지워지지 않는 특성이 있어 그릇이 더러워지면 과감하게 폐기하고 새 그릇을 구입해 청결도를 높여야 합니다.
- 닭요리전문점은 몇 가지 전문요리로 승부하고 양념 비중이 높지 않기 때문에 주방장을 구하지 않아도 운영할 수 있습니다. 인건비를 줄이면서 점포 이미지 개선에 주력하면 성공 가능성이 높습니다. 현재 취급하는 메뉴나 서비스에 소비자 불만이 없는지 조사해야 합니다. 방문 고객의 반응을 살펴보고 메뉴를 재검토하면 고객을 꾸준히 늘려갈 수 있습니다.

성공 자영업 길라잡이 08

Q 서울 둔촌동 보양식전문점

서울 둔촌동에서 보양식전문점 '일자산사철탕'을 운영하는 김영옥(54세)입니다. 지하철 5호선 둔촌역 1번 출입구에서 500m 떨어진 한산초등학교 정문 앞에 있습니다. 가게는 33.3㎡(10평) 규모로, 4인용 테이블 5개를 두고 있습니다. 2008년 6월 창업했습니다. 보증금 1,000만 원, 권리금 1,600만 원에 월세 60만 원의 조건으로 가게를 인수했고 시설보수비로 300만 원 들었습니다.

이 동네에서 1983년부터 장사해왔습니다. 초기 15년 동안 벽지 등을 도배해주는 장식업을 한 뒤 프랜차이즈 치킨점을 6년간 운영했습니다. 그 뒤 분식점 등 몇몇 업종을 하다가 한식업에 도전했습니다. 사철탕전문점으로 문을 연 뒤 매출이 시원치 않아 병천순대를 접목했지만 효과가 없습니다. 지역 생활정보지에 가게를 내놓았으나 나가지 않습니다. 2008년 12월 교통사고 후유증으로 가게문을 닫고 3개월간 병원에 입원하기도 했습니다. 2009년 3월 다시 문을 열었지만 인근에 대형 경쟁점이 생겨 손님이 뚝 끊긴 상태입니다.

영업시간은 오전 9시부터 밤 12시까지입니다. 저와 종업원 1명이 주방과 홀에서 일하고 있습니다. 메뉴는 사철탕, 수육무침, 순댓국, 순대곱창전골 등입니다. 개업 초기 하루 매출이 30만 원을 넘은 적도 있었

으나 요즘은 10만 원도 안 됩니다. 월세 60만 원, 직원 인건비 120만 원, 가스비 등 관리비 30만 원을 지출하고 나면 매달 적자입니다. 건강이 좋지 않아 한식 업종은 육체적으로도 견뎌내기 어렵고 적성에도 안 맞는 것 같습니다. 좋은 해결책을 알려주세요.

A 테이크아웃 치킨호프점으로 업종 변경 고려를

의뢰인 점포는 서하남IC와 상일IC 사이의 일자산을 배경으로 한 둔촌동 아파트 단지 상업지구에 있습니다. 가게 인근에 초등학교와 중학교가 있습니다. 점포 100m 이내에 주부들이 즐겨 찾는 대형마트가 있고 소형 외식업소들도 몇 곳 있습니다. 마을버스를 타고 나가면 둔촌역 재래시장이 있고 잠실상권과도 가깝습니다. 외부 인구 유입을 기대하기 어렵고, 배후 세대의 자체 소비에 의존하는 상권입니다.

의뢰인은 상권 안에 사철탕전문점이 없다는 점에 착안해 개업했습니다. 업종 특성이나 문제점을 충분히 파악하지 못한 상태에서 문을 열었습니다. 매출이 떨어지자 시설과 간판을 그대로 두고 병천순대점을 복합 운영했으나 3개월 동안 문을 닫기도 했습니다. 어느 업종으로도 지역사회에서 뿌리 내리지 못한 상태입니다.

아파트 단지 상권에서 사철탕전문점의 주요 고객은 50대 이상 중년층입니다. 점포 인근에 새로운 건설현장도 없어 수요층이 제한돼 있습니다. 하지만 의뢰인은 26년 동안 둔촌동에서 생활했기 때문에 지인이 많습니다. 단골고객 가운데 술자리를 함께하자고 요구하는 사람도 적지 않습니다. 의뢰인은 체질상 술을 못 마셔 스트레스를 많이 받고 있습니다.

이런 곳에서 사철탕과 순대점을 운영하면 신규 고객을 끌어들이기가 어렵고 수익성이 떨어집니다. 업종을 자주 변경해 가게 이미지도 좋지 않습니다. 의뢰인은 성격상 장사가 안 돼도 아침 일찍 나와 밤늦게까지 가게를 지키고 있습니다. 스트레스와 과로는 건강을 해칩니다. 업종 변경을 시도하고 시설을 개보수해 새로운 모습으로 변신해야 할 때입니다.

아파트 상권에는 동일업종이 들어서면 특별한 경쟁력이 없을 경우 매출이 곧바로 영향을 받습니다. 반면 경쟁력이 있다면 주부들의 입소문도 빨라 구전 홍보 효과도 뛰어납니다. 아파트 지역에서는 치킨, 피자 등의 배달업, 등하굣길 학생들을 겨냥한 문구 · 팬시 등 판매업, 간식류를 취급하는 종합분식센터, 가족외식을 위한 보리밥 · 보쌈 · 족발 · 갈빗집 등 한식업, 생활편의 서비스업 등이 적당합니다.

의뢰인은 인력을 2명 투입해 원가 40% 수준으로 관리가 가능하고 월 700만 원 이상 매출이 가능한 업종을 선택해야 합니다. 배달전문 치킨 업종을 6년간 성공적으로 운영한 경험을 활용하세요. 현 시점에서 인력구조나 건강을 고려하면 배달전문점은 운영하기 어렵습니다. 브랜드 치킨점의 경우 배달상권이 반경 1km에 달해 배달을 배제한 테이크아웃 판매와 호프 중심의 중저가 치킨점을 운영하는 게 바람직해 보입니다.

지금은 반경 200m 이내에 치킨호프점이 없습니다. 경제적 여건을 고려하면 프랜차이즈보다 독립 점포를 시도하는 게 좋습니다. 시설 개보수와 주방집기 구입 등을 포함하면 1,000만 원 정도 필요합니다. 신용상태가 나쁘지 않기 때문에 중소기업청의 경영개선지원자금이나 서울시의 창업지원자금을 받을 수 있습니다. 2,000만 원 정도는 1년 거치, 4년 분할상환 조건으로 4%대 장기 저리 사용이 가능합니다.

시설 개보수를 단행해 신장개업한다면 전단지 배포 등으로 홍보를 강화하고, 아이디어를 접목한 이벤트를 수시로 여세요. 건강이나 체력이 따르지 않는다면 아르바이트생을 고용해 인력부족을 해결하기 바랍니다. 업종 전환을 결정한 뒤 디자인, 메뉴 선정 등 도움이 필요하면 추가로 지원해드리겠습니다.

아파트·일반주택가 섞인 주거형 상권

의뢰인의 매장이 있는 상권에는 아파트 단지와 일반 주택가가 섞여 있다. 반경 1km 이내에 2만 8,000여 명의 인구가 1만 세대를 이루고 있다.

가구당 세대원은 2.85명으로 전형적인 주거형 상권이다. 인접한 거리에 한산초·중학교, 선린초등학교, 둔촌중고등학교가 있어 호기심 많은 10대가 항상 붐빈다.

의뢰인의 점포는 재개발이 예정된 6,000여 세대의 둔촌 주공아파트 단지와 불과 200m 거리이고, 소단지까지 합쳐 전체 세대수의 58%가 아파트에 거주할 정도로 아파트 문화가 지배하는 상권에 있다. 반면 길동으로 향하는 북쪽 지역에는 빌라와 다가구주택이 몰려 있다. 20대와 40대 중반 이후 연령층이 상대적으로 많아 유흥문화가 발달했다.

지금 점포는 학교 정문과 인접해 등하굣길 학생들이 많다. 문구·팬시점이나 분식집이 강세이고, 30~40대 주부들을 겨냥한 샤브샤브전문점, 보리밥전문점 등도 유망하다.

서울의 동쪽 끝에 있는 주거형 상권이지만 외부 상권과 단절돼 독립성이 강하다. 아파트 단지 상권은 배후 세대의 소득 수준이나 직업구조, 연령대에 따라 소비가 좌우되기 때문에 업종 선정 때 아파트주민들의 라이프스타일을 반드시 점검해야 한다.

특히 외부 유출입이 어려운 대신 의식주와 관련된 소비가 이뤄진다는 점에서 다양한 업종의 입점이 가능하다. 하지만 자기 노력과 관계없이 시장 규모가 정해지므로 동일업종이 선점하고 있다면 입점을 서두르지 말아야 한다.

전통음식전문점 성공 TIP

지방음식 어설픈 흉내 금물, 보편적 한국인 입맛에 맞춰야

- 전통음식은 한국인이 태어나면서부터 먹어온 음식이기 때문에 저마다 맛에 대해 일가견이 있습니다. 지방마다, 집집마다 독특한 음식문화와 맛내기 비법이 있어 어설프게 흉내만 낸다면 문 닫는 것은 시간문제입니다. 가장 보편적인 한국인의 입맛에 맞춰야 합니다.
- 고객을 철저하게 관리해야 합니다. 좋은 분위기에서 맛있게 음식을 먹고 간 고객은 점포의 훌륭한 홍보대사가 됩니다. 단골고객에게는 머리띠, 열쇠고리, 휴대전화 줄 같은 간단한 액세서리를 선물하는 것도 매출 증대에 도움이 됩니다.
- 매달 특별메뉴나 특별행사를 만들어 고객층을 폭넓게 확보해야 합니다. 음식의 영양과 건강식의 좋은 점 등을 다양한 방법으로 고객에게 알려 매출을 적극적으로 늘려야 합니다. 또 깔끔하고 따뜻한 실내 분위기를 연출하고, 종업원과 고객의 친분을 강화해 입소문을 통한 매출 확대를 시도해야 합니다.
- 주력 메뉴인 전통음식을 전문화해 동일한 맛과 품질을 유지해야 합니다. 육류 관련 음식업은 불을 피우거나 단계적으로 조리해야 하지만 전통음식은 음식을 미리 조리할 수 있어 고객이 몰리는 시간에도 테이블 회전율을 높일 수 있습니다. 저녁식사 메뉴로는 물론 술안주로도 적합한 메뉴는 수익성 향상에 도움이 됩니다.

성공 자영업 길라잡이 09

Q 서울 신대방동 설렁탕전문점

서울 신대방동에서 '곰가네설렁탕'을 운영하는 이용순(42세)입니다. 지하철 7호선 신대방3거리역 2번 출입구에서 남쪽으로 300m 지점에 있습니다.

가게는 132㎡(40평)로 4인용 테이블 18개를 두고 있고, 2004년 문을 열었습니다. 보증금 5,000만 원, 권리금 6,000만 원에 가게를 인수하고 월 290만 원의 임대료를 내고 있습니다. 중고등학교에 다니는 남매를 둔 주부로, 1997년 6월 전주 삼천동에서 감자탕전문점으로 음식점을 처음 시작했습니다. 2년 이상 식당을 운영하다 아이들 교육 문제로 서울로 이주했습니다. 남대문에서 2년간 분식집을 운영하다 5년 전 지금 점포에서 24시간 설렁탕을 시작했습니다.

저와 종업원 셋이 주방과 홀에서 일하고 있습니다. 남편은 개인택시를 하면서 틈틈이 도와줍니다. 가격은 선지해장국과 콩나물해장국 3,000원, 양선지해장국 4,000원, 뼈해장국 4,500원, 설렁탕 5,000원, 도가니탕 8,000원입니다. 김치찌개, 된장찌개, 콩나물밥, 비빔밥, 냉면 등은 4,000원에 팔고 있습니다. 저녁시간에는 안주 메뉴로 감자탕과 뼈콩나물찜, 동태해물탕, 동태해물찜, 도가니수육 등을 취급하고 있습니다.

개업 초 월매출은 4,000만 원을 유지했으나 2년이 지나면서 3,000만 원선으로 떨어졌습니다. 게다가 2008
년부터 물가는 오르고 매출이 2,000만 원대로 떨어지면서 수익성이 악화되고 있습니다. 식재료비, 월세, 직원 인건비 등을 제외하면 남는 게 없습니다.

이익도 나지 않는데 노동시간은 길고 힘듭니다. 다른 업종으로 바꿀 생각도 있습니다. 가게 앞에 e-편한세상 아파트 386세대가 입주할 예정입니다. 어떻게 대응하면 좋을까요.

A 메뉴 압축해 원가절감, 시설 개보수도 필요

의뢰인의 가게는 신대방 역세권과 단절돼 유동인구를 기대하기 어렵습니다. 언덕길 중턱에 위치해 차량 진입이 불편합니다. 신대방 상권은 동작구의 다른 지역보다 소비 수준이 다소 낮습니다. 이런 환경을 감안하면 지난 5년간 영업 실적은 비교적 양호한 것으로 평가됩니다.

점주의 인건비를 포함한 손익분기점은 월 2,290만 원입니다. 최근 한두 달 동안 매출이 줄어든 것은 비수기인 계절적 요인도 있다고 판단됩니다. 다만 창업 후 저가정책을 고수하면서 원가율이 주변 경쟁업소보다 15% 이상 높아 수익성이 떨어지는 추세입니다.

의뢰인 업소는 개업한 지 5년이 지나 시설을 개보수해야 할 시점에 있습니다. 최근 들어 매출이 감소한 것도 시설 노후화와 관계가 있는 것으로 보입니다. 간판 천갈이, 도배, 외관 선팅, 조명 교체 등 부분적인 시설 교체가 필요한 시점입니다.

시설을 개보수하면서 메뉴 개선과 가격 조정이 필요합니다. 메뉴 가격을 올릴 때 식기를 고급스러운 것으로 교체하면 고객들의 가격 저항감을 떨어뜨릴 수 있습니다. 매장 내 벽면 메뉴판은 아크릴 소재와 조명 등을 활용해 고객들의 시선을 끌도록 만들어야 합니다.

의뢰인은 매출이 줄어들자 기존의 설렁탕과 해장국 중심에서 김치찌개, 된장찌개, 비빔밥 등으로 메뉴를 다양화했습니다. 한식 메뉴를 도입함으로써 설렁탕전문점의 특성이 없어졌습니다. 한식 반찬이 늘어나면서 주방 업무가 증가하고 원가가 뛰었으며 수익성은 떨어졌습니다. 2008년 4월부터는 동태탕과 찜도 메뉴에 추가했습니다. 일요일이면 점포 옆에 있는 신대방동성당 고객이 많이 찾아오기 때문에 여성 소비자를 배려한 것으로 보입니다. 메뉴 확대 후 1년이 지났지만 매출 증대 효과가 없어 메뉴 확대 전략이 성공했다고 보긴 어렵습니다.

설렁탕과 뼈해장국 중심으로 메뉴를 압축해 전문점 이미지를 강조해야 합니다. 식자재를 대량 구입할 경우 원가를 절감할 수 있습니다. 이와 함께 일부 메뉴는 '특'과 '보통'으로 가격을 이원화하면서 부분적인 가격 인상을 실시해 식자재 원가를 40% 아래로 낮춰야 합니다. 가격 인상은 조심스럽게 시도해야 합니다. 예를 들어 3,000원짜리 해장국은 3,900원으로 하고 설렁탕은 보통과 특으로 구분하면 고객들의 가격 저항을 최소화할 수 있습니다. 삼겹살을 주문하거나 찜요리 등을 주문할 경우 미끼 메뉴로 냉면을 2,000원에 제공하면 좋습니다.

24시간 영업하는 가게에서 직원 4명은 부족합니다. 인력 부족은 서비스 품질 저하로 연결됩니다. 적정 인원은 주간 4명, 야간 2명으로 분석됩니다. 유니폼은 약간 고급스러운 것으로 교체하고, 명찰을 패용하면 깔끔해 보입니다. 주문받는 방법이나 용어 선정 등 서비스 교육까지 병행하면 더욱 좋습니다.

이번 시설 개보수를 계기로 전단지 배포 등 홍보를 강화하고, 아이디어를 접목한 이벤트를 매달 개최하세요. 특히 명함 마케팅을 실시해 시식권을 배포하고, 고객의 명단을 활용해 문자메시지 서비스를 하는 것도 검토해야 합니다. 의뢰인이 업종 전환의 일환으로 고려 중인 장어전문점은 바람직하지 않습니다. 객단가가 높지만 입지 특성과 주변의 과다한 경쟁업체, 인테리어 등 시설투자비를 고려하면 성공 확률은 낮습니다.

점포 리모델링 후 매출 목표는 3,500만 원으로 설정하세요. 종업원을 2명 더 보충해 노동 강도를 줄이고 대고객 서비스를 강화해야 합니다. 식자재 원가관리는 40%선을 유지하도록 해야 합니다. 이번에 신장 개업을 하면서 처음 창업하는 마음가짐으로 다시 도전하세요.

 **20~30대 비중 높고 소비성향 낮은 편**

의뢰인의 매장은 신대방삼거리에서 신림역으로 향하는 언덕 부근에 있다. 차량 흐름이 빠르고 유동인구가 많지 않아 탕메뉴의 경쟁력이 크지 않다. 주차가 불편한 지리적 여건 때문에 택시기사나 이동 차량의 이용도가 낮아 24시간 영업도 크게 효과가 없다.

1차 상권에 해당하는 반경 500m 이내 거주 인구는 1만 9,000여 명에 달한다. 20대와 30대 비중이 높고, 50대 이상 고령자도 많다. 소득수준이 그다지 높지 않아 객단가가 높은 먹을거리는 고전할 확률이 높은 지역이다.

세대원 수가 2.5명에 불과해 가족 외식보다 접대나 모임, 술 중심 판매가 유리한 상권이다. 점포에서 조금 떨어진 신대방삼거리역이나 사무실이 밀집해 있는 당곡사거리 주변에는 주류 중심 외식업소가 다수 밀집해 있다.

의뢰인 점포에서 도보로 5분 거리에 상대적으로 큰 경쟁상권이 있는데다 조금 더 가면 메이저 상권인 신림역도 있어 소비자들의 흥미를 유발할 만한 아이템을 찾지 못하면 경쟁하기 어렵다.

보수적인 소비층이 많은 상권에 점포가 있어 변화가 빠른 트렌디한 아이템보다는 대중적인 아이템이 살아남을 확률이 높다. 고객을 잡으려면 상 차림새보다는 맛의 깊이가 더 중요하다. 메뉴가 많을수록 재고나 맛을 관리하기가 어렵다. 의뢰인 점포가 있는 곳처럼 변화가 더딘 상권에서는 한두 가지 메뉴로 장수하는 게 좋다.

고객은 점주의 웃는 얼굴을 좋아한다

무표정한 얼굴로 고객을 맞이하는 것은 고객의 기분을 상하게 하여 매출을 떨어뜨리는 결과를 초래한다. 점주는 자신이 종업원이 아니라는 어리석은 생각을 하기 때문에 표정관리를 하지 않을 수 있다. 그러나 고객은 예상외로 주인에게 관심이 많다. 간과 쓸개는 집에 두고 출근해야 하는 것이 서비스의 기본정신이다. 고객이 다소 무리한 요구를 할지라도 웃으며 들어줄 수 있는 마인드를 가져야 한다.

설렁탕전문점 성공 TIP

넉넉한 주차공간 확보, 저녁 매출 올릴 안주류 있어야

- 점포가 231m²(70평) 이상 대형이면 좋습니다. 설렁탕 수요층은 30~50대 성인 남성입니다. 한국 성인 남성 가운데 설렁탕을 싫어하는 사람은 별로 없습니다. 이들을 끌어 모을 수 있는 입지를 선택하는 게 중요합니다.
- 주차공간이 넉넉해야 합니다. 점포에 주차장이 없으면 인근에 주차장 부지를 확보해야 합니다. 차를 이용하는 고객이 전체의 50%를 넘고, 택시기사들의 기사식당으로도 활용되기 때문입니다.
- 맛을 차별화하는 전략이 필요합니다. 맛만큼은 한국에서 '최고'라는 평가를 받아야 합니다. 김치와 깍두기는 정성껏 담가야 합니다. 기본 메뉴로 설렁탕, 도가니탕, 꼬리곰탕, 수육, 도가니수육, 모둠수육, 꼬리찜 등을 갖춰야 합니다. 부가 메뉴로 해장국, 떡갈비, 석쇠불고기, 영양솥밥 등을 취급해도 좋습니다. 회전율이 높은 상권이 아니라면 저녁 매출을 올려주는 메뉴를 추가해야 합니다.
- 점주는 모든 직원이 오너 마인드(주인의식)를 갖도록 만들어야 합니다. 정신교육을 철저히 할 뿐 아니라 직원들이 자발적으로 일할 수 있는 인센티브 등의 장치를 마련해야 합니다. 주인과 직원이 인간적으로 하나가 돼야 합니다.
- 홍보도 적극적으로 해야 합니다. 소비자들에게 널리 알려 인지도를 높여야 합니다. 설렁탕은 인체에 필요한 각종 필수 영양소가 골고루 들어 있는 '건강식'이라는 점을 부각해야 합니다.

성공 자영업 길라잡이 ⑩

Q 서울 묵동 삼겹살전문점

서울 중랑구 묵동에서 삼겹살전문점 '돈굽는마을'을 운영하는 이민정(41세), 오지숙(38세) 부부입니다. 지하철 7호선 먹골역 5번 출입구와 6번 출입구 사이 이면도로 50m 지점에 있습니다. 가게 면적은 66.6㎡(20평)로 테이블 9개를 두고 있습니다.

2007년 9월 문을 열었는데, 보증금 3,000만 원에 월 125만 원의 임대료를 내고 있습니다. 인수할 때 권리금 3,000만 원과 시설투자비 4,000만 원이 들었습니다. 회사를 그만둔 뒤 창업 아이템을 찾다가 음식점에 관심을 갖게 됐습니다. 외식업 경험은 전혀 없었으나 아내의 음식 솜씨가 좋아 삼겹살전문점을 시작했습니다. 서울시가 운영하는 '하이실전창업스쿨'에서 부부 모두 3개월씩 교육받은 게 전부입니다.

아내가 아르바이트 한 명과 함께 주방과 홀을 담당하고 있습니다. 한 달에 두 번 쉬고, 오전 11시에 문을 열어 새벽 2시까지 강행군하고 있습니다. 메뉴는 1인분에 5,900원 하는 삼겹살, 목살, 돼지갈비와 6,900원 하는 항정살, 갈매기살 등입니다. 점심 매출을 올리기 위해 제육볶음, 육개장, 김치찌개, 된장찌개, 순두부찌개 등을 팔고 있습니다.

최근 월매출은 400만 원선으로 50%에 가까운 재료비와 관리비, 인건비 등을 내면 매월 적자입니다. 개점 초기에 비해 매출이 절반 수준

으로 떨어졌습니다. 창업할 때 서울시에서 창업자금 2,000만 원을 지원받아 원리금 상환 부담도 큽니다.

지하철 역세권이라 장사가 잘될 줄 알고 문을 열었으나 예상이 빗나갔습니다. 창업교육을 열심히 받아 준비가 됐다고 생각했으나 상권조사에 실패한 것 같습니다. 2년 만에 적자만 5,000만 원 이상 쌓였습니다. 가족의 생계가 달려 있습니다. 위기극복 방안을 알려주세요.

A '가계'와 '가게' 구분하고 원가관리 철저히

2008년 말 발생한 글로벌 금융위기 여파로 국내에서도 매달 2만여 개의 음식점이 문을 닫고 있습니다. 영업 중인 식당들의 매출도 전년

대비 20% 이상 감소했습니다. 하지만 매출이 늘고 있는 업체도 많습니다. 의뢰인 매장은 경영면에서 몇 가지 문제점이 발견됩니다.

지하철 7호선 군자역에서 태릉역까지 이어지는 중랑구 지하철 역세권은 다세대주택이나 단독주택이 많고, 중랑천이 가로막고 있어 배후세대가 취약합니다. 소비수준이 낮은데다 이면도로를 중심으로 가게가 많아 생존경쟁이 치열합니다. 입지 문제를 해결하려면 지역주민의 소비수준에 맞춘 눈높이 영업을 전개해야 합니다.

영업 여건이 열악한 곳일수록 다른 업소와 차별화해 경쟁력을 강화할 수 있는 장점도 있습니다. 저가형 고기전문점은 육질만으론 다른 업소와 차별화하기가 어렵습니다. 소비수준이 낮다고 해서 저가 메뉴만 선호하는 것은 아닙니다. 일반적인 판매방식에서 탈피해 가격을 이원화해야 합니다.

예를 들어 5,900원짜리 삼겹살(칠레산)과 7,900원짜리 삼겹살(국내산)로 나눠 파는 게 효과적입니다. 국산을 주문할 경우 단호박, 양파, 고구마 등을 함께 제공하면 푸짐해 보입니다. 가게의 대표 메뉴도 만들어야 합니다. 삼겹살, 갈매기살, 항정살, 목살 등을 동시에 제공하는 모둠고기 메뉴를 추천합니다. 원가를 절감할 수 있고, 재고관리가 용이하며, '전문점'이라는 이미지를 심어줘 고객 만족도가 높아집니다.

매장 관리도 잘 되지 않고 있습니다. 가게 외부공간이 넉넉해 야외용 테이블이 설치돼 있으나 활용하지 못하는 상태입니다. 고객들을 야외 테이블로 유도해 퇴근길 손님을 끌어들여야 합니다. 서빙 인력이 부족해 서비스도 신속하게 이뤄지지 않고 있습니다. 반찬류나 채소류를 셀프로 운영하고 있으나 고객들은 대개 테이블 서비스를 요구합니다.

점심식사의 경우 서빙시간이 많이 소요됩니다. 김치를 중심으로 하는 생고기 김치찌개, 생고기 김치볶음, 김치섞어찌개 등으로 메뉴를 구성해 손님들이 테이블에서 끓여먹게 하면 문제점을 해소할 수 있습니다.

양은솥밥을 제공하고 식사 후 누룽지를 끓여먹게 해도 좋습니다. 반찬이나 찌개가 맛을 좌우하지만 밥만 맛있어도 식사 만족감이 커집니다. 점심 영업은 곧바로 저녁 매출로 연결됩니다. 저녁 메뉴 중 한 가지를 미끼 상품으로 선정해 다른 메뉴보다 1,000원 정도 싸게 판매하는 방식을 고려해보세요.

고기를 먹은 뒤 후식으로 김치말이국수, 냉면, 잔치국수 등을 2,000원에 제공해 가격이 저렴하다는 느낌을 줘야 합니다. 상차림은 파절이, 마늘, 고추, 채소, 김치 등으로 구성하고 젊은 층이 선호하는 매운맛 칠리소스나 카레를 이용한 소스를 제공해야 합니다. 고기와 함께 먹을 수 있는 간장오이피클이나 채소피클을 만들어 제공하면 신선감을 줄 수 있습니다.

의뢰인은 영업적자 상태에서 생활비와 교육비까지 지출해야 하기 때문에 '가게'와 '가계'의 자금 구분이 어려운 상황으로 추정됩니다. 적자가 나는 가게일수록 경영을 확실하게 해야 합니다. 식자재를 신용카드로 구입하고 결제대금과 맞물려 원가가 계산되지 않습니다. 원가를 정확히 계산해 메뉴를 개발하고 가격정책을 펼쳐야 합니다.

하루 15시간 이상 일하고도 인건비가 나오지 않으면 폐업하는 게 당연합니다. 하지만 경기침체로 가게가 쉽게 팔리지 않으며 가게를 정리한 뒤 다른 생계수단을 찾기가 쉽지 않은 상황입니다. 다시 초심으로 돌아가 고객 눈높이에 맞는 영업방식을 찾아 최선의 노력을 다하기 바랍니다.

연립 밀집된 주택가지만 소비력은 약해

서울 중랑구 먹골역 상권은 지하철 7호선 태릉역과 중화역 사이에 있다. 점포의 1차 상권인 반경 500m 이내에 1만여 세대, 2만 7,000여 명이 살고 있다.

다른 역세권과 달리 빌라, 연립주택이 밀집돼 있고 단독주택 비율이 70% 이상으로 매우 높은 편이다. 중화뉴타운과 가깝고 동일로, 동부간선도로와도 인접해 있다. 대중교통으로 접근하기가 편리해 주민 대다수가 출퇴근하는 맞벌이 부부로 구성돼 있다.

소매와 생활서비스 업종이 다수 포진하고 있고, 주점 80여 개와 식당 및 고깃집 80여 개, 분식집 40여 개가 몰려 있어 경쟁이 치열하다. 상권 내에 직장인 소비층이 적어 맛과 실력을 갖춘다 해도 수요 확대에 한계가 있다. 식당들은 대부분 인근 아파트와 주택단지의 소규모 손님을 대상으로 영업하고 있다. 먹골역 1번 출입구 먹골삼거리 쪽으로 학생 등 젊은 층을 겨냥한 롯데리아, 배스킨라빈스, 파리바게뜨 등이 있다.

주변 지역이 부분적으로 재개발 계획이 잡혀 있어 향후 생필품 등 생활근린 업종이 활기를 띨 것으로 예상된다. 교통 요충지인데다 인근 가구상가가 계속 커지고 있어 상권은 지속적으로 확장될 것으로 보인다.

먹골역 주택가 상권에서 성공하려면 생필품 관련 업종을 해야 한다. 가족 단위 고객이 많기 때문에 매장 인테리어도 중요하다. 고객층은 인근 지역 거주자 중심이어서 개업 초기에 단골을 확보하기 위해 적극적으로 홍보해야 하는 지역이다.

삼겹살전문점 성공 Tip

고가형은 고가품질로 승부, 저가형은 다양한 밑반찬이 중요

- 유행보다는 고객이 꾸준히 찾을 수 있는 메뉴를 선정해야 합니다. 독특한 메뉴로 관심을 끌 수는 있지만 오랫동안 고객을 잡아두기는 어렵습니다.
- 식당 운영자의 가장 큰 고민은 바로 인건비입니다. 삼겹살은 조리가 단순해 주방 일손이 많이 필요하진 않습니다. 하지만 반찬서빙, 채소 리필, 불판 교환 등이 잦은데다 고기를 뒤집고 썰어줘야 합니다. 완제품 공급, 조리 단순화 등을 통해 과도한 인건비 지출을 줄여야 합니다.
- 매출을 늘리기 위해 부가 메뉴를 도입해야 합니다. 삼겹살전문점은 겨울철에 매출이 높고 여름철에는 20~30% 떨어집니다. 따라서 김치국물을 활용한 냉김치말이 국수, 김치칼국수, 해산물, 소시지 등 계절 메뉴를 판매하면 고객 만족도를 높일 수 있습니다.
- 상권과 소득수준에 따라 상차림과 고기 품질을 차별화해야 합니다. 소비수준이 낮은 지역에서는 저렴한 가격대의 육류를 준비하고, 다양한 밑반찬을 제공하면 효과가 있습니다. 객단가가 높은 상권에서는 값비싼 고품질 육류 수요가 많습니다.
- 상권별로 테이블과 좌석 배치를 달리해야 합니다. 역세권, 유흥 및 먹자상권의 경우 직장인, 친구, 연인 등의 고객이 많아 한자리에 오래 머물지 않고 빨리 장소를 옮기므로 좌식보다 입식을 선호합니다. 반면 가족 단위가 많은 주택가 상권에서는 한자리에서 다양한 메뉴를 즐기는 경향이 있기 때문에 좌식을 선호합니다.

성공 자영업 길라잡이 ⑪

Q 서울 화양동 해장국전문점

서울 광진구 화양동에서 24시간 해장국전문점 '맛뱅이 장터국밥'을 운영하고 있는 김미경(42세), 송정우(48세) 부부입니다. 지하철 7호선 세종대입구역 3번 출입구에서 건대입구역 방향으로 100m 지점 대로변에 있습니다.

매장은 90㎡(27평) 규모로 좌식테이블 12개를 두고 있습니다. 미용실을 하던 빈 가게를 권리금 없이 보증금 4,000만 원, 월세 250만 원에 계약했습니다. 시설투자비로 3,000만 원이 들었습니다.

제가 주방에서 일하고 아내가 홀에서 서빙합니다. 식사 메뉴는 장터국밥, 뼈해장국, 콩나물국밥, 칡냉면 4종입니다. 저녁시간에는 안주메뉴로 돼지갈비찜(1만 8,000원)과 소갈비찜(2만 5,000원)을 제공하고 있습니다.

월평균 매출은 1,800만 원이지만 식재료비로 40% 정도 들어갑니다. 여기에다 월세, 인건비, 금융비용 등을 지불하고 나면 남는 게 거의 없습니다. 부부가 밤낮으로 일하는 노력을 감안하면 수입이 너무 적습니다. 단골들에게 음식 맛이 좋다는 평을 듣고 있으나 방문객이 늘지 않고 있습니다.

저와 아내는 1994년 봉천동에서 '구들장자연석 돌구이'로 식당을 시작했습니다.

33.3㎡(10평)짜리 가게였지만 8년 동안 열심히 일한 덕분에 집도 장만했습니다. 하지만 재건축 때문에 권리금도 못 받고 장사를 그만두게 되었습니다. 상계동, 구리시, 암사동 등지로 자리를 옮겨 가게를 열었지만 번번이 실패했습니다. 2년 동안 쉬다가 지금 자리에서 3개월 전 다시 음식점에 도전하게 됐습니다. 성공할 수 있는 방안을 알려주세요.

A 주차장은 필수, 국밥 무한리필로 단골 늘려야

해장국전문점은 주차 여건에 따라 성패가 좌우됩니다. 다른 업종에 비해 영업시간이 배 이상 길어 점주의 체력관리와 가게 운영이 중요합니다. 의뢰인 부부는 오랫동안 호흡을 잘 맞춰와 매장을 효율적으로 운영하고 있습니다.

의뢰인 점포는 세종대에서 건국대로 이어지는 도로변에 있지만 동선을 빼앗긴 경우입니다. 대로변이어서 눈에 잘 띄지만 주차단속이 심한 지역에 있습니다. 점포 앞에 차량 진입 방지대가 설치돼 있어 주정차를 하기가 어렵습니다. 이에 비해 임차료는 24시간 해장국전문점으론 다소 부담스러운 수준입니다. 이런 여건 때문에 권리금이 없었던 것으로 판단됩니다.

매출은 월 1,800만 원선으로 부부 인건비를 빼면 손익분기점인 1,868만 원에 근접해 있습니다. 창업 초기 실적임을 감안하면 양호한 편입니다. 인건비와 임차료를 감안한 적정 매출은 2,400만 원입니다. 우선 하루 매출 목표를 80만 원으로 잡아 판매촉진 활동을 펼쳐야 합니다.

해장국은 중장년층이 선호하는 메뉴입니다. 현재 의뢰인 가게는 다양한 고객들이 찾고 있습니다. 점심시간에는 인근 직장인, 오후 3시 이후부터 초저녁까지는 대학생, 야간이나 새벽에는 어린이대공원과 대학 캠퍼스에서 운동하는 주민이 이용하고 있습니다. 이들 고객을 단골로 만들고 방문 빈도를 높여야 합니다.

상호 '맛뱅이장터국밥'은 해장국전문점과 함께 막걸리나 소주를 한 잔할 수 있는 서민풍 식당 이미지를 연상케 합니다. 대표 메뉴인 장터국밥이나 찜요리는 자부심을 가져도 좋을 정도로 맛이 뛰어납니다. 하지만 5,500원인 장터국밥 가격은 학생이나 직장인에게 부담스러운 수준입니다. 식자재 값 인상으로 가격을 내리기 어렵다면 명칭을 '장터쇠고기국밥'으로 변경하십시오. 고객에게 가격 부담을 덜어줄 수 있습니다.

저녁 메뉴가 빈약합니다. 술을 찾는 고객을 잡으려면 찜요리 두 가지만으로는 부족합니다. 국물이 있는 술국과 두루치기를 추천합니다. 의뢰인이 오랫동안 운영했던 구들장돌구이에 파무침을 제공하는 삼겹살 메뉴를 추가하는 것도 한 가지 방법입니다. 대학생 동아리나 단체고객을 잡을 수 있습니다.

경쟁점과 차별화하기 위해 소스도 강화해야 합니다. 찜요리나 뼈해장국에 어울리는 소스로 간장소스 외에 몇 가지를 더 추가해야 합니다. 안주 메뉴로 장터국밥의 국물을 제공하는 것도 고려할 만합니다. 국밥은 무한리필해주는 것도 좋습니다.

동치미의 경우 적당히 숙성시켜 시큼한 맛이 나도록 만들어야 합니다. 그래야 입맛을 돋울 수 있습니다. 계절 메뉴로 열무김치도 추천합니다. 배추김치나 깍두기의 경우 일관된 맛을 낼 수 있도록 노력해야 합니다. 메뉴 개발을 마무리한 뒤 매장 안팎의 메뉴판을 교체하고 배너 간판을 내세워 유동인구를 끌어들여야 합니다. 가게 외부에 대표 메뉴와 함께 '무한리필' 등의 용어를 사용하면 효과가 높습니다.

의뢰인은 15년 동안 영업하면서 성공과 실패를 경험했습니다. 가족 창업이 실패할 경우 책임 전가로 가족 내 불협화음이 생기는 사례가 많습니다. 그러나 의뢰인 부부는 상호 역할 분담이나 협동력이 뛰어납니다. 처음 창업할 때 마음가짐으로 다시 열정을 갖고 노력한다면 기대 이상의 성과를 낼 것입니다. 고객 처지에서 매장을 운영하기 바랍니다.

건대상권 북단, 서민형 선술집 수요 많아

의뢰인 점포는 서울의 5대 대학가 가운데 으뜸으로 꼽히는 건대상권 북단에 자리 잡고 있다. 세종대, 어린이대공원과 가까워 해장국집 입지 여건으로는 양호한 곳이다.

1차 상권에 해당하는 반경 500m 이내에 7,000여 세대가 거주하고 있으나 세대원 수는 2명도 안 되어 전형적인 대학가 주거 특성을 보이고 있다. 다른 상권에 비해 20대 거주자들이 2배 이상 많으며, 30대도 많은 편이다. 사람들이 몰려드는 건대역에 비해 권리금이나 임대료 부담이 적어 초보 창업자들의 관심이 높은 상권이다. 하지만 주변에 소비를 유인할 만한 집객시설이 약한 게 흠이다.

최근 유행하는 업종보다는 자취생과 하숙생 그리고 하굣길 학생들을 겨냥한 실속형 아이템이 적당하다. 점포 인근에 음식점들도 많아 비슷한 메뉴를 판매하면 경쟁을 피하기 어렵다.

40~50대 중장년층 소비자가 적어 보양음식이나 해장국, 쌈밥, 한정식, 일식 등은 적당하지 않다. 건대입구역 주변의 경우 일본식 주점이 한창 인기를 끌고 있지만 이곳은 정종(대포)을 파는 전통적인 선술집이 어울린다. 객단가가 저렴한 서민형 술집이나 민속주점, 튀김·지짐이 전문점, 닭갈비, 고기뷔페 등의 수요가 많다. 외부 고객이 적기 때문에 한번 찾아온 고객을 단골로 만드는 영업 전략이 필요한 지역이다.

 해장국전문점 성공 TIP

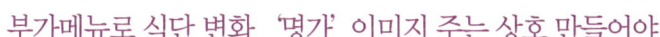

부가메뉴로 식단 변화, '명가' 이미지 주는 상호 만들어야

- 대표 상품 외에 부가메뉴를 개발해 식단에 변화를 줘야 합니다. 오랫동안 같은 메뉴로 영업하다 보면 고객들에게 식상함을 줄 수 있습니다. 전문점 이미지를 해치지 않는 한도 내에서 계절별, 분기별로 기획 메뉴를 개발해 한시적으로 제공하면 소비자들에게 새로운 즐거움을 줄 수 있습니다.
- 음식점 상호에 주인 이름이나 지명이 들어가면 해당 업계에서 '명가' 라는 이미지를 확보할 수 있습니다. 상호는 각종 마케팅에 활용됩니다. 상호명을 매장 특성과 잘 접목하면 입소문이 나기 쉽고 매출 증대로 연결됩니다. 고객들에게 차별화된 이미지를 줄 수 있는 멋진 상호를 만들어야 합니다.
- 해장국의 승부처는 국물에 있습니다. 해장국은 국물 요리인 만큼 느끼하지 않고 담백해야 합니다. 내용물을 충실하게 하고, 김치, 깍두기 등 밑반찬의 경쟁력을 확보해 가격 대비 만족도를 높여야 합니다.
- 서울의 경우 지역별로 선호되는 국물맛이 다릅니다. 강북에서는 기름기가 약간 많은 국물이 인기가 높고, 강남에서는 깔끔하고 담백한 국물이 인기가 좋습니다. 점포 소재지에 따라 상품 전략을 달리해야 합니다.

성공 자영업 길라잡이 12

Q 서울 신림4동 한식당 업종 전환

서울 신림4동에서 20년째 '전주식당'을 운영하고 있는 김만례(46세)입니다. 점포는 지하철 2호선 신림역 5번 출입구에서 봉림교를 건너 남부초등학교 방면으로 300m 떨어진 대로변에 있습니다. 33.3㎡(10평)로 좌식 테이블 8개를 두고 보증금 1,700만 원에 월세 90만 원을 내고 있습니다. 가게가 비좁아 최근 바로 옆집 슈퍼가 매물로 나왔기에 보증금 5,000만 원에 월세 100만 원 조건으로 인수했습니다.

이곳에서 20년 전 정육점을 운영하다가 정육식당으로 업종을 바꿔 영업해왔습니다. 단골고객들의 권유로 점심에는 식사, 저녁에는 고깃집으로 운영하고 있습니다. 하지만 세월이 지나면서 점심 중심으로 운영 중입니다. 점심에는 김치찌개, 제육볶음, 생선구이 등 10여 가지 메뉴를 제공하고 있습니다. 저녁때는 술손님을 위해 소갈비살, 갈비찜, 삼겹살 등 고기 중심 메뉴를 내놓고 있습니다. 최근 고객들의 주문으로 닭도리탕, 토종옻닭 등으로 메뉴를 늘렸습니다. 현재 수익은 약간 나지만 육체적으로 매우 힘듭니다.

정육점을 운영해본 경험이 있어 '고기' 품질만큼은 경쟁력이 있다고 자부합니다. 김치나 양념 등 식자재도 대부분 전주에서 가져오기 때문에 맛있다는 평가를 듣고 있습니다. 이번 가게 확장을 계기로 두 점포를 터서 메뉴도 정리하고 고깃집이나 정육식당 중심으로 업종을 변경하려고 합니다.

고기 육질이 좋고 음식이 맛있다고 장사가 잘될지 의구심도 듭니다. 어떻게 달라져야 할지 모르겠  습니다. 가게 옆에 곰장어전문점이 있는데 젊은 고객을 중심으로 장사가 잘됩니다. 점포 시설을 어떻게 개선해야 할지, 점심식사는 유지해야 할지 등 고민이 많습니다. 좋은 방안을 알려주십시오.

A 선술집 분위기 나는 고깃집으로 젊은 층 공략

의뢰인의 식당은 신림역 역세권에서 벗어나 있습니다. 남부순환도로 봉림교 주변에 밀집해 있는 곰장어, 주꾸미전문점들과도 300m가량 떨어져 상권이 단절돼 있습니다. 식당 반경 500m 이내 지역의 고깃집이나 갈빗집들은 2년 전 20곳에서 현재 56곳으로 급증했습니다. 다세대 주택이 많아 인구밀도가 높은 만큼 음식점도 빠르게 늘어나 경쟁이 치열합니다. 20대 25%, 30대 23%로 젊은 층이 많이 거주하는 특성을 보입니다. 하지만 의뢰인은 20년이 넘도록 한 곳에서 영업해 중장년층 단골을 많이 확보하고 있습니다.

식당은 33.3㎡(10평)로 작지만 부부와 종업원 2명을 합쳐 4명이 일하고 있습니다. 평일 점심시간 매출은 약 30만 원, 저녁 매출은 10만~20만 원을 유지하고 있습니다. 하지만 주말 영업이 부진해 월매출액은 1,200만 원 수준일 것으로 추정됩니다. 매출의 50%가 식재료비로 들어가고, 종업원 인건비 290만 원에 월세 90만 원과 전기·수도·가스료 등을 합쳐 약 100만 원이 듭니다. 부부 인건비조차 제대로 나오지 않으며, 육체적으로 매우 힘들다고 느끼는 상황이므로 업종 전환을 해야 할 때라고 판단됩니다.

기존 식당과 최근 인수한 가게를 합친다면 정육식당이나 고깃집으로 업종을 전환해도 큰 무리가 없습니다. 주변 상권과 의뢰인의 정육점 운영 경험을 고려하면 업종 변경을 시도하는 게 당연해 보입니다. 다만 정육식당보다는 콘셉트가 있는 고깃집으로 변경할 것을 추천합니다. '고기를 어떻게 파느냐'가 중요하기 때문입니다.

질 좋은 고기와 신토불이 식자재를 사용하는 고깃집으로 업종을 전환하겠다는 단순한 발상으론 성공하기 어렵습니다. 상호, 경영 철학, 식당 콘셉트, 인테리어 및 메뉴, 고기를 이색적으로 굽는 방식, 마케팅 등이 조화를 이룰 때 젊은 층을 끌어들여 성공할 수 있습니다.

의뢰인은 전주 출신인데다 상호로 '전주식당'을 오랫동안 사용해왔습니다. 새 상호로는 식사와 갈비 중심의 '전주회관', 막걸리와 퓨전안주 중심의 '전주잔칫날', 정육식당을 연상케 하는 '전주푸줏간' 등을 추천합니다. 넉넉한 인심과 신뢰할 만한 식자재를 표현하는 짧은 슬로건을 간판에 삽입한다면 고객들의 시선을 사로잡을 수 있습니다.

식당 건물이 오래된 단독주택이기 때문에 인테리어를 새롭게 해도 깔끔한 분위기로 고객을 유치하는 데 한계가 있습니다. 따라서 20~30대를 끌어들이려면 원형 테이블을 설치하고 선술집 분위기를 강조하는 것이 좋습니다. 중장년층 고객이나 단체손님보다는 서너 명씩 짝을 지어 오는 젊은 고객을 유치하는 게 바람직합니다.

대표 메뉴로는 고추장양념구이, 초벌구이식 양념갈비, 석쇠구이나 전주 음식의 특색을 살린 떡갈비 등이 무난합니다. 매장에 채소냉장고를 설치해 재료의 신선함을 부각하고 저울로 고기 무게를 정확히 재는 모습을 보여주는 등 신뢰성을 강조하면 좋습니다. 굽는 방식으로는 참숯불구이나 열탄구이, 연탄구이 등을 고려할 수 있습니다.

점심 영업은 돌솥비빔밥과 전주식 콩나물국밥을 포함한 5가지 미만의 차별화된 메뉴로 승부를 걸어야 합니다. 주방은 노출되는 건물의 구조적 특성을 고려해 깔끔하게 보이도록 시설을 개선해야 합니다. 추가 경영컨설팅 지원이 필요하다면 본인 부담으로 10만 원을 들여 중소기업청 산하 소상공인진흥원(www.sosang.kr)에서 지원하는 자영업 심화 컨설팅 제도도 활용할 수 있습니다.

 **싱글족·신혼부부 많이 사는 주택가**

서울 신림동 관천로 주변은 주거 안정성이 낮은 지역이다. '전주식당'의 1차 상권에 해당하는 반경 500m 이내에는 1만 5,000여 세대가 거주하고 있다. 세대당 1.94명으로 전체 인구는 3만 명에 못 미친다. 오래된 단독주택이나 오피스텔이 대부분이며 영세 숙박업이 전체 자영업의 약 8%를 차지한다. 일시 거주자가 많다는 뜻이다.

거주자 중 20~30대 인구는 47.7%로 전국 평균보다 약 10%포인트 높다. 20대 거주자의 경우 남성이 여성보다 10% 정도 많다. 자취생, 고시생, 직장 초년생, 싱글족, 신혼부부, 노인, 도시 빈민 등이 많아 구매력이 크진 않다.

저렴하게 식사와 음주를 겸할 수 있는 곳의 수요가 많다. 실제로 이 지역 상권에는 호프·주점 등 유흥업종이 아파트 상권보다 3배 이상 많다. 싼 임대료를 바탕으로 10~20년 동안 큰 변화 없이 유지되는 가게가 많아 단골 위주로 운영되고 있다.

의뢰인의 점포는 남부순환도로에서 당곡사거리로 향하는 관천로변에 위치해 접근성이 떨어진다. 반면 이면주차가 가능해 택시기사나 업무용 차량 기사가 자주 이곳을 찾는다는 것은 강점이다.

점포 주변에는 신림역 상권이 버티고 있어 트렌디한 아이템보다는 복고적이고 객단가가 낮은 아이템이 경쟁력이 있다. 특히 복고 이미지,

숙련된 영업 노하우, 차별화된 맛으로 50대 장년 남성의 기호와 어울리는 아이템이라면 승산이 있다.

하지만 지역 특성을 감안하면 젊은 층을 배제하는 것도 문제가 있다. 20~30대 젊은 고객들이 인근에 많이 거주하기 때문이다. 재미를 추구하는 젊은 층을 겨냥해 '향수' 콘셉트를 적용한다면 성공 확률을 높일 수 있다.

눈에 띄는 이벤트 전략

전 략	예 시
끝자리 할인판매 전략	치킨 반 마리 5,900원 / 피자 한 판 9,900원
정가 표기 후 하단에 할인가격 표시해 판매하는 전략	주로 의류제품에 활용
정상가보다 가격을 낮춰 일정 기간에 판매하는 전략	백화점 바겐세일, 식당 여름방학 학생 특별 할인가
시간대별 차별가격으로 점포운영의 묘미와 고객의 흥미 유발	식당 해피 아워(happy hour)
쿠폰을 발행해 할인혜택을 주는 판촉전략	신장개업 전단지 활용
특정고객에게 할인혜택이나 선물을 주는 판촉전략	당일 생일이거나 장기자랑하는 고객, 여성고객 입장료 무료 등
타 업종과 제휴하는 판촉전략	갈빗집 단체고객에게 노래방 1시간 무료 등

업종 전환 성공 TIP

기존시설 활용해 투자비 줄이고 경험·노하우 잘 살려야

- 장사하는 사람이 기존 업종을 포기하고 다른 업종으로 새 출발하는 것은 쉽지 않습니다. 간판·인테리어를 교체하고 매장시설을 보완하려면 비용이 많이 들어갑니다. 하지만 일시적인 자금 손실 때문에 주저하다가 업종 전환을 늦추면 더 큰 손해를 볼 수도 있습니다. 업종을 바꿀 수 있는 상황이라면 업종 전환에 따른 손실을 보상받을 기회도 있다는 점을 염두에 두십시오.
- 기존 시설을 활용할 수 있는지 확인해야 합니다. 음식업의 경우 인테리어 비용이 전체 투자비에서 가장 큰 부분을 차지합니다. 따라서 기존 시설을 활용하는 게 중요합니다. 또 자신의 경험과 노하우를 잘 살릴 수 있는 분야인지 확인해야 합니다. 새로운 업종에 뛰어드는 것은 모험입니다. 단순히 수익성만 쫓는 것은 매우 위험한 일입니다.
- 자영업 시장의 트렌드를 철저히 분석해야 합니다. 향후 경제 동향을 파악해 자영업 시장의 흐름을 정확하게 예측한 후 업종 전환을 준비해야 합니다. 업종을 바꾼 뒤 일정 기간 기존 업종과 새로운 업종을 함께 운영할 수 있을지 확인해야 합니다. 기존 업종을 버리고 새로운 업종에 뛰어들면 상당 기간 수익이 나지 않을 수 있습니다. 일정 기간 두 가지 업종을 병행하는 게 바람직합니다.
- 현재 영업하는 업종의 문제점을 정확히 진단한 뒤 업종 전환을 고려해야 합니다. 매출이 부진해 업종 전환을 결심했을 경우 그 원인이 창업자 자신에게 있는지 아니면 다른 곳에 있는지 정확히 진단하는 것이 필요합니다. 경영능력 등 창업자의 역량이 원인이라면 업종을 전환해도 마찬가지 결과가 나올 수 있습니다.

성공 자영업 길라잡이 13

Q 인천 옥련동 활어횟집

인천 연수구 옥련동에서 '옥련막회'라는 상호로 횟집을 운영하는 강신우(31세)입니다. 점포는 옥련동에서 송도유원지 방향에 있는 자동차극장 앞 건물 1층에 있습니다. 99.9㎡(30평) 규모로 4인석 좌식 테이블 16개를 두고 있습니다.

저는 중학교를 졸업하고 중국으로 유학 가서 고등학교를 마치고 베이징대 언어문화대학을 졸업했습니다. 중국어 통역사로 학원 강의와 통역·번역 등을 하면서 요리에 관심이 많아 한식과 일식 학원을 다녔는데 부모님이 식당을 운영해보라고 권유해 창업하게 됐습니다.

건물은 부모님 소유로 2008년 10월까지 보증금 5,000만 원에 월세 400만 원으로 임대했습니다. 임차인이 이곳에서 저가형 횟집을 운영했는데 비교적 성업 중이었으나 2008년부터 영업실적이 저조해 문을 닫았습니다. 부동산중개소에 매물을 내놓아도 거래되지 않아 제가 보증금 없이 월세만 400만 원 주는 조건으로 장사를 시작했습니다. 간판을 바꾸고 시설을 개보수하는 데 3,000만 원이 들었습니다.

오전 11시에 문을 열어 밤 12시까지 영업합니다. 점심시간에는 9,900원짜리 정식부터 각종 탕류와 초밥, 덮밥 등 10여 가지 메뉴를 판매하고 저녁시간에는 광어회와 우럭회, 모듬회, 도미회, 농어회 등을

팝니다. 월매출은 평균 1,600만 원 정도로 50%를 약간 상회하는 재료비와 직원 3명의 인건비, 수도광열비, 음식물 보험비 등을 제하면 제 인건비를 빼더라도 적자가 나는 상황이라 부모님에게 월세를 한 번도 드리지 못했습니다.

고객을 유치하기 위해 전단지 배포 외에는 별다른 홍보활동을 하지 않았습니다. 마을버스 2개 노선에 버스 광고를 해볼까 싶은데 효과가 있을지 모르겠습니다. 저는 음식점 운영에 관심이 많고 열정적으로 도전해보고 싶습니다. 현재 상호와 실내 분위기가 적합하지 않은데다 다른 문제점들도 많을 것으로 생각됩니다. 음식점 경영 전반에 관해 자문하고 싶습니다.

A 인기메뉴 위주로 단순화, 푸짐한 상차림 강조

의뢰인이 문제점으로 지적한 대로 점포 상호인 '옥련막회'는 현재 제공하는 대표 메뉴나 실내 분위기와 어울리지 않습니다. 의뢰인은 1인당 9,900원짜리 저가형 횟집을 인수해 운영해오면서 막회 메뉴로 차별화를 시도했지만 지역 정서나 소비 수준을 고려할 때 옥련동 지역에서 막회는 그리 어울리지 않고 실제로 크게 인기도 없습니다. 옥련동 지역은 상가 임차료가 다른 지역에 비해 비교적 높고 소비수준도 높은 편입니다.

고급스러운 인테리어나 활어회 위주 메뉴 구성을 고려해 상호를 바꾸고 간판을 개선하는 작업이 시급합니다. 점포는 모퉁이에 위치해 도보로 지나가는 유동인구나 통행 차량들의 눈에 잘 띕니다. 점포 외부에 디자인이 독특한 간판과 외부 실사물 등을 두어 특색을 살린다면 예상 외로 손님을 손쉽게 끌어들일 수 있습니다.

점포 매출은 월평균 1,600만 원대로 의뢰인의 인건비를 포함한 손익분기점인 2,600만 원의 60%를 약간 상회하는 수준입니다. 의뢰인은 서비스업종에서 일한 경험으로 접객 서비스를 높은 수준으로 운영하고 있습니다. 주메뉴인 광어회나 우럭회도 2인 기준 2만 8,000원에 20여 개 기본안주를 제공하는 등 푸짐한 상차림으로 고객만족도도 높은 편입니다. 다만 재료비가 50%를 넘는 원가 구성은 손익 구조상 곤란합니다. 1차 목표를 월매출 2,500만 원으로 잡고 원가와 비용 절감, 이미지 개선과 홍보 강화 등에 적극 나서야 합니다.

우선 '인천에서 가장 인심 좋은 횟집'이란 콘셉트로 신선한 회와 푸짐한 기본안주를 강조하는 슬로건을 제작해 걸어볼 만합니다. 전체 찬 세팅이 담긴 이미지를 간판에 담아 '확 달라졌습니다'라는 문구와 함께 푸짐하고 저렴하다는 인상을 주는 게 바람직합니다.

점심 메뉴는 5,000원에서 9,900원까지 저렴하게 구성돼 있습니다. 원가 비중은 높지만 저녁 술자리 손님을 유치하기 위한 전략에서 현재대로 운영하는 것이 좋습니다. 다만 회전율을 높이기 위해 식사를 신속하게 제공하는 노력이 필요합니다. 원가 관리차원에서 판매가 부진한 메뉴는 없애고 인기 메뉴 위주로 단순화해야 주방 일손도 덜고 식사 제공 시간도 줄일 수 있습니다.

매출을 증대하기 위한 시설 개선도 필요합니다. 점포는 개방형 좌식 테이블로 구성돼 있습니다. 횟집은 단체 회식이나 가족 외식, 소모임 등을 하는 고객들이 많이 찾는 편입니다. 독립된 공간을 선호하는 단체 고객들을 위해 화장실 벽면과 홀 내부 창가를 연결해 별도의 룸을 만드는 게 좋습니다.

점포 면적에 비해 테이블 수(16개)도 다소 많습니다. 테이블당 단가가 높은 특성을 고려해 고객들이 서로 불편하지 않도록 테이블을 3개 정도 줄여 편안하게 음식을 즐길 수 있도록 해야 합니다.

대량 구매 등으로 원가를 절감하는데도 신경 써야 합니다. 재료비 45%, 인건비 25%, 임차료 15% 미만, 경비 10% 등의 목표를 세우고 수치를 관리해야 합니다. 홍보비도 매월 일정 금액을 책정해 전단 배포와 시식회 등을 통한 메뉴 마케팅, 인터넷 블로그나 홈페이지 운영, 월별 이벤트 개최 등 홍보활동을 지속적으로 펼치는 게 중요합니다.

99m^2 규모의 크지 않은 횟집에서는 시스템보다는 점주나 주방장의 활동력이나 태도가 손님들에게 깊은 인상을 줄 수 있습니다. '대박집'

을 직접 방문해 장사가 잘되는 요인을 벤치마킹할 필요가 있습니다.

의뢰인은 음식업 운영 경험이 부족하기 때문에 점포가 정상화되면 시간을 내서 대학 외식업경영자 과정 등을 수강하는 게 좋습니다. 외식업 경영에 대해 전반적으로 공부하고 수강생들과 정보를 교환하는 것이 점포 운영에 도움이 많이 됩니다.

상권확대경 **주택가·유원지의 경계, 유동인구 꾸준히 유입**

의뢰인의 점포는 옥련동 아파트 단지 상권과 송도유원지 상권의 경계점에 있다. 바닷물을 끌어들여 조성한 송도유원지는 놀이시설과 해수욕장, 고급 레스토랑과 대형 횟집, 최신 시설을 내세운 숙박업소 등이 몰려 있어 가족 나들이뿐 아니라 모임이나 접대, 데이트 목적의 유동인구가 꾸준히 이어지는 곳이다.

옥련동 일대 아파트 단지는 $66.6m^2$(20평) 안팎의 소형 아파트가 전체의 88%를 차지하는 등 전형적인 서민 주거지역이다. 단지가 조성된 지 10년 정도 지나 소비가 왕성한 편이다. 어린 자녀보다는 청소년층이 많고 부모 연령대도 40대 비중이 높다. 식사 위주보다는 술과 식사가 동시에 해결되는 음식점이 유리하다.

이처럼 서로 다른 특성을 지닌 상권의 경계에 있는 점포는 고객층을 다양하게 확보할 수 있다는 장점도 있지만 자칫 어느 상권에도 포함되지 않아 소외될 수 있다. 아파트 단지에서 도보로 이용하는 데는 부담이 있고 송도유원지를 찾는 소비자들은 조금만 가면 다양한 먹을거리를 즐길 수 있기 때문이다. 특히 매장 주변 교통체계가 다소 복잡한데다 주차장이 후면에 있어 차량으로 진입하기가 쉽지 않다. 경험과 운영 노하우가 부족한 초보 창업의 경우 개점 초기에 어려움을 겪을 수도 있다.

입지 이론상 아파트 단지는 지구 내 소비가 활발하다는 장점이 있지만 동일업종 점포가 새로 들어서면 매출이 떨어지게 된다. 3,000세대 이상 몰려 있는 지구라면 다른 지구와 독립성이 보장되기 때문에 안정적이지만 송도신도시처럼 주변에 대규모 경쟁 상권이 빠르게 성장하는 경우 상승세가 급속히 떨어질 수도 있다. 예비 창업자라면 사전에 전체적인 도시개발계획이나 중장기 마스터플랜을 챙겨보는 게 필수다.

활어횟집 성공 TIP

회 신선도 살리기에 전력, 점심은 저녁 장사 위한 서비스

- 활어횟집을 창업하려면 먼저 신선한 횟감을 확보하기 위해 유통 구조를 잘 파악하는 것이 중요합니다. 노량진수산시장이나 가락동수산시장에 들러 도매와 소매를 겸하는 활어 판매장을 일일이 돌아다니며 시장조사를 해야 합니다. 이들 판매장은 대부분 '수산 중매인 ○○호'라는 간판을 내걸고 횟집으로 직접 활어를 공급해줍니다. 활어 가격과 종류, 결제방법 등을 꼼꼼히 비교하고 조건이 좋은 판매장을 선택하면 됩니다.
- 회를 뜨는 방법과 신선도를 살려 내놓는 방식에 대한 지속적인 연구가 필요합니다. 예를 들어 회를 좀 더 맛깔스럽게 접시에 담는 방법이나 노인, 어린아이 등 고객 특성에 맞춰 먹기 좋은 크기로 써는 방법 등을 연구해 선보인다면 고객 만족도를 높일 수 있습니다.

- 점심식사는 서비스 개념으로 접근해야 합니다. 활어횟집에서 주로 매출을 올리는 것은 저녁시간 때입니다. 눈여겨볼 점은 점심에 손님이 많은 횟집이 저녁에도 장사가 잘된다는 것입니다. 활어회 정식을 일식집 절반 수준인 9,000~1만 2,000원에 파는 곳이 있습니다. 당연히 원가 비중은 60%를 넘습니다. 저녁 장사를 위해 '런치 스페셜'을 제공한다는 마음가짐이 필요합니다.
- 고객 클레임에 대비책을 세워야 합니다. 손님이 회의 양이 적다고 불평하거나, 회 접시에 머리카락이 들어갔거나, 먼저 온 손님보다 나중에 온 손님의 요리가 먼저 제공되는 경우 등에 대한 대응방법을 문서로 작성해 직원들에게 교육하는 게 좋습니다.
- 횟집은 대부분 저녁시간에 손님들이 요리와 함께 술을 마시는 곳입니다. 따라서 화장실 청결 상태에 각별히 신경 써야 하고 남성용과 여성용을 따로 갖춰놓아야 합니다. 또 생선 냄새가 많이 나기 때문에 주방 등의 환기시설이 잘 작동하는지 늘 확인해야 합니다.

성공 자영업 길라잡이 14

Q 서울 신당동 한식 · 생고기전문점

서울 신당동에서 한식 및 생고기점 '가나(家拿)'를 운영하고 있는 성상권(52세)입니다. 점포는 지하철 3호선 약수역 1번 출입구에서 청구역으로 이어지는 농협 뒤 이면도로 모퉁이 1층에 있습니다. 87.79㎡(26평) 규모로 좌식테이블 12개를 두고 있습니다. 5년 전 문을 열었으며, 신축 건물에 권리금 없이 보증금 1억 원에 계약했습니다. 시설 투자에 5,000만 원 정도를 썼습니다.

저는 1977년 이후 계속해서 음식업에 종사하고 있습니다. 특1급인 S호텔에서 한식요리사로 15년 동안 일한 경험도 있습니다. 요리에는 자신 있습니다. 2004년 일하던 호텔에 한식당이 없어지면서 독립했습니다. 상호도 작명소에 의뢰해 만든 뒤 열심히 일만 했습니다. 현재 아내가 홀을 맡고 제가 주방을 책임지고 있습니다. 종업원 1명과 파트타임 1명을 포함해 총 4명이 일하고 있습니다.

영업시간은 오전 11시에서 밤 11시까지로, 매월 첫째 · 셋째 일요일은 문을 닫습니다. 점심식사 메뉴로 제육볶음, 김치찜, 비빔밥, 동태찌개 네 가지를 서비스하고 있습니다. 저녁시간에는 술자리 고객을 위해 맛이 얼큰한 돼지갈비찜, 생삼겹살, 돼지양념갈비, 곱창전골 등을 제공하고 있습니다. 최근 특선 메뉴로 삼합과 막걸리도 내놓고 있습니다.

2008년만 해도 월평균 매출이 1,600만 원선을 유지했고 적지만 이익도 냈습니다. 하지만 2009년 들어 식자재 가격이 인상돼 원가 부담은 높아진 반면 매출은 25% 이상 감소했습니다.

요즘은 매출이 1,200만 원을 밑돌아 인건비도 안 나옵니다. 물가가 하루가 다르게 뛰어 2009년 3월부터 음식값을 1,000원씩 인상했습니다. 가격을 올린 뒤 하루 평균 70명이던 점심고객이 50명 선으로 줄었습니다. 어떻게 대응하면 좋을지 방안을 제시해주시기 바랍니다.

A 찜·전골을 대표메뉴로, 특급호텔 경력 부각하기를

의뢰인의 점포는 서울 지하철 3호선 약수역 1번 출입구에서 청구역으로 이어지는 먹자골목 끝부분에 있습니다. 청구역 방면에서 이곳을 이용하기에는 다소 먼 거리입니다. 인근 지역에 아파트가 아닌 단독주택이 많아 배후 세대가 취약한 편입니다.

대로변이나 이면도로에 사무실이 밀집돼 있어 가족 단위 외식보다는

직장인들의 수요가 많은 지역입니다. 점심식사와 퇴근길 술자리 중심 영업으로 뚜렷하게 이원화돼 있습니다.

의뢰인의 점포 역시 점심 매출이 전체 매출의 70~80%에 달합니다. 매출을 늘리려면 퇴근길 술자리 손님을 유치해야 하지만 가게 분위기나 메뉴가 조화를 이루지 못하고 있습니다.

매장의 배기 시설이 미흡해 생고기나 양념돼지갈비를 취급하는 고깃집으로 전환하기에도 적합하지 않습니다. 상호나 흑백 톤의 깔끔한 인테리어를 고려하면 생고기전문점보다 한정식이나 샤브샤브전문점이 어울립니다.

현재 매출은 의뢰인 부부의 인건비를 감안한 손익분기점 월 1,500만 원을 밑돕니다. 주변 상권과 점포 규모 등을 감안하면 1,800만 원 정도의 매출은 올릴 수 있다고 판단됩니다. 월 1,200만 원의 매출로는 한 사람 인건비만 남는 수준입니다. 영업을 활성화하기 위해 메뉴 및 시설 개선과 적극적인 마케팅이 필요합니다.

의뢰인은 특급호텔 한식요리사를 포함해 요리 경력이 32년이나 되지만 그 강점을 활용하지 못하고 있습니다. 예를 들어 '장안에서 찜요리를 가장 잘하는 집' 또는 '32년 경력의 특급호텔 한식요리사 출신이 운영하는 집' 등의 슬로건을 내걸고 고객에게 홍보하면 효과가 있을 것입니다.

시설개선도 필요한 시점입니다. 지난 5년 동안 청결하게 유지해왔기 때문에 시설은 깨끗하지만 고객 처지에서 보면 식상할 수도 있습니다.

자금 사정이 넉넉지 않다면 최소한 외부 간판 천갈이와 유리창 선팅, 배너만으로도 고객들의 시선을 끌 수 있습니다.

코너 점포이기 때문에 주방 쪽을 제외하면 출입구 벽면이 유일한 홍보공간입니다. 메뉴를 개편한 뒤 벽면에 새 메뉴판을 붙이면 실내의 품격을 높일 수 있습니다.

대표 메뉴가 없는 것도 약점입니다. 삼겹살이나 가브리살 중심의 생고기전문점이라는 현재 간판은 고객들에게 혼선을 주기 쉽습니다. 주변 생고기전문점에 비해서도 경쟁력이 떨어집니다. 현재 인기 있는 메뉴인 갈비찜과 전골을 중심으로 한 '찜&전골전문점' 임을 강조해야 합니다. 점심과 저녁 메뉴도 10여 종으로 단조롭기 때문에 개별 메뉴의 명품화를 추구해야 합니다. 의뢰인의 요리 실력도 강조해보십시오.

모든 점심 메뉴는 6,000원으로 정해져 있는데 이는 직장인에게 다소 부담스러울 수 있습니다. 고객층을 넓히기 위해 한 가지 정도는 5,000원에 제공할 필요가 있습니다. 매일 색다른 국이나 찌개를 제공하는 '가나정식'도 추천합니다.

가게 분위기에 어울리는 닭한마리칼국수, 삼계탕도 계절 메뉴로 고려해보시기 바랍니다. 술자리 손님을 위해 생고기철판요리나 주방장 특선요리 등 코스요리도 개발하시기 바랍니다.

의뢰인은 요리나 서비스에 치중한 반면 홍보에 소극적이었습니다. 전단지 배포, 언론홍보, 시식회, 이벤트 개발 등의 홍보활동에 소홀했던 것으로 보입니다. 점포 외부 간판에 자신감을 표현하고, 입구에 배너를 걸어 미끼메뉴와 대표메뉴를 부각한다면 매장 전체 분위기를 바꿀 수 있습니다. 고객은 늘 같은 분위기에 식상해 합니다.

　주인이 움직이는 만큼 고객이 증가하고 매출도 늘어납니다. 처음 시작한다는 마음으로 다시 한 번 도전할 시점입니다.

 **약수·청구역 이면도로에 있는 역세권**

　서울 중구 약수고가도로를 중심으로 남북으로 형성돼 있는 약수역 상권은 4거리를 중심으로 남으로 버티고개역, 북으로 청구역, 동으로 동대입구역, 서쪽으로 금호역까지 포함하고 있다.

　의뢰인 점포의 1차 상권인 청구역과 약수역 이내에는 8,400여 세대, 2만 1,000여 명이 거주하고 있다. 직장인들의 출퇴근 동선이 되는 약수역 2, 3번 출입구와 1번 출입구 이면도로를 중심으로 유동인구가 가장 많다. 의뢰인의 점포 주변에는 각종 병원, 중소형 사무실, 생활 편의업소 그리고 음식점이 즐비하게 늘어서 있다.

　약수역 상권은 외부 인구 유입이 많지 않아 상권 확장에 한계가 있다. 하지만 배후 단지 주민과 인근 직장인이 가장 편하게 접근할 수 있는 입지 조건은 갖추고 있다.

　약수하이츠아파트(약수역), 삼성아파트(청구역) 등 일부 공동주택을 제외하면 다세대주택과 빌딩이 많은 것도 특징이다. 대형 빌딩을 제외한 나머지 건물들은 층이 낮고 노후했다. 고소득층은 적고 중류층 소비자가 대부분이다. 음식업소의 경우 80% 이상이 소형 건물 1층에 몰려 있다.

'가나'는 약수역 이면도로 끝부분에 자리 잡고 있어 접근성이 떨어지는 게 단점이다. 또 점포 인근에 6개 정도 음식점이 영업 중이어서 단골 확보 경쟁이 치열하다. 고깃집, 빈대떡집 등 2~3곳을 제외하면 매출이 부진한 상태다. 점포 인근에 위치한 병원, 금융회사, 중소형 사무실에 근무하는 직장인들이 주요 수요층이다. 경쟁업소들도 이들 소비자를 타깃으로 해 점심식사와 저녁 술자리를 제공하고 있다. 이들을 어떻게 공략하느냐가 영업의 성패를 좌우한다.

 생고기전문점 성공 TIP

환기시설 잘 갖춰 실내 쾌적하게, 청결한 화장실로 고객감동

- 생고기전문의 실내는 쾌적해야 합니다. 고기 굽는 연기가 분위기를 띄워주는 역할을 할 수도 있지만 손님들을 불쾌하게 만들 수도 있습니다. 고기 굽는 테이블은 물론 실내에 별도로 환기시설을 갖춰 손님들이 냄새 때문에 매장 이용을 꺼리지 않도록 신경 써야 합니다.
- 매장 이미지를 항상 청결하게 유지해야 합니다. 생고기는 기름이 잘 지워지지 않는 특성이 있습니다. 매장을 자주 청소해 깔끔하게 만들어야 합니다. 또 그릇이 더러워지면 과감하게 폐기처분하고, 새 그릇으로 바꿔 점포 인지도를 높여야 합니다. 고객들에게 청결한 이미지를 주려면 위생관리를 체계적으로 하고 종업원 친절 교육도 필요합니다.
- 젊은 손님이 많이 찾아오는 매장이 장사도 잘됩니다. 젊은이들은 고객에 대한 사소한 배려를 매우 중시합니다. 예를 들어 화장실이 쾌적하고 깨끗하면 감동받아 한번 방문이 재방문으로 연결됩니다. 요즘 음식점의 승부처는 화장실입니다. 위생관리를 더 철저히 해야 합니다.
- 음식 재료가 신선해야 하지만 불황기를 맞아 가격과 양도 중요합니다. 고객들이 친근감을 느낄 수 있는 다양한 메뉴를 개발해 실속 있는 가격으로 제공해야 합니다. 다른 점포들이 모방할 수 없는 특색 있는 소스를 개발하는 것도 필요합니다. 특히 고기의 원산지 표시를 철저히 해 손님들에게 신뢰감을 심어주어야 합니다. 쇠고기와 쌀에 주로 적용하는 원산지 표시를 돼지고기, 닭고기, 김치까지 확대해야 합니다. 쇠고기의 경우 원산지 및 품종 표시는 기본입니다. 안심, 등심, 채끝, 양지, 갈비 다섯 부위는 등급까지 알려주면 좋습니다.

성공 자영업 길라잡이 15

Q 경기 구리시 도토리음식전문점

경기도 구리시 인창동에서 '도토리 장어마을'을 운영하고 있는 서보균(31세)입니다. 점포는 구리IC 도매시장 사거리에 있습니다. 333㎡(100평) 규모로 4인식 테이블 41개를 두고 있습니다. 참치 및 장어구이 점으로 운영되던 자리를 인수해 문을 연 지 8개월이 지났습니다. 권리금 1억 원, 보증금 7,000만 원에 월세 600만 원의 조건으로 계약했습니다. 개업 당시 시설투자비로 1,000만 원이 들었습니다.

저는 대학에서 국제무역학을 전공하고 증권회사에서 근무했으며, 쇼핑 호스트로 활동한 경험이 있습니다. 음식점을 하는 어머니의 권유도 있었고 평소 음식점 경영에 관심이 많아 연봉 6,000만 원의 직장을 그만두고 창업을 결심했습니다.

어머니는 서울 광장동에서 '도토리마을'이라는 상호로 20년째 식당을 운영하고 있습니다. 치과의사인 형님이 어머니 가게를 물려받았고, 어머니는 수원 신갈에서 도토리마을 2호점을 운영하고 있습니다. 두 곳 모두 영업 실적이 좋습니다. 제가 3호점을 운영하는 셈입니다.

구리점은 오전 11시부터 새벽 1시까지 영업하며 종업원 6명이 일하고 있습니다. 저는 장사한 지 8개월 만에 몸무게가 7kg이나 줄었습니다. 7개월 동안 적자를 면치 못하다가 4월에야 소폭 흑자로 전환됐습니다. 취급하는 메뉴는 도토리사골탕, 도토리수제비, 묵채밥, 도토리빈대떡 등입니다. 장어 매장 쪽은 개업 당시보다 고정  고객이 많이 늘어나 운영에 큰 어려움은 없습니다. 반면 도토리전문점은 하루 평균 40만 원의 매출에 그쳐 크게 부진합니다.

  개업 후 홍보활동으로 전단을 1회 배포했고, 인근 지역에 스티커 부착 활동을 해본 것이 전부입니다. 광고 홍보활동이 부족했다고 판단하고 있습니다. 도토리전문점의 경우 어머니의 요리 기술과 노하우만 전수받으면 성공할 것으로 믿었는데 예상이 빗나간 것 같습니다. 경영 진단과 함께 매출을 활성화할 수 있는 방안을 알려주시기 바랍니다.

A 토속적 분위기로 꾸미고 '웰빙음식' 강조해야

  의뢰인은 어릴 때부터 어머님이 식당을 운영하는 모습을 지켜보며 자랐습니다. '도토리마을' 광장동 1호점이나 신갈 2호점의 상권이 좋

지 않은데도 성공을 거두자 어머님이 개발한 메뉴나 맛에 성공 요인이 있다고 확신한 것으로 판단됩니다. 그러나 음식점은 지역 특성, 맛, 서비스, 홍보마케팅 등 여러 요인이 조화를 이뤄야 성공할 수 있습니다.

광장점은 아차산 등산로를 이용하는 고객들이 많이 찾아와 상권이 좋은데다 단골이 많은 상태입니다. 또 신갈점도 자동차를 이용해 찾아오는 고객이 많을 것으로 판단됩니다. 하지만 아파트 단지로 둘러싸여 있는 구리점은 가족 외식이나 상주인구에 의존하기 때문에 점포 콘셉트가 뚜렷해야 성공할 확률이 높습니다.

의뢰인은 참치전문점과 장어구이 점포를 인수해 간판 천갈이, 도배 등 간단한 시설투자만 했습니다. 도토리전문점을 운영하려면 토속적인 분위기를 연출해야 합니다. 건강에 좋다는 웰빙음식임을 강조하고, 인테리어도 차별화해야 고객들의 시선을 끌 수 있습니다.

현재 점포 매출은 월 4,500만 원선으로 식재료비, 임차료, 인건비, 이자 등을 감안한 손익분기점 4,200만 원을 약간 상회하는 수준입니다. 창업 초기임을 감안하면 양호한 실적이지만 상권이나 점포 임대료 등에 비해 아직 미흡합니다.

월매출 목표를 6,000만 원으로 잡고 원가 절감, 서비스 강화 등의 노력이 뒤따라야 합니다. 판매촉진 활동을 정기적으로 전개하는 노력도 요구됩니다.

의뢰인은 상호로 '별난도토리'를 사용하고 있습니다. 광장동 '도토리마을'이 소비자들에게 알려져 있기 때문에 브랜드 개념을 도입해

'20년 전통의 광장동 도토리마을, 가족 직영 3호점'이라고 홍보하는 것도 효과적입니다. 간판에 동일한 로고를 삽입하고 디자인을 아름답게 꾸며 식감을 돋울 수 있는 여건을 만들면 좋습니다.

매출 증대를 위한 시설 개선도 필요합니다. 지금 장어전문점은 선술집 형태로, 도토리전문점은 좌식 테이블로 꾸며져 있습니다. 장어전문점과 도토리전문점 양쪽으로 출입구가 따로 있습니다. 장어집에서 도토리집으로 이동하려면 신발을 벗고 들어가야 합니다. 양쪽 매장을 신발을 신고 다닐 수 있게 통로를 만들어 고객이 매장을 서로 왕래할 수 있는 환경을 조성해야 합니다.

도토리 요리는 원재료의 특성상 떫은맛을 제거하는 기술과 양념 비법이 매우 중요합니다. 주방 인력을 정기적으로 어머님이 운영하는 매장에 보내 요리법을 전수받아야 합니다. 현재 시중에는 중국산 도토리묵이 많이 유통돼 소비자들의 이미지가 좋지 않습니다. 국내산을 강조한다면 단골고객을 확보하는 데 유리합니다.

도토리 요리 메뉴를 보완하기 위해 세트 메뉴도 검토해볼 만합니다. 도토리밥상, 다람쥐밥상 등 도토리묵을 테마로 하는 세트를 구성해 저렴하게 여러 가지 도토리 요리를 먹을 수 있도록 하면 매출 증대에 효과가 있습니다. 예를 들어 묵죽으로 시작해 도토리묵 전병, 묵샐러드, 묵수제비, 묵과자 등으로 구성하면 됩니다.

음식점 업계는 경쟁이 치열해 맛과 가격만으로 승부를 내기 어렵습니다. 점심에 들른 고객을 저녁에 다시 오는 단골로 만들려면 '친절'과

'청결'이 뒤따라야 합니다.

또 매출의 5% 정도는 홍보비로 예산을 책정해두고 홍보활동을 지속적으로 펼쳐야 합니다. 전단 배포, 시식회 등을 통한 메뉴 마케팅, 인터넷 블로그나 홈페이지 운영, 월별 이벤트 개최, 고정고객 관리 등이 필요합니다.

 **아파트 단지별 상가, 외부유입은 적어**

외곽순환도로 구리IC를 빠져나와 구리 시내로 들어가는 첫 번째 사거리에 위치한 '별난도토리'는 대로변에 있다. 하지만 교차로에 너무 인접해 있어 차량 진입이 여의치 않다는 단점도 있다.

도토리 음식은 가정에서나 시내에서 쉽게 접하기 어려운 별미여서 단순한 끼니 해결보다는 미각을 추구하는 미식가나 향수를 느끼는 사람들이 많이 찾는다. 차량을 이용해 방문하는 고객이 많아 혼잡한 교차로 인접 지역보다 차라리 다소 한적한 곳에 있었으면 하는 아쉬움이 남는다.

의뢰인 점포는 1차 상권에 해당하는 반경 500m 이내에 1만여 가구, 3만여 명이 거주하는 전형적인 주거형 상권이다. 대로변을 따라 개별 단지 중심으로 상가가 형성돼 있어 외부유입은 많지 않은 편이다.

아파트 단지 상권은 외부유입이 어렵기 때문에 상권 확장에 한계가 있지만 반대로 배후 단지 주민에게는 가장 편하게 소비할 수 있는 입지 조건이기도 하다.

따라서 동일업종끼리 경쟁은 피하는 게 중요하다. 이런 점에서 의뢰인의 점포 인근에 경쟁 업소가 많지 않아 영업 환경은 양호한 편이다.

먹음직스럽게 표현한 홍보문구

음식	맥주	음료
~로 속을 가득 채운	오싹할 정도로 찬	신선한 과일
매콤하면서도 새콤한	쌉쌀하고 시원한	시원한 청량감이 느껴지는
매일매일 신선하게	목 넘김이 부드러운	손으로 직접 갈아 만든
특별한, 특선의, 유명한	거품이 넘쳐흐르는	국내산 과일로 만든
살짝 볶은, 살짝 눌러 익힌	갈증을 없애주는	금방 믹스한
적당히 숙성시킨	~ 로 특색 있는	열대 과일의 향기
자연의, 자연에서 온	차가운 맥주잔	크림같이 부드러운
전통 방식대로	알코올 도수가 낮은	아이들이 좋아하는

토속음식(도토리묵)전문점 성공 TIP

맛과 정(情)으로 승부 걸어야, 음식과 그릇의 조화

- 토속음식은 재료가 아무리 좋아도 정성이 없으면 맛을 내지 못합니다. 맛의 비결은 손맛뿐만 아니라 우리 가족이 먹는다는 마음으로, 내 집을 찾아온 반가운 손님에게 대접한다는 따뜻한 마음과 정(情)으로 만들어야 합니다. 재료도 신선해야 하지만 특히 가격과 양에서 실속이 있고 정서적으로 친근감을 느낄 수 있어야 합니다. 맛과 정만 있으면 다른 업종에 비해 상대적으로 적은 투자비로도 승부를 걸어볼 만한 특징이 있습니다.
- 칼로리가 낮으면서 영양소를 고루 갖춘 토속음식은 건강식이라는 인식이 있어 새롭게 각광받고 있습니다. 메뉴가 친숙해 소비회전도가 높고 수요변화가 많지 않다는 장점이 있습니다. 매출 시너지효과를 내기 위해 매장 전면에 조리대를 설치하여 지나가는 고객에게 도토리묵 제조 과정을 보여준다면 테이크아웃 판매 및 직접 홍보 효과도 볼 수 있습니다.
- 여성들이 주소비층이며 여성손님이 많이 오는 곳은 장사가 잘됩니다. 여성들이 선호하는 곳은 여성에 대한 배려가 잘되어 있기 때문입니다. 화장실이 쾌적하고 깨끗하다면 여성고객들의 재방문이 쉽게 이루어집니다. 깨끗이 유지·관리하고 밝은 분위기에 쾌적한 화장실을 만들겠다는 주인의 끊임없는 노력이 필요합니다.
- 요리는 조리 과정도, 완성품도 중요하지만 그 완성품을 어떻게 어떤 그릇에 담아내느냐에 따라 맛과 품격이 달라집니다. 화려하거나 복잡한 음식에는 심플하고 깨끗한 그릇이 좋습니다. 예를 들면 오징어숙회나 초절임처럼 색깔이 하얀 음식을 흰 접시에 담으면 돋보이지 않습니다. 이럴 때는 가장자리만이라도 색깔이 있거나 무늬가 있는 접시가 좋습니다. 푸른 잎을 깔아주는 것도 좋은 방법입니다.

성공 자영업 길라잡이 16

Q 경기 파주시 한식당

경기도 파주시에서 1999년부터 한식당 '장수촌'을 운영하고 있는 김옥선(50세)입니다. 점포는 파주시청 별관 뒤 파주알곡교회 1층에 있습니다. 이곳에서 영업하기 전 한식당을 해본 경험이 있어 16년째 백반장사를 하는 셈입니다.

강원도 인제가 고향인데 친정어머니의 음식 솜씨가 좋았고 저도 어머니를 닮아 요리에 관심이 많았습니다. 남편은 1996년 육군 소령으로 전역했습니다. 의류판매업도 해봤으나 신상품 구입이나 재고 때문에 어려움을 겪어 식당을 하게 됐습니다.

현재 식당은 165㎡(50평)로 테이블 26개를 두고 있습니다. 점포는 3억 원에 분양받았습니다. 대출금 이자로 매달 160만 원을 내고 있습니다. 저와 종업원 3명이 식당 운영을 맡고 있습니다. 오전 9시부터 오후 9시까지 영업하나 점심시간에 손님이 몰리고 저녁시간은 한가한 편입니다. 내부가 넓어 단체 고객도 꽤 있는 편입니다. 파주시장님도 직원들과 함께 가끔 찾아옵니다.

매출은 월평균 1,200만 원선입니다. 주변 상권의 특성상 주5일 영업을 하고 있습니다. 토요일은 예약 손님을 대상으로 가끔 문을 열고 있습니다. 매출의 약 35%를 식자재 구입비로 지출하고, 광열비로 140만

원 정도 들어갑니다. 주요 메뉴는 왕갈비, 생삼겹, 불낙전골, 두부전골입니다. 식사 메뉴로 버섯불고기, 제육쌈밥, 부대찌개, 된장찌개, 김치찌개, 가정식 백반 등을 제공합니다. 계절 메뉴로 열무냉면, 열무국수, 열무비빔밥, 생태찌개, 떡만두국도 취급합니다.

경기 탓인지 매출이 지난해보다 25%가량 떨어졌습니다. 홍보 등 마케팅 활동이나 신메뉴 개발이 필요할 것 같은데 어떻게 접근해야 할지 모르겠습니다. 월평균 매출 1,800만 원을 목표로 하고 있습니다. 좋은 방안이 있으면 알려주시기 바랍니다.

A 점심은 즉석 솥밥으로, 저녁 술자리 메뉴 보강을

의뢰인의 식당은 아파트 밀집 지역을 배후 세대로 두고 있고, 관공서

와 건축 관련 사무실들이 밀집한 곳에 있습니다. 차량으로 5분 정도 벗어나면 국도 주변에 가든형 대형 레스토랑들이 있습니다. 이런 상권의 경우 점심 고객이 대부분이며 카드 결제가 많습니다. 입소문이 빠르게 퍼져 나가기 때문에 고정고객 확보와 고객 만족 서비스가 장사의 성패를 좌우합니다.

고객은 대부분 파주시청에 근무하는 공무원입니다. 점심시간에 가정식 백반 중심으로 60~70명 정도가 이용하며, 저녁시간은 회식 위주로 영업이 이뤄지고 있습니다. 단체 손님들은 객단가가 높은 불낙, 전골, 쌈밥을 주문하는 경향이 있습니다. 단골고객 중에는 특별한 서비스를 요구하는 사람도 나타나고 있습니다.

현재 매출을 토대로 영업실적을 분석해보면 인건비 수준인 150만 원 정도 남습니다. 업소 유지, 보수 등에 목돈이 들어가기 때문에 실제로는 겨우 적자를 면하는 수준입니다. 개업 후 하루 평균 70만~80만 원 정도의 매출을 유지했으나 1년 전부터 매출이 감소하고 있습니다. 경기 영향도 있으나 메뉴나 서비스 문제도 있다고 판단됩니다.

매출을 늘리려면 신규 고객을 창출해야 합니다. 가족 고객은 물론 저녁 회식이나 술손님 등으로 수요층을 확대할 필요가 있습니다. 이용 빈도와 객단가를 높이기 위해 신메뉴 개발을 이용한 홍보활동도 필요합니다. 오후 3시부터 방문하는 고객을 대상으로 예약 손님에게 10% 할인해주는 제도를 도입해 예약문화를 활성화하는 것도 효과적입니다.

의뢰인은 원칙을 세우고 모든 식자재를 국내산으로 사용하고 있습니다. 일부 식재료는 강원도에서 직접 공수해 원가 절감에 기여하고 있습니다. 하지만 가정식 백반 외에 다른 업소와 뚜렷하게 차별화한 메뉴가 없는 것이 흠입니다. 전통 있는 식당이라면 '어떤 음식을 잘하는 집'이라는 수식어가 붙어 있어야 합니다.

의뢰인의 식당은 메뉴를 개발해 점심과 저녁 영업을 구분하는 것이 바람직합니다. '돼지고기요리전문점'을 내세우면 좋을 듯합니다. 점심 메뉴인 4,000원짜리 가정식 백반은 저렴하면서도 맛이 뛰어나 경쟁력을 갖추고 있습니다.

매일 바꾸는 6가지 반찬에다 생활자기 그릇을 사용해 상차림도 훌륭합니다. 파주에서 '밥이 가장 맛있는 집'으로 거듭나는 것도 고려할 만합니다.

점심 영업의 경우 메뉴 선정도 중요하지만 맛을 극대화할 수 있는 '밥'이 중요합니다. 즉석 솥밥이나 냄비밥을 추천합니다. 시간이 다소 걸리지만 밥알에 윤기가 흐르는 솥밥은 별미입니다. 저녁 메뉴로 왕갈비나 구이류는 적절하지 않습니다. 불낙전골과 두부전골은 술자리 손님이나 단체회식 고객들에게 다소 미흡한 인상을 줍니다. 두루치기를 보강 메뉴로 추천합니다. 두루치기는 수분이 많아 국물까지 즐길 수 있습니다.

신메뉴를 담은 전단지를 배포하거나 간판 천갈이를 하는 등 홍보활동도 필요합니다. 예약 문의, 연회석 완비, 주차장 완비 등의 문구 삽입은 필수적입니다. 신규 고객들은 간판이나 외관을 보고 음식점을 선택할 정도로 '간판'이 중요합니다. 조금만 더 신경 쓰면 깔끔하고 세련된 간판을 만들 수 있습니다. 특히 '대표 음식'을 간판으로 거는 것이 좋습니다. 고깃집으로 승부하려면 가장 잘하는 고기 메뉴를 걸고, 한정식으로 승부를 걸려면 한정식의 대표 메뉴를 다는 게 좋습니다. 어정쩡한 간판으로는 손님의 발길을 잡지 못합니다.

친근하고 편안한 분위기를 만들고, 인사말을 따뜻하게 건네는 등 간판에 걸맞은 서비스 제공도 필수입니다.

관공서 상권, 40대 남성이 주소비층

의뢰인의 점포는 파주시가 신도시로 성장하기 이전 중심지였던 파주시청 주변에 있다. 파주의 3대 상권 중 하나인 금촌지구와 인접해 있고 시청, 경찰서 등 공공기관이 몰려 있다. 하지만 자유로에서 파주시로 진입하는 입구에 금촌지구가 들어선 뒤 파주시청 상권은 약해지고 있다. 전체 자영업자의 50% 이상이 음식점을 할 만큼 먹을거리 기능만 유지하고 있는 실정이다.

장수촌 반경 500m 이내에는 4,000여 가구, 1만여 명이 거주하고 있다. 다른 주택가에 비해 거주민이 적은 편이다. 아파트가 차지하는 비중이 30%대에 불과하고 어린 자녀를 둔 30대가 많다. 고객도 주민보다 직장인이 많다. 점포 인근에 세무·법률·노무·건축 관련 사무실이 몰려 있어 주간 이동인구가 많다. 40대 이상 남성이 주요 소비층이다. 따라서 트렌디하고 유행을 타는 업종은 금물이다.

시청 앞 음식점의 경우 간단한 술안주 개념으로 접근하는 것은 무방하지만 유흥주점 등 향락 소비업종은 피하는 것이 좋다. 접대를 겨냥한 고가 전략도 위험하다. 공무원이나 공기업에서 근무하는 직장인들은 소비단가가 높지 않기 때문이다. 1인당 1만 원이 넘는 메뉴는 적당하지 않다.

장수촌이 입지한 곳은 공공 오피스 상권이다. 이곳에서 근무하는 직장인들이 1차 고객이며, 민원인이 2차 고객이다. 해물요리, 삼겹살, 한우전문점 등이 고전하는 반면 추어탕, 한식, 설렁탕 등 중년 남성을 겨냥한 식사 중심 메뉴가 선전하고 있다. 장수촌은 이면도로에 있어 접근성이 떨어지지만 점포 분위기가 아늑하기 때문에 1인당 6,000~8,000원대 한정식 개념으로 영업 방식을 전환하면 고객 니즈를 끌어낼 수 있을 것이다.

한식당 성공 TIP

좋은 식재료 아낌없이 쓰고 특화된 계절 메뉴로 차별화

- 맛있는 메뉴를 지속적으로 개발해야 합니다. 음식업으로 성공하려면 맛있는 집으로 소문이 나야 합니다. 한번 찾아온 손님이 주변 사람들에게 추천할 수 있을 만큼 매력적인 곳을 만들어야 합니다. 이를 위해 메뉴 개발에 항상 신경 써야 하며 건강에 좋은 음식을 강조하면 더 좋습니다. 다양한 계층의 고객을 끌어들여야 합니다.

- 장식과 고명은 음식과 어울려야 합니다. 멋을 내다고 아무 음식에나 상추를 깔고 파슬리를 얹고 레몬을 곁들이는 것은 어울리지 않습니다. 다른 음식 색깔과 조화를 맞춰야 하고, 전체적으로 통일감을 주어야 합니다. 예를 들어 갈비찜에는 파슬리보다 은행이나 잣, 노란 지단 등을 얹는 게 어울립니다. 또 샐러드에 색감을 주고 싶을 때는 피망을 둥글게 썰어 얹거나 방울

토마토를 얇게 썰어 군데군데 섞어주면 모양도 좋고 맛도 좋아 보입니다.

- 맛을 연구하고 지키려면 꾸준한 노력이 필요합니다. 좋은 고기 맛, 친절한 서비스, 푸짐한 밑반찬은 기본입니다. 새 메뉴를 개발할 때는 가격이 저렴하면서도 맛이 좋고, 점심식사로 적당한 것을 선택해야 직장인을 끌어들일 수 있습니다. 또 특화한 계절 메뉴를 개발해 주변 경쟁 업소와 차별화하면 점심시간대 매출을 극대화할 수 있습니다.

- 국내산 삼겹살 가격이 폭등하면서 저가 돼지고기전문점이 붐을 이루고 있지만 마진이 적어 수익은 기대치보다 떨어집니다. 돼지요리전문점은 창업자금이 상대적으로 적게 드는 데다 수요가 안정돼 있습니다. 고객들이 편안한 마음으로 요리를 즐길 수 있도록 실내 분위기를 소박하면서 편안하게 연출할 필요가 있습니다. 실내외 장식을 독창적으로 꾸며 고객의 시선을 끌 필요가 있습니다.

성공 자영업 길라잡이 17

Q 서울 만리동 보양식·한식당

서울 중구 만리동에서 '향원영양탕' 이라는 상호로 보양식·한식당을 운영하고 있는 송오선(40세)입니다. 점포는 서부역 대로변 건너편 건물 1층에 있습니다. 165㎡(50평) 규모로 4인석 좌식 테이블 14개를 두고 있습니다. 보증금 2,500만 원에 월 165만 원의 임대료(관리비 포함)를 냅니다.

저는 신문사 지국을 운영하다가 5년 전 현재 식당을 인수했습니다. 인수할 때 권리금으로 7,500만 원을 줬습니다. 당시 점포는 '향원고깃집' 이라는 간판으로 30년간 한식당을 하던 곳이었습니다. 인수한 뒤 그대로 한식당으로 운영하다가 2008년 6월 일반 한식에 비해 단가가 높고 서빙하기 편한 영양탕을 취급하면서 현재 상호로 바꿨습니다.

아예 영양탕 등 보양식전문점으로 바꾸고 싶지만 보양식 매출이 기대에 못 미치고 단골손님들이 여전히 기존 메뉴를 찾아 삼겹살, 보쌈, 차돌박이 등 육류와 김치찌개, 된장찌개, 생선구이 등 일반 식사메뉴를 종전대로 제공하고 있습니다. 영양탕이나 오리백숙, 삼계탕 등 보양식은 여름이 지나서는 찾는 손님이 드물어 매출은 대부분 육류와 한식메뉴에서 올립니다.

KTX 고속열차가 생기면서 역사가 남쪽으로 300m가량 이전한 뒤부

터 손님이 확연하게 줄었습니다. 불황에도 철도공사나 롯데마트 등 인근 사무실 단골손님들이 계속 찾아줘 매출은 그런대로 유지하지만 종업원 3명의 인건비와 각종 경비, 임대료 등을 빼고 나면 남는 게 별로 없습니다. 또 이것저것 취급하는 게 많다보니 관리하기가 쉽지 않습니다. 점포를 어떤 식으로 운영해야 매출을 늘리고 효율을 높일 수 있을까요?

A 영양탕 간판 내리고 '30년 한자리' 전통 부각을

의뢰인은 직장인 상권이라는 특성을 감안해 대중적인 한식 메뉴보다 단가가 높고 수익률이 높은 영양탕전문점으로 전환하려고 했지만 기대한 성과를 내지 못해 고민하고 있습니다. 오히려 간판에 '영양탕'을 단이후에는 종전 한식 메뉴를 그대로 취급하고 있음에도 매출이 줄어드는 역효과가 발생했습니다. 영양탕을 선호하지 않는 식사 고객이 현저히 감소했고 이로써 매출 감소분을 새로 내놓은 보양식 메뉴들이 만회하지 못하고 있기 때문입니다.

불황으로 상당수 음식점들이 고전하는 점을 감안하면 의뢰인의 점포는 양호한 편입니다. 약 30년 동안 점주는 여러 번 바뀌었지만 한자리에서 '향원'이라는 상호로 식당을 운영해 만리동 상권의 '랜드마크' 역할을 할 만큼 인지도가 높고 단골손님을 유지하는 의뢰인의 영업 능력이 뛰어난 점이 선전하는 이유입니다. 인근에 중대형 음식점이 많지 않은 점도 직장인 회식이나 단체손님을 꾸준히 유치할 수 있는 요인입니다.

이 같은 장점을 살리면서 메뉴를 정리·보완하고 익스테리어(외장) 개선 등으로 분위기를 쇄신한다면 의뢰인이 원하는 수준의 매출과 수익을 충분히 올릴 수 있을 것으로 판단됩니다.

우선 점포 규모에 비해 떨어지는 점심 매출을 끌어올려야 합니다. 이를 위해 '향원영양탕'이라는 상호부터 바꿔야 합니다. 영양탕이라는 이름만 보고 점포 방문 자체를 꺼리는 소비자들이 많기 때문입니다. 그 대신 '30년 전통의 한식전문점'이라는 점을 강조하는 간판으로 교체하는 게 바람직합니다. 예를 들어 '만리동 30년 한식전문점'이라는 슬로건과 함께 '향원'을 큰 글씨체로 내걸고 버섯불고기나 부추보쌈 등 대표 메뉴와 단체석 있음, 주차장 완비 등을 표기하면 됩니다.

의뢰인의 점포는 건물 출입구 계단 안쪽에 위치해 가시성이 떨어집니다. 간판만 보면 2층에 있는 식당으로 오인하기 쉽습니다. 따라서 간판에 '1층'이라고 표시하고 점심시간대 건물 입구에 메뉴와 가격을 표시한 에어간판이나 배너거치대 등을 설치해 고객이 부담 없이 매장으로 진입할 수 있는 여건을 조성하는 것이 좋습니다. 점심식사 메뉴도 보강해야 합니다. 지금은 5,000원짜리 김치찌개와 된장찌개, 고등어구이, 가정식 백반이 전부입니다. 가격을 조금 올리더라도 저녁시간대 메뉴인 보쌈, 버섯불고기와 연계한 정식 메뉴나 돌솥비빔밥 등을 추가하는 게 필요합니다.

의뢰인이 선호하는 영양탕을 계속 취급하고 싶다면 계절 메뉴로 돌리는 것도 한 방법입니다. 초복부터 말복까지 여름철 2개월여 동안만 메뉴판을 따로 만들어 단체손님이나 단골들에게 제시하는 게 효과적입니다. 현재 매출이 거의 없는 오리백숙, 추어탕 등의 메뉴는 없애고 삼겹살, 차돌박이 등 생고기류와 부추보쌈류, 버섯전골류 등으로 메뉴판을 새로 만드는 게 좋습니다. 식감을 떨어뜨릴 수 있는 낡은 식기도 교체하기를 권고합니다.

단골고객들의 방문횟수를 늘리기 위한 마케팅 전략도 필요합니다. 봄철을 맞아 봄나물 돌솥비빔밥, 두루치기 등을 개발해 한시적으로 제공하는 메뉴마케팅이나 경품·할인 이벤트 등도 시도해볼 만합니다. 고객 명부를 활용해 휴대전화 문자메시지로 계절메뉴 도입, 이벤트 내용 등을 알리는 게 좋습니다. 고객 만족도와 서비스 품격을 높이기 위한 방법으로 종업원들이 유니폼과 명찰을 착용하는 것도 고려해볼 만합니다.

 **오피스·서민주택가 공존, 중대형 매장 적어**

의뢰인의 점포가 위치한 만리동 상권은 오피스가와 주택가의 특성이 복합된 중소형 상권이다. 30~40대 남성 직장인과 20~30대 여성 직장인이 주소비층인 전형적 오피스 상권의 성격을 띠면서도, 반경 500m 이내 1차 상권에 1만 3,000여 명이 사는 서민 주거형 주택가 상권의 성격도 동시에 갖고 있다.

상권 규모는 크지 않지만 음식점 수가 적어 경쟁이 치열한 편은 아니다. 의뢰인의 점포를 기준으로 반경 300m 이내 음식점 수가 30개가 채 안 된다. 쇠고기와 돼지고기를 파는 고깃집이 6개, 실내포장마차가 3개, 주꾸미요리점이 2개 있고 생태요리, 이자카야, 횟집, 감자탕, 순댓국, 대구뽈찜, 족발집, 아귀찜집, 김밥, 콩나물해장국, 치킨호프집 등이 하나씩 있다. 반면 영양탕을 제공하는 곳은 의뢰인 점포를 포함해 3개로 상대적으로 많은 편이다. 직장인 대상 점심식사나 저녁식사를 제공하는 업종이 대부분이다.

특이사항이라면 의뢰인 점포 규모인 165㎡(50평) 이상 음식점이 5개에 불과하다는 점이다. 따라서 중대형 매장은 면적만으로도 인근 회사 등의 회식이나 단체 고객을 유치하기 유리한 조건을 확보하고 있는 셈이다.

따라서 맛이나 서비스 등에서 어느 정도 경쟁력을 갖춘 음식점이라면 성공할 확률이 높은 상권으로 볼 수 있다. 결국 상권의 최대 소비층인 공공기관, 백화점, 대형마트, 신문사 등에서 일하는 직장인 고객들을 어떻게 점포로 끌어들여 방문횟수를 높이느냐가 사업의 성패를 가름하는 관건이다.

> **고객을 위해 변화를 추구하라**
>
> 고객은 항상 같은 음식, 같은 서비스에 식상해 한다는 것을 인식해야 한다. 아무리 맛있는 음식과 훌륭한 서비스를 제공해도 고객은 새로운 곳을 찾아가고 싶어 하는 습성이 있다. 이러한 고객을 위해 새로운 상품이나 이벤트를 마련해 변화 욕구를 충족시켜줄 수 있어야 한다. 현재 영업이 잘 되고 있다고 해도 지속적으로 노력하지 않으면 경쟁 상대에게 밀릴 수밖에 없다.

한식당 성공 TIP

고객에게 '강추' 할 수 있는 대표 메뉴 개발, 밑반찬은 수시로 교체

- 경쟁업소와 차별화된 독특한 맛이 있어야 합니다. 한식당은 소비층이 두꺼운 대중 메뉴를 판매하므로 음식점 수가 많고 메뉴 구성이 천편일률적일 수밖에 없습니다. 따라서 매운맛, 신맛, 짠맛, 달콤새콤한 맛 등 고객이 기억할 만한 '그 집만의 특별한 맛' 을 갖고 있는 게 좋습니다. 매뉴얼화한 조리법으로 언제나 균일한 맛을 내는 것은 기본입니다.
- 자신 있게 내세울 만한 대표 메뉴를 개발해야 합니다. 한식전문점은 메뉴가 다양한 만큼 고객이 메뉴를 쉽게 선택하지 못하는 경우가 빈번합니다. 이때 강력하게 추천할 수 있는 메뉴가 있으면 좋습니다. 성공한 한식점 중에는 특정 메뉴를 잘하기로 소문난 집이 많습니다.
- 밑반찬 품질을 높이고 수시로 바꿔 내놓는 것이 좋습니다. 전문점과 달리 한식당은 메인 요리뿐 아니라 사이드메뉴 구성과 품질이 중요합니다. 언제나 같은 반찬이 나오면 고객이 식상하게 됩니다. 고객은 항상 변화를 요구하고 새로운 것을 원합니다. 가능하면 고정적인 2~3가지 반찬을 제외하곤 계절 감각에 맞춰 바꿔주는 게 바람직합니다.
- 원산지 표시와 잔반 처리를 확실히 해야 합니다. 최근 이 부분에 대한 소비자의 불신이 높아지고 있는 만큼 확실한 신뢰를 심어줘야 합니다. 특히 한식당에는 반찬수가 많기 때문에 불필요한 오해가 생기지 않도록 모양새나 위생 상태에 각별히 신경 써야 합니다. 원가를 절감하고 싶은 생각에 남은 반찬을 다시 쓴다거나 원산지를 속이는 행위는 장사를 망치는 지름길입니다.

성공 자영업 길라잡이 18

Q 서울 망우동 생선구이전문점

서울 중랑구 망우동에서 '맹돌이 생선구이 돌솥쌈밥'이라는 상호로 생선구이전문점을 운영하는 박상용(44세)입니다. 점포는 망우동 우림시장 이면도로변 건물 2층에 있습니다. 99.9㎡(30평) 규모로 4인석 좌식 테이블 14개를 두고 있습니다. 보증금 1,500만 원에 월 90만 원의 임대료를 냅니다. 인수할 때 권리금 5,000만 원과 초기 시설비 8,000만 원이 들었습니다.

군 제대 후 7년간 일식당에서 조리사로 일하다가 1994년 현재 점포 건물 1층에서 일식전문점(해송)을 창업했습니다. 2002년 건물에 화재가 나 일시 휴업한 것을 계기로 더 넓은 점포 2층으로 옮겼습니다.

2층에서도 장사가 잘됐지만 몇 년 전부터 인근 보험회사와 공공기관이 다른 지역으로 차례로 이전한 뒤 단골들이 줄어 매출이 확연하게 감소했습니다. 영업 부진이 이어지면서 종업원을 3명에서 1명으로 줄였습니다. 하지만 일식당으로 운영하는 것이 어렵다고 판단해 고심 끝에 2008년 11월 간단하게 리모델링을 한 뒤 고객층이 넓고 대중적인 생선구이전문점으로 업종을 바꿨습니다.

메뉴는 각종 생선구이 돌솥밥과 돌솥쌈밥, 제육볶음, 통삼겹김치전골 등입니다. 업종 변경 초기보다 손님이 조금씩 늘고는 있으나 월매출

이 1,000만~1,100만 원대로 저조합니다. 원가 비중이 45%에 달하고 각종 경비와 임대료, 인건비 등을 빼고 나면 부부 인건비조차 건지기 힘듭니다. 고등학교 다니는 두 아이 교육비와 할머니, 어머니 등 6인 가족의 생활비를 충당하기에 턱없이 모자랍니다. 어떻게 해야 매출을 늘리거나 수익성을 높일 수 있을까요?

A 모둠회·해물찜 등 저녁 술자리 메뉴 보강해야

현재 매출은 점포 규모나 의뢰인 부부를 포함한 종사 인력에 비해 낮은 수준입니다. 각종 고정비와 높은 원가 비중, 부부의 인건비, 생활비 등을 감안하면 지금보다 50% 늘어난 월매출 1,500만 원 이상을 올려야 점포를 정상적으로 운영할 수 있습니다. 하루 매출 50만 원을 1차

목표로 설정하고 영업 전략을 짜야 합니다.

의뢰인은 점주로서 장점이 많습니다. 우선 의뢰인이 오랫동안 일식을 만들어온 전문 조리사답게 대표 메뉴인 생선구이 맛이 깔끔하고 재료도 신선합니다. 양도 푸짐해 가격 대비 만족도가 높습니다. 또 망우동에서 14년간 점포를 운영했기 때문에 지역 주민과 고객들의 성향을 잘 알고 있고 500여 명의 고객 명부도 확보하고 있습니다.

이 같은 경쟁력을 살려 마케팅을 강화하고 메뉴 조정과 일부 인테리어 변경 등으로 문제점을 개선해나간다면 목표를 충분히 달성할 수 있을 것으로 평가됩니다. 매장 콘셉트는 점포가 2층에 있고 일식당에 맞는 내부 구조임을 고려해 지금처럼 어정쩡한 한식 스타일보다는 일식풍의 퓨전화된 고급스러운 생선구이전문점을 지향해야 합니다.

대표 메뉴인 모둠생선구이 돌솥쌈밥의 경우 주문이 들어오면 상큼한 샐러드를 먼저 주고, 원가 부담이 적은 참치나 꽁치조림을 제공한 후 솥밥, 구이 등 메인 메뉴가 자연스럽게 이어지는 서비스 체계를 갖추면 경쟁력은 충분합니다. 상차림도 한식 형태로 5~6가지 반찬을 푸짐하게 내놓기보다는 오이간장피클이나 새송이장아찌 등 정갈한 느낌을 주는 2~3가지 찬으로 간소화된 일식 스타일로 바꾸는 게 바람직합니다. 이렇게 하면 메인 메뉴인 생선구이와 쌈밥을 더 부각하고 원가도 줄일 수 있습니다.

회전율을 높이고 메뉴 선택 시 고객들의 혼선을 줄이기 위해 메뉴 구성과 방식을 간결하게 정리할 필요가 있습니다. 모둠생선구이, 모둠생선구이 돌솥, 모둠생선구이 돌솥쌈밥, 모둠생선구이 정식 등 엇비슷한 메뉴를 열거하기보다는 갈치, 고등어, 꽁치, 삼치, 조기 등을 계절별 시세에 따라 가격별로 생선구이 A, B 두 가지 형태로 압축하는 것도 한 방법입니다. 생선구이 대안 메뉴로는 매장 분위기나 주메뉴와 어울리지 않는 제육볶음, 통삼겹김치전골 등은 없애고 일식 조리 경험을 살려 뚝배기 형태의 대구탕이나 알탕 등을 내놓는 게 좋습니다.

저녁 매출을 끌어올리기 위해 술자리 손님이나 가족 회식을 겨냥한 메뉴를 추가하는 것도 필요합니다. 의뢰인의 전공을 살린 모둠회나 참치·고등어 조림, 매운맛이 통하는 상권 특성상 푸짐하면서도 가격 부담이 적은 해물찜 등을 고려해볼 만합니다. 생선구이와 해물찜을 세트 메뉴로 묶으면 가족 회식 메뉴로 적당합니다.

메뉴 조정과 개발이 끝나면 벽면 메뉴판을 교체하고 벽에 붙어 있는 주류 관련 판촉물을 제거해 깔끔하고 정돈된 분위기를 만들어야 합니다. 그 대신 모둠생선구이 돌솥쌈밥을 홍보하는 수단으로 구이생선살을 쌈에 싸먹는 요령과 맛을 설명해주는 게시물을 설치하면 효과적입니다.

의뢰인 부부나 종업원이 평상복 대신 유니폼을 착용하는 것도 적은 비용으로 서비스 품격을 높일 수 있는 방법입니다. 신규 고객이 2층 계단으로 부담 없이 올라올 수 있는 여건을 조성하기 위해 계단 출입구에 음식 사진이 포함된 실사물을 설치해 메뉴 가격을 표시해주고 유리창에 붙어 있는 부착물도 떼어내 개방성을 높이는 게 좋습니다.

개발 더딘 서민주택가, 중장년층 소비 주도

　의뢰인의 점포가 있는 망우로변 망우역 남단 상권은 전형적인 서민 주거형 주택가 상권이다. 1차 상권인 점포 반경 500m 이내에 약 3만 명이 조밀하게 살고 있다. 가구 수도 1만 1,000여 가구에 이른다. 개발이 더디게 진행되는 서민 주거지역으로 전체 가구의 70% 정도가 노후화된 일반 주거지에 살고 있다. 아파트 비율이 23%로 전국 평균(53.0%)보다 현저히 낮다. 교통이 편리하기 때문에 일시적인 거주자들이 많고 가구당 인원수가 적은 것도 특징이다. 연령별로는 20대와 40~50대 인구 비중이 높다.

　해당 상권 내 외식업의 비중이 전체의 50%를 차지할 정도로 높다. 음식점 1개당 인구수가 65명으로 전국 평균(80명)보다 적다. 따라서 음식점끼리 경쟁이 치열할 수밖에 없다. 전반적으로 남성들이 소비를 주도하고 술을 주로 파는 외식업이나 유흥업소가 많은 편이다. 인구밀도가 높은 데 비해 가족 외식이 활발한 어린 자녀를 둔 가구 비율이 상대적으로 낮아 식사 위주 음식점은 매출을 올리는 데 한계가 있다. 멀리서도 찾아올 만한 매력적인 메뉴를 만들거나 고급화하는 전략이 필요하다.

　유행을 타는 트렌디한 아이템보다는 보수적이고 대중적인 먹을거리가 상권을 지배하고 있다. 반면 판매업종은 10% 정도에 불과하다. 서비스업은 주로 중저가의 생계형 아이템들이 주류를 이루고 있다. 여성보다는 남성, 젊은 층보다는 중장년층, 여유형 소비보다 실속형 소비를 겨냥한 아이템이 상권에 맞는다. 돼지갈비전문점, 부속구이전문점, 치킨호프점, 돈가스전문점, 활어회전문점, 보세의류전문점, 편의점, 제과점 등이 추천할 만한 업종이다.

생선구이전문점 성공 TIP

좋은 생선·소금은 필수, 메뉴 단순화로 음식 빨리 내놔야

- 좋은 생선과 소금을 선택해야 합니다. 생선구이는 별도 양념이 필요 없기 때문에 맛의 차이는 결국 생선과 소금, 구이 기술로 좌우됩니다.
- 생선구이를 보완할 국물 메뉴가 있어야 합니다. 생선구이의 전문성을 해치지 않는 범위에서 구이요리를 선호하지 않는 고객을 배려한 메뉴가 필요합니다. 대구탕, 알탕 등이 제격입니다.
- 중저가 혹은 고급화로 콘셉트를 명확하게 가져가야 합니다. '싼 게 비지떡'이라거나 '비싼 데 먹을 게 없다'는 부정적인 인상은 점포 운영에 치명적입니다. 중저가는 푸짐함, 고급화는 일식 스타일의 서비스와 찬 세팅이 관건입니다.
- 중저가를 선택할 경우 점심 회전율을 높여야 합니다. 구이 메뉴를 단순화해 요리 내놓는 시간을 최소화해야 합니다. 일식 스타일의 경우 양질의 서비스와 세팅으로 회전율이 낮더라도 객단가를 올리는 전략이 필요합니다.
- 차별화되고 경쟁력 있는 저녁 메뉴를 2~3가지 구비하면 좋습니다. 생선구이는 식사 메뉴로 저녁에 술과 함께 먹는 안주거리로는 다소 빈약합니다. 생선찜이나 해물찜, 모둠회 정도를 전문화하면 안정적인 매출을 올릴 수 있습니다.
- 생선구이전문점의 내부는 청결이 우선입니다. 언제나 깨끗하게 청소하고 손님이 돌아간 뒤에는 곧바로 테이블을 깨끗이 치워야 합니다. 또 직원들이 유니폼을 입어 깔끔한 이미지를 주는 게 좋습니다.
- 메뉴 홍보에도 신경 써야 합니다. 등 푸른 생선에는 몸에 좋은 영양소가 골고루 들어 있고 성인병 예방과 노화 방지, 치매 예방에도 효과가 있다는 게시물을 손님들이 쉽게 볼 수 있는 자리에 붙여놓는 것도 한 방법입니다.

2장 기타 일반업종 성공 컨설팅

성공 자영업 길라잡이 19

Q 서울 대치동 의류판매점

서울 강남구 대치4동에서 여성 의류판매점 '아도라'를 운영하는 강동연(28세)입니다. 가게는 26㎡(8평) 규모로 동생과 함께 장사하고 있습니다. 대치사거리에서 도성초등학교 사거리 방향 이면도로에 있고 개업한 지 3개월이 지났습니다.

의류점으로 운영하던 매장을 권리금 1,500만 원, 보증금 1,000만 원에 월세 120만 원의 조건으로 인수했습니다. 시설보수비와 초도 상품비 등으로 총 3,500만 원을 투자했습니다. 영업시간은 낮 12시부터 밤 10시까지입니다.

저는 대학에서 의상디자인을 전공했고 5년 동안 의상코디네이트와 디스플레이 지도 등의 분야에서 일했습니다. 동생은 경영학을 전공했는데 취업보다 자기 사업을 원해 동업하기로 결정했습니다. 의류회사에서 오랫동안 일했기 때문에 물품구입, 상품관리, 재고관리와 고객들의 의상코디, 접객서비스 등은 자신 있습니다. 매장이 주택가에 있지만 인근에 여성 독신자들이 많이 거주한다는 점도 마음에 들었습니다.

매출은 월평균 800만 원 수준입니다. 상품구입비 500만 원에 임차료 120만 원, 카드수수료와 기타 경비를 빼면 두 사람의 용돈을 버는 정도입니다. 아직 고객 수가 적은 편이지만 조금씩 단골도 늘어가고 있습니다. 사회 경험을 한다는 생각으로 시작한 일이어서 돈벌이에 큰 욕심을 내진 않고 있습니다.

사업을 시작해보니 샐러리맨으로 일할 때와 다르다는 것을 느끼고 있습니다. '평생직장' 개념으로 접근해 점포를 키워가고 싶습니다. 적정매출, 고객관리, 쇼핑몰 전개 등을 통해 사업을 확대할 수 있게 도와주세요.

A 의상코디・스타일 연출 제안으로 차별화해야

의뢰인은 20~30대 여성 소비층을 집중 공략해야 합니다. 테헤란로 이면도로의 대치4동 주택가에는 독신 여성들이 많이 거주하고 있습니다. 매출에 직접 영향을 미치는 반경 300m 이내에 오피스텔이나 원룸이 밀집해 있습니다. 상권 내 업종 분포를 보면 명품의류 대여숍, 미용실, 네일아트, 소매의류점 등이 많습니다. 특히 명품의류 대여숍과 미용실의 매출이 양호합니다.

의뢰인은 의상디자인학과 출신으로 관련 업종을 선택했기 때문에 다른 창업자에 비해 경쟁력이 있습니다. 적은 자본에 비해 입지도 좋은 편입니다. 지역 내에 소비층도 충분히 확보돼 있습니다.

여성의류는 스타일과 디자인이 다양해 수요층을 확실히 분석하고, 라이프스타일을 고려해 점포를 운영해야 합니다. 서울 강북의 삼청동과 강남 신사동의 가로수길은 쇼핑 명소로 자리 잡았습니다. 다양한 의류와 액세서리 매장들이 지역 특성에 맞는 콘셉트를 내세워 성공한 케이스입니다. 신사동에는 의상 디자이너들이 직접 운영하는 점포들이 많습니다.

의뢰인 점포의 월매출은 평균 800만 원으로 손익분기점에 못 미칩니다. 창업자 2인의 인건비 300만 원을 고려한 손익분기점은 1,200만 원입니다. 계절마다 신상품을 구입하고 재고 처리를 하려면 월 1,500만 원 정도 매출은 올려야 합니다. 매장 콘셉트를 명확하게 다시 설정하고 상품 선정, 고정고객의 창출과 관리, 홍보 강화 등의 노력이 필요합니다.

개업한 지 3개월이 지났으나 매장 콘셉트가 확실하게 설정되지 않은 상태입니다. 점포 이미지가 고착되기 전에 새로운 이미지를 구축해야 합니다. 상권 내 경쟁점을 고려한다면 인테리어를 더 깔끔하고 고급스럽게 꾸며야 합니다. 20~30대 여성 소비자들은 상품에 대한 1차적인 만족뿐 아니라 그 상품의 가치와 이미지 만족도 중요하게 생각합니다. 화려한 인테리어보다는 세련되고 모던한 이미지를 만드는 게 좋습니다. 공간이 다소 협소하지만 구매자들이 편하게 상담하고 상품을 둘러볼 수 있도록 테이블을 준비하세요.

배후 세대와 고정고객에 의해 매출이 결정되는 주택가이기 때문에 고객 관리가 필수적입니다. 명부를 만들어 단골을 체계적으로 관리하고, 신상품을 알리는 문자서비스도 필요합니다. 여성들은 개인 연락처를 잘 남기지 않는 경향이 있으므로 명함 마케팅이 효과적입니다. 브로치 등 액세서리를 선물로 제공하세요. 고객이 편리한 시간대에 예약 방문하도록 유도해 인간관계를 유지하는 것도 좋습니다.

과도한 연출을 자제하고 상품 가치를 높일 수 있는 방향으로 매장 디스플레이를 꾸미는 게 좋습니다. 옷걸이에 상품을 걸 때 포인트 컬러를 포함해 세 가지 정도 색상을 배합해 상품을 구성하세요. 같은 컬러도 매치되는 다른 컬러에 따라 주목도가 달라지기 때문입니다. 또 아이템 중심이 아닌 스타일 기준으로 상품을 구분한 뒤 매치 가능한 다른 아이템을 함께 진열해 고객에게 토털 코디를 제안할 수 있어야 합니다.

일교차가 심할 경우 낮에는 니트와 카디건 등의 아이템을 중심으로 마네킹을 연출하고, 저녁시간에는 재킷과 트렌치코트로 연출해 소비심리를 자극해야 합니다. 인터넷에 홈페이지를 개설해야 합니다. 카페와 블로그도 만드세요.

의류점을 운영하려면 패션 트렌드를 꾸준히 공부해야 하고, 스타일 연출에 대한 지식이 있어야 합니다. 고객들의 체형과 얼굴 이미지 등을 고려한 의상코디와 스타일 연출법을 제안해 다른 점포와 차별화하는 것도 좋습니다. 평소 실력을 갈고닦아 고객들의 '트렌드 워처'가 되어야 합니다.

 **여성 독신자 많이 거주하는 주택가**

대치4동 상권은 선릉역과 포스코사거리 남쪽 지역이다. 지하철 분당선이 선릉역까지 1차 개통되면서 지하철 이용객만 하루 1만 5,000여 명 늘어났다. 개나리아파트, 영도아파트 등의 아파트 재건축이 진행되

면서 상권이 활성화되고 있어 상인들의 기대가 크다. 대치4동이 있는 산등성길 주변은 사무실 밀집지역의 특징을 뚜렷이 보이고 있다. 하지만 역세권 및 주택가의 특징도 나타나고 있어 외식·주점 형태로 상권이 형성되어 있다.

상권 중심지는 테헤란로이고 직장인 소비자들이 많다. 유동인구가 넘쳐나면서 지하철 역세권을 중심으로 직장인들을 겨냥한 음식업소가 밀집해 있다. 전체 매장 중에서 외식업소가 40%를 차지하는 전형적인 외식·유흥 상권으로 분류된다. 점심시간대에는 5,000원 정도 가격대의 메뉴가 적절한 아이템으로 자리 잡고 있으며, 저녁시간대에는 한식집이나 고깃집을 찾는 고객들이 많다. 특히 삼겹살과 화로구이 업소가 성업 중이다.

오피스상권의 가장 큰 특징은 평일과 주말의 매출 격차가 크다는 것이다. 하지만 이 지역은 먹자골목 뒤편에 형성된 빌라, 오피스텔에 유흥업소 종사자나 독신자들이 많이 거주해 다른 오피스 상권과 달리 야간 유동인구도 많다. 최근에는 새벽까지 문을 여는 감자탕, 호프집, 부대찌개, 수산물전문점, 선술집 등이 크게 늘고 있다. 입지 선택만 잘하면 주말에도 매출을 올릴 수 있다는 얘기다. 지역 특성을 감안해 주간 또는 야간 시간대 영업에 집중할지 등 전략을 잘 짜야 한다.

의류점 성공 TIP

확실한 타깃 고객 설정, 콘셉트에 맞는 디스플레이 기획

- 의류는 다양한 스타일과 디자인 때문에 타깃 고객을 확실히 설정하지 않으면 소비층이 모호해지는 경우가 발생합니다. 정확한 상권 분석을 토대로 주요 소비층으로 삼을 타깃 고객을 설정하고 콘셉트를 정하는 것이 중요합니다.
- 의류점은 다른 업종과 달리 인테리어와 디스플레이가 중요합니다. 좋은 원단에 뛰어난 디자인으로 만든 상품이라 해도 인테리어와 디스플레이에 신경 쓰지 않으면 고객들에게 상품가치를 전달할 수 없습니다. 상품 이미지와 콘셉트에 맞는 인테리어와 디스플레이 기획이 필요합니다.
- 디스플레이의 기본은 '3이지(easy)' 입니다. 고객들이 상품을 '보기 쉽고, 만지기 쉽고, 선택하기 쉽게' 진열해야 합니다. 고객 눈높이에 맞춰 적당한 수량의 상품을 배치하고, 자신의 스타일에 맞게 선택하기 쉽도록 구분해 진열해야 합니다. 디스플레이 상품이 판매되거나 입점 고객이 발생할 때까지 기다리며 매장을 방치해두는 것은 고객에게 '죽어 있는 매장'을 알리는 셈입니다. 날씨, 특정 시간대를 반영한 마네킹 연출로 '살아 있는 매장' 이미지를 고객에게 인식시켜야 합니다.
- 매장 분위기에 맞는 상품의 안정적인 공급처 확보가 중요합니다. 브랜드 점포는 고민할 필요가 없지만 개인 점포를 운영할 경우 새벽부터 동대문시장 등을 돌아다니며 물건을 구매해야 하는데 육체적으로 매우 힘듭니다. 따라서 적절한 거래처를 물색해 고정적으로 거래하는 것도 한 방법입니다.
- 재고관리에 유의해야 합니다. 의류의 유통기한은 상품 훼손도가 아니라 유행 흐름에 따라 결정됩니다. 소비 트렌드를 항상 파악해 여기에 부합하는 상품을 들여와 전면에 배치하는 등 발 빠르게 움직여야 합니다.

성공 자영업 길라잡이 20

Q 서울 답십리 맞춤양복점

서울 동대문구 답십리1동에서 양복점 '엘부림'을 운영하는 박수양(58세)입니다. 지하철 5호선 답십리삼거리 인근에서 33.3㎡(10평)짜리 점포를 운영하고 있습니다. 현 위치에서 50m 떨어진 곳에서 30여 년 동안 '부림양복점'이라는 상호로 영업하다가 2008년 5월 지금 점포로 이전했습니다. 인수 당시 권리금 1억 원, 보증금 5,000만 원에 월세 170만 원으로 계약했습니다. 인테리어와 초도 상품비로 1억 원을 투자했습니다.

저는 40년 전 고향인 경기도 광릉을 떠나 양복점의 메카인 서울 중구 소공동의 양복점에 취직했습니다. 양복기술을 연마한 뒤 7년 만에 양복점을 열었습니다. 양복점을 찾아오는 고객의 신체적 특성이나 개성을 고려한 명품 맞춤양복을 만들겠다는 신념을 갖고 영업을 해왔습니다. 좋은 양복을 만드는 일을 천직으로 알고 노력한 결과 남성복기술 경진대회 특상, 서울기능경기대회 은메달, 노동부장관 표창 등을 수상했습니다.

영업은 오전 9시 30분부터 오후 9시 30분까지 하고 있습니다. 인건비를 줄이기 위해 아내와 둘이서 운영하고 있습니다. 대학을 다니는 둘째아들도 도와줍니다. 양복 가격은 27만 원부터 최고 100만 원까지 다

양합니다. 매출은 월평균 1,500만 원 정도를 올리고 있습니다. 원단 값과 부대비용 등을 제하면 순익은 30%선입니다. 양복 짓는 기술은 어느 누구와 겨루어도 지지 않을 자신이 있습니다.

소비시장 트렌드에 맞춰 상호를 '엘부림'으로 변경하고 브랜드 양복을 지향하고 있습니다. 전단지를 제작해 배포하고 할인권을 발송하는 등 홍보마케팅 활동도 해봤습니다. 하지만 노력에 비해 기대한 매출이 발생하지 않습니다. 매출 활성화 방안을 알려주시기 바랍니다.

A 명품 수제양복 강조하고 출장서비스 도입해야

1970년대 하반기 많은 양복공들이 기성복에 밀려 업계를 떠났지만 의뢰인은 기술력을 밑천으로 업계를 지켜왔습니다. 업계의 환경 변화에 대응해 제품을 브랜드화하고, 새로운 운영 시스템을 도입했습니다. 이러한 시도는 소비자 관점에서 기획하고 홍보해야 효과를 낼 수 있습니다.

맞춤을 선호하는 고객들은 단골 양복점을 이용하기 때문에 멀리 이사를 가도 찾아오는 경향이 있습니다. 대를 이어 찾는 사람들도 많습니다. 매출 상위 10%의 고객이 90%의 매출을 올려주는 경우가 대부분입니다. 이들 고객은 다른 고객보다 특별한 대우를 원합니다. 고객들의 연락처를 활용한 고객관리 프로그램을 실시해야 합니다. 패션 정보나 사은행사 등을 휴대전화 문자서비스로 알려주면 효과가 좋습니다.

양복을 맞추려면 체형측정, 가봉, 완성 단계에 걸쳐 세 차례 매장을 방문해야 합니다. 의뢰인은 고객들의 번거로움을 해소하기 위해 '올인원시스템(All In One System)'을 개발해 한 번만 방문하면 되도록 개선했습니다. 40여 년에 걸친 경험이 있었기에 가능한 일입니다. 또 완성된 양복의 구김을 방지하기 위해 특수박스를 제작하는 등 고객 서비스에도 최선을 다하고 있습니다.

하지만 한 번 방문만으로 맞춤양복이 만들어지면 기성복을 배달받은 느낌을 가질 수도 있습니다. 맞춤양복의 경우 체형이나 원단질감, 최신 유행 등에 대해 세심하게 설명해주는 서비스가 필요합니다. 고가 양복을 구입하는 고객에게는 무료로 직접 찾아가는 서비스를 도입한다면 신규 고객을 확보하는 데 도움이 됩니다.

답십리의 입지적 특성을 고려하면 유명호텔, 백화점, 소공동, 강남지역과 같은 고가 전략을 펼쳐선 안 됩니다. 의뢰인도 중저가 전략을 쓰고 있습니다. 가게 앞에 내걸린 '명품 맞춤양복 최저 27만 원부터'라는 가격 표시는 지역 고객들에게 부담스러운 이미지를 줄 수 있습니다. 쇼윈도에 전시된 양복이나 셔츠 등에 가격을 표시하는 것이 소비자들의 부담을 줄이는 방법입니다.

입지적 약점을 보강하고, 상권의 권역을 넓히기 위해 인터넷 홈페이지를 이용한 서비스가 필요합니다. 홈페이지에 온라인 맞춤코너를 만들어 소비자들이 원단과 디자인 등을 결정토록 한 뒤 출장 서비스를 가는 방법을 고려하기 바랍니다. 시간이 없는 고객들을 겨냥해 이르면 일주일 안에 양복을 완성할 수 있다는 표현도 필요합니다.

신규 고객을 늘리려면 명품을 선호하는 20~30대 고객을 발굴해야 합니다. 대학졸업생, 취업생, 결혼예정자 등의 수요층을 겨냥해 할인행사를 개최하는 방법을 추천합니다. 거리를 지나가는 유동인구도 붙잡아야 합니다. 가게 앞에서 정기적으로 이벤트를 하는 것도 한 방법입니다.

매장에 있는 응접용 테이블을 깔끔하게 정리해 고객들이 편안하게 앉아 상담받을 수 있는 분위기를 만들어야 합니다. 점포 내부 벽면을 활용해 의뢰인의 수상 경력이나 양복 가공 장면 등을 보여줘도 좋습니다. 전통 있는 맞춤양복점이라는 인상을 각인하는 데 효과적입니다.

맞춤양복은 불황에 민감한 업종입니다. 게다가 기술 전수를 받을 젊은 인력도 적어 업계 전체가 어려움을 겪고 있습니다. 하지만 의뢰인은 부인과 함께 매장을 운영해 가격 경쟁력이 있습니다. 또 큰아들이 패션을 전공한 뒤 의류업체에 근무하고 있고, 대학을 졸업하는 둘째아들은 가업을 전수받겠다고 밝혀 전통 있는 맞춤양복 업체로 도약이 기대됩니다.

중장년층 많은 서민 주택가 상권

　엘부림은 지하철 5호선 답십리역에서 전농사거리로 가는 대로변에 있다. 답십리는 오랫동안 개발이 이뤄지지 않아 주거 여건이 열악한 편이다. 1차 상권에 해당하는 반경 500m 내에 1만 1,000여 가구가 거주하고 있다. 전체 가구에서 아파트가 차지하는 비중이 20%도 안 되어 주택가 상권에 해당한다.

　도심과 강남권, 강동권 등을 관통하는 교통망은 비교적 발달했지만 상대적으로 집값이 저렴해 신혼부부나 일시 거주를 목적으로 하는 주민이 많다. 세대당 인구수도 2.5명에 불과하다.

　답십리삼거리를 기점으로 전농사거리에 이르기까지 왕복 4차선 도로망을 따라 음식점과 소매, 서비스 관련 점포들이 자리 잡고 있다. 객단가가 저렴하고 실생활과 관련된 생계형 업종이 많다. 음식점들은 대로변과 주택가가 만나는 이면도로 입구에 몰려 있는데 60명당 1개꼴로 다른 상권에 비해 많은 편이다.

　연령별로는 20대 이하 청소년층이 적은 반면 50~60대 인구가 많다. 직업별로는 기능직이나 일용직, 자영업자들이 주류다. 대부분 서민층이어서 가격 부담이 큰 아이템은 매출이 부진하다. 중장년층을 겨냥한 실속 있고 검증된 아이템으로 창업하는 게 유리하다. 단골 위주 영업방식이 통한다는 것이다. 요즘 유행하는 웰빙 관련 업종으로 대로변에 문을 열었다가 낭패를 본 경우도 많다.

의뢰인은 30년 이상 유지해온 지역 기반 양복점 개념을 탈피해 젊은 층을 겨냥한 트렌드 양복점을 추구하고 있다. 그렇다면 보수적이고 실속을 추구하는 중장년층을 단골로 만들어야 안정적인 영업이 가능하다.

맞춤양복전문점 성공 TIP

패션 트렌드 꾸준히 모니터링, 작품 만드는 마음으로

- 빨리 변하는 패션 트렌드에 뒤처지지 않으려면 젊은 층 사이에 인기 있는 스타일을 지속적으로 모니터링해야 합니다. 젊은 고객의 구미에 맞는 패션 스타일을 꾸준히 연구개발해 기존 양복업체와 철저히 차별화된 품질과 디자인을 구축해야 합니다. 그래야 단골고객을 확보할 수 있습니다.
- 유명 아케이드 장인들은 좋은 기술력을 가지고 옷을 기가 막히게 제작하지만 자신의 기술력만 고집해 패션과 트렌드를 무시함으로써 소비자들에게 외면받는 경우도 있습니다. 사회에서 유행하는 디자인을 따라가는 것도 중요하지만 소비자들의 체형을 고려하는 것도 필요합니다. 방문 고객들을 만족시켜주는 고객 감동 서비스야말로 맞춤양복점의 성공 비결입니다.
- 맞춤양복은 특성상 단골고객들이 옷을 맞추고 그들의 입소문으로 영업이 활성화되는 경향이 큽니다. 소비자 개개인에 대한 사후 관리가 신규 고객을 만드는 마케팅으로 직결됩니다. 완성된 양복은 단순한 옷이 아니라 하나의 작품입니다. 양복을 일반 퀵서비스나 택배로 배달하지 말고 옷걸이에 걸려 있는 형태로 직접 전달하는 게 좋습니다.
- 맞춤양복은 체형 측정과 가봉이 매우 중요합니다. 체형을 정확히 측정할 수 있는 전문가는 사막에 출장 가더라도 줄자 하나만으로 어떤 체형이든 정확하게 측정할 수 있습니다. 맞춤양복점이라면 매장에서 100% 가봉해서 고객에게 보여줘야 합니다. 매장을 방문하는 고객이 섬세하고 빈틈없는 맞춤양복의 질감을 현장에서 느낄 수 있도록 하는 게 중요합니다.

성공 자영업 길라잡이 21

Q 인천 부평구 기독교전문서점

경기도 부평역 앞에서 '루디아기독교백화점'을 운영하는 천기홍(62세)입니다. 국철 1호선 부평역 광장 8번 출입구에 있는 귀금속백화점 빌딩 3층에 있습니다. 가게는 200㎡(60평) 규모입니다. 2000년 1월 창업했습니다. 보증금 2억 원에 월 280만 원의 임대료를 내고 있습니다. 개업 당시 인테리어 시설 및 초도 상품 구입비로 1억 5,000만 원을 투자했습니다. 성경책 등 종교 서적들이 주요 상품이며, 종교음반, 종교용품, 보청기도 판매하고 있습니다.

부평에서 서점을 운영하기 전 목동에서 5년 동안 같은 업종으로 장사한 경험이 있습니다. 제약회사 임원으로 19년 동안 일하다가 1996년 명예퇴직을 했습니다. 기독교인으로 기독교전문서점을 선택한 동기도 신앙생활의 영향이 컸습니다.

가게는 아내, 아들과 함께 운영하며 아르바이트 한 명을 고용하고 있습니다. 오전 9시 30분부터 오후 9시까지 영업하며, 매주 일요일은 쉽니다. 매출은 성수기에 8,000만 원, 비수기에 3,000~4,000만 원선으로 월평균 5,500만 원입니다. 70%에 달하는 재료비와 임차료 280만 원, 인건비 120만 원에다 대출이자 등을 제하면 가족 3명의 인건비에 해당하는 1,000만 원 정도 남습니다.

점포 인근 지역이 재개발될 것이라는 소문이 돌고 있습니다. 재개발이 확정되면 무조건 점포를 비워달라고 건물주가 요구해와 최근 재계약을 했습니다. 개발까지
시간이 걸릴 것으로 보지만 불안해 가게 이전을 고려하고 있습니다. 지금 점포는 인테리어 시설 등이 낙후돼 개보수 공사를 할 시점입니다. 융자를 받아 임대료가 더 비싼 지역으로 이전해야 할지, 지금 장소에서 개보수 공사를 하고 계속 영업해야 할지 고민입니다.

A '만남의 공간' 만들어 커뮤니티 중심지 돼야

1990년대 대형서점과 인터넷서점이 등장하면서 소형 서점들은 폐업하거나 업종을 전환하고 있습니다. 소형 서점이 사양산업으로 인식되면서 창업을 시도하는 사람들도 거의 없는 상황입니다. 기독교전문백화점은 매출의 70% 이상이 종교서적에서 나오므로 기독교전문서점으로 분류할 수 있습니다.

기독교전문서점은 일반 서점과 달리 외환위기 이후 증가해 전국적으로 450개에 달합니다. 전체 개신교 인구를 고려하면 200개 정도가 적정하다는 게 전문가들의 의견입니다. 교회들이 대형화되면서 교회 내 구내서점도 많이 생겨나고 있습니다. 메이저 기독교출판사들이 문어발식으로 서점을 오픈하면서 다른 자영업과 마찬가지로 경쟁이 치열해졌습니다. 신규 창업의 경우 전문출판사나 종교용품 생산업체들에게서 물품을 공급받기 어려워 진입 장벽이 높은 업종입니다.

의뢰인은 종교서적, 종교음반, 액세서리, 종교용품, 보청기 등을 취급하고 있습니다. 월평균 매출은 5,500만 원으로 도서판매 70%, 음반 5%, 기타 25%입니다. 고객은 대부분 기독교인으로 심방, 개업 등 선물용으로 구매하는 특성이 있습니다.

고정고객 의존도가 높으며, 하루 방문 고객은 70명 정도입니다. 고객들은 오전 이른 시간과 오후 퇴근시간에 몰립니다. 이러한 소비 특성을 고려한다면 고객에게 최대한 편의를 제공하는 마케팅 전략이 필요합니다.

의뢰인은 개업 당시 시설을 10년 동안 그대로 사용했기 때문에 개보수 시점이 한참 지났습니다. 시설 개보수의 필요성을 느끼고 있으나 재개발을 둘러싼 임대차 문제로 결정을 못하고 있는 실정입니다. 지금 점포의 손익분기점은 월 3,800만 원이지만 현재 5,500만 원이니 상당히 안정된 수준입니다. 재개발이 확정된다 해도 실제로 건물이 새로 지어질 때까지는 시간이 상당히 걸립니다. 초기 투자비용 등을 감안한다면 매장 이전보다는 지금 점포를 리모델링한 뒤 영업하는 게 유리하다고 판단됩니다.

이번 기회에 매장 시설을 바꾼다면 책을 파는 '서점' 콘셉트에서 벗어나 차를 마시거나 독서하는 휴식 '공간'을 지향해야 합니다. 주민들에게 '만남의 공간'을 제공해 커뮤니티 형성에 주력해야 합니다. 매장 내 창가 부분을 활용해 '만남의 공간'을 만들면 좋습니다. 창가에 앉아서 차를 마시며 책을 읽는 모습을 건물 외부 고객들에게 보여주면 고객 유인 효과가 있습니다.

지금 점포는 재고 상품이 많아 매장이 무질서해 보입니다. 특별 세일을 실시해 진열된 상품을 대폭 줄이세요. 도서나 종교용품 진열은 내용별 분류 방식과 병행해 베스트셀러나 스테디셀러 코너를 설치하면 좋습니다. 또 추천도서와 종교용품을 묶어 가격별로 상품을 구성하면 선물용품을 찾는 고객들에게 만족감을 줄 수 있습니다.

요즘은 서점에 와서 책을 사는 경우도 많지만 인터넷 쇼핑몰을 통해 구매하는 사람들도 늘어나는 추세입니다. 이들 수요층을 겨냥해 홈페이지를 새롭게 구축할 필요가 있습니다. 인터넷서점을 지향하면 매출을 더 늘릴 수 있습니다. 의뢰인은 도서 분류를 위한 전산화(POS+도서검색DB) 작업을 완료했기 때문에 비용이 많이 들지 않습니다.

1,000여 만 명의 기독교인 중 기독교서점을 이용해본 인구는 전체의 2%에도 미치지 못합니다. 기독교 관련 용품을 함께 취급하면서 편리하게 쇼핑할 수 있는 휴게 공간을 만들어주고, 지역 커뮤니티를 형성해 고객들에게 한 발 더 다가서면 좋은 결과를 기대할 수 있습니다.

유동인구 많은 쇼핑 중심지

부평역은 인천 서쪽 관문으로 인천의 성장과 함께 비약적으로 발전해왔다. 역세권 개발의 전형적인 모델로 역사 안에 쇼핑몰을 갖추고 있고, 순환형 역광장과 매머드급 지하상가가 연결돼 있어 쇼핑 중심지 역할을 하고 있다. 역 주변에 먹을거리와 놀거리가 풍부해 하루 종일 유동인구가 넘쳐난다.

부평역은 외곽순환도로, 경부고속도로와 인접해 있는데다 국철 1호선과 인천 지하철이 만나는 환승역이다. 유동인구 중 절반 이상이 10~20대 신세대로 오후 5시 이후 급격히 늘어난다. 주간에는 30~40대 가정주부들의 비중이 높다.

상권은 북부역과 남부역으로 구분되며, 북부역 쪽이 장사가 잘된다. 역과 지하상가를 이용하는 인구는 하루 평균 20만 명에 달한다. 1차 상권에 해당하는 반경 500m 이내까지 포함하면 약 50만 명 정도로 추산된다.

부평역 하면 먹고 마시는 유흥가로 여겨질 만큼 음식점이 많다. 전체 2,000여 개 자영업체 중에서 절반에 해당하는 1,000여 개가 식당이다. 이 중에서 호프집을 포함한 유흥주점이 36%에 달할 정도다. 숙박업소도 140여 개에 이른다. 역 주변 점포 임대료가 다소 비싼 게 흠이지만 그만큼 소비력이 왕성하다.

역세권은 만남의 기능이 강해 커피전문점을 비롯해 패스트푸드, 서점 등이 모여 있다. 이동 시간에 잠깐씩 들르는 중저가 판매업과 분식류도 인기 업종이다. 역사를 고정적으로 이용하는 환승객을 겨냥한 어학원이나 간호학원, 댄스학원, 제빵학원 등도 수요가 많다.

고객과 함께 호흡하며 경영능력을 배양하라

고집스럽게 외길 영업전략을 구사하기보다는 고객의 기호 변화에 맞추어 가는 영업방식을 생각해야 한다. 사회적인 흐름이나 유행에도 촉각을 곤두세우며, 고객의 목소리를 귀담아 듣고 신속하게 대응해야 한다. 아무리 좋은 점포도 틀에 박힌 방식으로는 금세 경영위기에 빠질 수 있다. 철저한 매뉴얼관리, 상품관리, 시설관리는 물론 끊임없는 마케팅 및 서비스 혁신을 추구해야만 성공가도를 달릴 수 있다.

서점 성공 TIP

추천도서 등 독서정보 제공해야

- 서점의 입지로는 인구 밀도가 높은 아파트 단지와 오피스 밀집지역이 좋습니다. 단독주택 상권은 지역만 넓고 인구 밀도가 떨어지기 때문입니다. 거주자의 소득과 교육 수준을 분석해야 합니다. 출판물의 70% 이상이 서울과 수도권에서 팔릴 정도로 소득과 교육 수준에 따라 독서 인구 차이가 많습니다.
- 중소형 서점들은 지역 상권의 특성에 맞게 전문화해야 합니다. 음악, 컴퓨터, 종교, 요리, 예술, 미술, 문학 등 다양한 테마로 전문성을 찾아볼 수 있습니다. 중소형 서점들이 생존할 수 있는 최선의 길은 지역사회 고객들이 원하는 도서로 구색을 갖추는 것입니다. 역세권 서점은 단행본과 전문서적, 교양서적 분야가 중심이 돼야 합니다. 아파트 지역의 경우 유아 및 아동 인구 비중이 30~40%에 달해 이들을 공략하면 좋습니다. 피아노 악보 등 음악 관련 서적을 많이 준비해야 합니다.
- 중형 서점에서는 카운터가 매장의 중심입니다. 내방객들의 구매는 이곳에서 결정됩니다. 카운터의 기능인 계산대 역할뿐 아니라 매장 종합 안내 역할을 한다는 관점에서 카운터를 설계해야 합니다. 그만큼 점주의 서비스가 매우 중요합니다.
- 매장 내에 고객을 배려하는 쉼터 공간을 마련해야 합니다. 고객들은 쉼터를 이용하지 않는다 해도 그 존재만으로도 여유를 갖게 됩니다. 특히 아이들과 임산부, 노인들을 위한 공간이라는 안내문을 부착해 우선 활용할 수 있도록 배려하는 것도 서비스를 차별화하는 방법입니다.
- 서평 정보는 책 구매로 연결되는 통로입니다. 매장 내에 게시판을 설치해 고객 반응을 흡수해야 합니다. 직원들이 직접 작성한 서평을 매장 한쪽에 부착하면 고객들에게 신뢰감을 줄 수 있습니다. 단순한 책 정보가 아니라 고객들에게 유익한 생활정보를 알려줘도 좋습니다.

성공 자영업 길라잡이 -22

Q 서울 군자동 네일아트전문점

서울 군자동에서 '레인보우 네일아트'를 운영하는 이인영(39세)입니다. 지하철 5·7호선 환승역인 군자역 8번 출입구에서 세종대 후문으로 이어지는 이면도로 약 500m 거리에 있습니다. 가게는 33.3㎡(10평) 규모로 2009년 2월 개업했습니다. 보증금 1,000만 원에 월 60만 원 조건이며, 시설투자비로 2,500만 원이 들어갔습니다.

네일아트, 제모, 각질 관리 등을 서비스하고 있습니다. 이곳에서 창업하기 전까지는 건대입구역 인근에서 주얼리점을 5년 동안 운영했습니다. 시부모님 식당에서 5년간 일한 경험도 있습니다.

결혼 전부터 미용사가 되는 것이 꿈이었습니다. 30대 중반으로 접어들면서 나이가 더 들기 전에 꿈을 이뤄야 한다고 결심했습니다. 주얼리숍을 운영할 때 틈틈이 시간을 내 네일아트 학원에 다니고 자격증을 땄습니다. 불황으로 보석전문점들의

매출이 급감해 네일아트점을 열게 됐습니다. 반년 정도 운영해보니 적성에도 잘 맞습니다.

영업시간은 오전 11시부터 오후 10시까지입니다. 매출은 월평균 350만 원 정도입니다. 현재 정기회원이 40여 명 있습니다. 서비스 업종이어서 재료비는 10%선이고 월세를 제외하면 인건비 정도를 건지는 수준입니다.

개업 당시 전단지만 1회 배포했습니다. 다른 홍보활동은 한 적이 없습니다. 회원을 더 많이 확보하고 매출을 늘리고 싶습니다.

A 패션·액세서리 등 코디서비스로 단골 더 늘려야

네일아트전문점은 1인당 국민소득 1만 달러가 넘는 나라에서 급속히 늘고 있습니다. 패션과 미를 추구하는 여성 고객에게 손톱관리를 해주는 서비스 업종입니다. 네일아트는 손톱케어와 손톱아트로 구분됩니다. 네일 아티스트들이 손톱 정리, 각피 제거, 손마사지, 매니큐어 작업 등을 해줍니다. 창업비용이 적고 이익률이 높아 창업을 희망하는 여성들이 많습니다.

의뢰인의 가게는 지하철에서 주택가로 진입하는 도로에서 500m나 떨어져 접근성 등 입지 경쟁력이 다소 부족합니다. 네일아트숍은 중대형 아파트 밀집 지역, 패션 업종이 몰려 있는 중산층 주택가 진입로, 유동인구가 많은 대형 쇼핑센터나 미용실, 화장품점, 액세서리점 등에 들어가는 게 유리합니다.

의뢰인 매장의 매출은 월 350만~450만 원으로 손익분기점에 해당하는 수준입니다. 유동 고객이 월 100명, 정기회원은 40명 정도입니다. 정기회원 40명으로는 이익을 내기가 어렵습니다. 객단가가 3만 5,000원으로 다른 업소(2만 5,000원)에 비해 높은 편입니다. 서비스가 좋고 고객 충성도가 높다는 방증입니다.

우선 고정고객 200명을 목표로 삼으십시오. 서비스 시간이 1시간 정도 걸려 퇴근길에 몰리는 고객에게 신속히 서비스하려면 인력 보강이 필요합니다. 신규 고객을 창출하고 매출을 늘리려면 지역 홍보를 강화해야 합니다.

여름 휴가철에 고객이 늘어나는 점을 감안해 이벤트 전단지를 대규모로 제작·배포해야 합니다. 전단지에 네일아트 수강생 모집, 무료 체험 행사 등의 문구를 넣으면 신규 고객 창출 효과를 높일 수 있습니다. 전단지는 디자인이 화려하고 고급스럽게 만들어야 합니다.

군자역 8번 출입구에 지하철광고를 시도하는 것도 고려해보십시오. 점포 주변 미용실과 제휴해 공동 할인쿠폰을 발행하는 등 상생 마케팅도 펼쳐보기 바랍니다.

대표적인 서비스 상품이나 고객을 유인할 수 있는 특별 상품을 배너 간판에 게재해 점포 전면에 거는 것도 효과적입니다. 전면 유리창에는 POP(구매시점) 광고물을 부착해 최신 트렌드를 알리거나 전문성을 강조하면 좋습니다. 점포가 생기 있어 보이고 고객들의 시선을 끌 수 있습니다. 네일아트 교실을 열어 수강생을 모집하면 고정고객으로 연결될 확률도 높습니다.

네일아트를 자주 이용하는 고객의 경우 주 1회 정도 방문하는 경향이 있습니다. 단골고객을 특별 관리해 방문 빈도를 늘려야 합니다. 고정고객 관리 프로그램을 도입해 고객의 신상이나 특성, 취향 등을 파악한 뒤 마케팅에 활용하십시오. 예약날짜나 방문일자를 고지하는 등의 문자서비스를 활용하면 고객 감동을 가져올 수 있습니다.

네일아트는 기술력과 고객관리가 성공의 필수 요건입니다. 주얼리숍을 운영한 경험을 살려 패션, 액세서리, 네일아트 등 총체적인 코디 기법을 함께 설명해준다면 고객 만족도를 높일 수 있습니다. 점포가 위생적이라는 인상을 줄 수 있도록 종사자들의 복장에도 신경 써야 합니다. 유니폼을 착용해 전문가다운 모습을 보여주면 전문성과 신뢰성을 높일 수 있습니다.

싱글족, 신혼부부 등 20~30대 주류

서울 군자동은 전형적인 주거형 역세권으로 반경 500m 이내에 1만여 세대가 거주하고 있다. 가구당 세대원 수가 2.19명으로 많지 않은 편이다. 집세가 비교적 싸고 교통편이 좋아 직장인이나 학생, 신혼부부, 싱글족 등이 주류를 이룬다.

거주자 가운데 20~30대가 차지하는 비중이 42%에 달할 정도로 높다. 아파트 단지나 신흥 빌라촌에 비해 10대 청소년층과 중년층의 비율은 상대적으로 낮은 편이다. 20대와 30대가 공존하는 상권은 이른바 나홀로족이 많아 독특한 상권 특성을 갖고 있다.

가족 외식보다는 간편 식사가 빈번하고 식사보다는 술 문화가 강세를 보인다. 단체회식보다는 4인 이하 소규모 모임이 많다. 또 원거리로 쇼핑 가는 대신 지역에서 생필품을 사거나 식사를 해결하는 경향이 강하다. 이 때문에 분식류와 배달음식, 야식류 등의 수요가 많고 생필품을 쉽게 구입할 수 있는 편의점이나 슈퍼마켓, 생활용품점, 가구점 등도 안정적인 매출을 기대할 수 있다. 친구들과 부담 없이 술 한 잔 즐길 수 있는 선술집이나 호프집, 중저가 고깃집 등도 적당하다.

젊은 층이나 싱글족 비중이 높으면 개인 취향이나 취미를 살릴 수 있는 개인서비스업이 발달한다. 시간을 보내면서 외로움을 달래는 업종이라면 예상외로 선전할 확률이 높은 곳이다. 피트니스센터, PC게임방, 만화방, 피부관리숍, 미용실 등이 대표적이다.

네일아트전문점 성공 TIP

기술력 · 입지 · 고객관리가 성공 열쇠

- 네일아트전문점의 성공은 기술력과 입지에 달려 있습니다. 숍인숍으로 할 경우 유동인구가 많은 백화점 등 대형 쇼핑센터나 미용실, 화장품점, 액세서리점 등에 들어가는 것이 유리합니다. 단독점포라면 주요 고객층인 20~30대 신세대와 직장여성들이 많이 다니는 역세권이나 대학가 등이 적당합니다.

- 네일아트는 유행에 민감한 연령층을 중심으로 새로운 패션 트렌드로 호응을 얻고 있습니다. 신개념, 신기술을 도입한 네일아트전문점이라는 점을 적극 홍보해야 합니다. 고품질 서비스와 합리적인 가격을 부각해 기존 네일아트점과 차별성을 강조해야 합니다. 예상 고객에게 자료를 배포해 점포 인지도를 높이는 것도 중요합니다.

- 온라인 마케팅으로는 인터넷 포털에 매장 정보와 각종 이벤트 정보를 노출해야 합니다. 이벤트용 전단지를 배포하고 매장에 행사 쿠폰을 비치하는 등 오프라인 마케팅도 필요합니다. 처음 방문하는 고객이 다시 매장을 찾도록 유도해야 합니다. 단골고객 확보가 중요하기 때문에 고객관리를 철저히 해야 합니다. 회원제를 도입하면 안정적인 매출을 기대할 수 있습니다.

- 새로운 유행과 네일아트 기술에 민감해야 합니다. 네일아트전문점은 고객에게 아름다움을 선사하는 곳입니다. 의상, 화장, 헤어, 패션 등과 조화를 이뤄 완성된 아름다움을 제공하는 진원지 역할을 수행할 수 있어야 합니다.

성공 자영업 길라잡이 23

Q 경기 용인시 생활자기전문점

경기도 용인시 상현동 원희캐슬프라자 1층에서 생활자기전문점 '흙과사람들'을 운영하는 최경옥(38세)입니다. 가게는 33.3㎡(10평) 규모로 고가구, 생활도자기, 인테리어 소품 등을 취급합니다. 생활자기 판매 경험이 없어 프랜차이즈 형태로 2년 전 창업했습니다. 보증금 4,000만 원에 월 187만 원 조건이며, 관리비로 월 20만 원을 지출하고 있습니다. 창업 당시 시설투자에 1억 원을 들였습니다.

이곳에서 창업하기 전 생활용품업체에서 오래 근무했습니다. 남편이 직장에 다녀 경제적 어려움은 없었지만 생활도자기점이 잘된다는 지인의 추천으로 장사를 시작했습니다. 시장 조사를 해본 결과 입지만 좋으면 성공할 수 있을 것으로 판단했습니다. 여러 곳을 물색하다가 현재 점포를 발견했습니다.

아파트 단지가 크고, 새로 입주할 세대가 많아 생활자기 수요가 충분할 것으로 자신했습니다. 영업시간은 오전 11시부터 오후 8시까지입니다. 본사에서 물품의 70%를 받아오고, 나머지는 독자적으로 구매하고 있습니다. 마진율은 50%선입니다. 할인 판매를 많이 해서 마진율이 점점 떨어지고 있습니다.

개업 초기 월매출 3,000만 원을 올린 적도 있습니다. 첫해에는 월평

균 1,500만 원어치를 팔았습니다. 경기 탓인지 2008년 800만 원으로 떨어진 데 이어 올 들어 500만 원을 밑돌고 있습니다. 개업 후 종업원을 한 명 두었으나 지금은 혼자 꾸려가고 있습니다. 매출을 늘리기 위해 부정기적으로 광고 전단을 배포하고 있으나 큰 효과는 없습니다.

최근 영업이 부진해지면서 장사에 대한 열정마저 사라지고 있습니다. 초심을 갖고 열정적으로 장사하고 싶지만 주변 환경이 따라주지 않습니다. 가게를 활성화할 수 있는 방안을 알려주시기 바랍니다.

A 다과모임에 생활정보 제공, 동네 사랑방으로

생활자기전문점은 경기에 민감한 업종 가운데 하나입니다. 불황이 이어지면서 매출이 큰 폭으로 줄어들자 의뢰인은 자신감을 잃어가고 있습니다. 어려운 때일수록 초심으로 돌아가 다시 일어서는 용기가 필요합니다. 의뢰인은 생활자기나 도예를 전공하지 않아 다른 점주보다 더 많이 노력해야 합니다. 업종에 대한 전문지식이 있어야 고객에게 자신 있게 상품을 추천할 수 있고, 고객과 신뢰를 쌓을 수 있습니다.

지금 매출은 월 300만~400만 원으로 현상 유지가 어려운 상태입니다. 본인 인건비와 이자 등을 감안하면 월 950만 원 정도 매출을 올려야 매장 운영이 가능합니다. 상현동 지역은 아파트 입주가 거의 마무리돼 신규 고객보다는 기존 고객을 단골로 많이 확보하는 전략을 써야 합니다. 단골 마케팅을 펼치는 게 좋습니다. 자주 방문하는 고객을 대상으로 다과모임을 만들거나 새로운 그릇 정보를 제공하는 방식도 좋습니다.

고객에게 유익한 정보와 최신 경향을 제공해 손님들이 자주 방문할 수 있도록 유도해야 합니다. 이를 위해 생활자기·인테리어 소품 관련 전문서적 등을 꾸준히 읽고 새로운 소비 트렌드를 따라가려고 노력해야 합니다. 인테리어 소품을 많이 판매하는 서울 인사동 쌈지길, 강남 고속버스터미널, 신사동 가로수길 등을 직접 다니며 유행하는 상품과 가격 동향을 항상 체크해야 합니다. 그래야 최신 유행을 알 수 있고, 안목이 깊어져 물건을 잘 고르게 되며, 재고가 쌓이지 않습니다.

의뢰인의 매장에는 중상층을 겨냥한 고가 상품 비중이 높습니다. 상품 가격대를 다양화해야 합니다. 미끼상품을 만들어 '흙과 사람들' 매장에 오면 다양한 가격대의 상품과 질 좋은 상품을 구매할 수 있다는 소문을 낸 고객들의 방문 횟수를 늘려야 합니다. 고급 상품이나 구매 횟수가 높은 고객으로 분류되는 VIP고객을 대상으로 신상품 정보를 우선 제공하는 것도 좋은 방안입니다.

디스플레이를 바꾸는 것도 고려할 만합니다. 본사에서 제공하는 제품을 꾸미고 배치하는 것은 의뢰인 몫입니다. 새로운 제품을 어떻게 포장해 보여주느냐에 따라 그 제품의 가치가 달라집니다. 가게 앞을 지나는 사람들이 진열된 상품에 관심을 가지면서 필요할 때 살 수 있도록 진열방법에 지속적으로 신경 써야 합니다. 점포 입구에 기획상품과 손쉽게 살 수 있는 상품을 배열하고, 안쪽으로 들어올수록 고가 상품을 진열해놓으면 좋습니다.

또 현재 상품이 눈높이보다 너무 낮게 진열돼 있고, 식기들은 큰 옹기에 가려 눈에 띄지 않습니다. 쇼윈도 상품도 간단한 소품을 활용해 계절에 맞게 변화를 주는 게 바람직합니다. 입구에 걸려 있는 모빌의 간격을 좁혀 매장 분위기를 안락하게 만들어야 합니다. 점포 내 상품도 분류가 잘돼 있지 않습니다. 같은 종류별로 배치하면 고객들이 상품을 쉽게 찾을 수 있습니다.

고객에게 상품을 권유할 때도 테크닉이 필요합니다. 도자기 시계, 도자기 조명, 도자기 액자 등 실용적인 상품을 제안하면 반응이 좋습니다. 이런 제품은 유행을 타지 않습니다. 현재 진열된 상품들은 저렴하게 판매해 재고를 줄이고 새로운 상품을 들여놓는 것이 좋습니다.

의뢰인은 고객들에게 친숙한 이미지를 표출하기 위해 평상복을 입고 있지만 손님들에게 물건을 판매하는 곳이라는 생각이 들 수 있도록 복장에도 신경 써야 합니다. 개량 한복을 입고 전문가다운 이미지를 보여준다면 고객들에게 더 많은 관심을 끌 수도 있습니다. 부지런히 노력한 다면 큰돈을 투자하지 않아도 매장에 변화를 줄 수 있습니다. 변화를 추구하는 매장은 항상 생기가 있으며, 고객들의 시선을 끄는 매장으로 거듭날 수 있습니다.

외부유입 적은 폐쇄형 아파트 단지 상권

경기도 광주에서 수원으로 향하는 43번 국도변 우측에 있는 용인 상현마을은 수도권의 주택난을 해소하기 위해 2000년대 초반 형성된 베드타운이다. 30여 아파트 단지에 2만 4,000여 세대, 6만 5,000여 명이 거주하고 있다. 건설회사들이 생활 편의시설을 고려하지 않고 마구잡이로 아파트를 건설해 인구밀도가 매우 높은 편이다. 도보로 5분 거리에 9,000여 세대, 10분 거리에 1만 5,000세대가 거주한다. 현재 원희캐슬상가를 중심으로 상권이 활성화돼 있다. 아파트 단지 외부로 나가는 교통이 불편해 지역 내 상가 이용 비중이 높다.

수지구청 주변 중심가와 달리 상현마을은 주거 중심 단지여서 외부 인구 유입은 적은 편이다. 아파트 배후 단지만을 대상으로 장사해야 하는 폐쇄형 상권이다. 연령별로는 30대부터 40대 중반까지 신세대 부부가 많아 생계형 지출과 교육비 지출 비중이 높다. 특히 식품 소매와 생계형 서비스업 그리고 가족 단위 중저가 외식업 수요가 많다.

반면 객단가가 높은 외식업이나 사치형 서비스업, 유흥업종은 살아남기 어려운 상권이다. 인구 대비 음식점 수가 많지 않아 경쟁이 심한 편은 아니며, 생활 관련 소매업이나 서비스업소도 많지 않다. 이에 비해 학원 등 교육관련 업소가 많고, 부동산업소 비중도 높다.

폐쇄형 구조의 아파트 단지 상권은 경쟁에 따른 손실이 예상보다 크다. 따라서 경쟁업소가 얼마나 많이 있는지, 규모나 주변 평판은 어떠한지 사전에 철저하게 분석해야 한다. 예비 창업자들은 동종업종끼리 경쟁을 피하는 게 좋다. 아파트 상권의 경우 일반적으로 배달 관련 음식점은 1,000세대당 1개, 죽전문점 같은 테이크아웃 외식업은 3,000세대당 1개꼴이 적당하다.

생활자기전문점 성공 TIP

계절별 주력품 다양하게, 인기상품·시장정보 항상 체크

- 생활자기전문점은 취급 품목이 다양해 계절별로 주력 상품을 다르게 해야 합니다. 가정의 달인 5월에는 선물용품을 주력으로 하고 명절 즈음에는 제기를 내세우거나 작은 선물세트를 예쁘게 포장해주는 등의 영업 전략이 필요합니다. 집들이나 개업 선물용, 인테리어용, 집안 장식용으로 구입하는 여성 고객이 많기 때문에 매장 관리는 여성이 맡는 게 좋습니다.
- 입지 지역의 특성과 생활수준을 철저히 파악해 주요 고객층이 원하는 상품 중심으로 매장을 구성해야 합니다. 특히 아파트 밀집지역인 경우 단순한 저가 전략보다 디자인 등을 내세운 중가 전략이 필요합니다. 고객들의 반품 요구를 100% 수용해 신뢰감을 확보해야 합니다.
- 경쾌한 음악과 깔끔한 인테리어로 신선하고 밝은 매장 이미지를 유지해야 합니다. 인테리어의 생명은 '신선함' 입니다. 항상 점포를 신선하게 유지하기 위해서는 새로운 물품을 지속적으로 확보하는 게 중요하지만 분위기를 바꾸는 것도 필요합니다. 일주일 주기로 상품 진열과 매장 분위기를 달리해 단골도 새 물건이 들어온 것으로 착각할 정도의 분위기를 연출해야 합니다.
- 블로그 마케팅으로 소비자에게 고급 정보를 지속적으로 제공해야 합니다. 고객의 라이프 스타일을 조사해 원하는 상품을 미리 제안할 수 있는 감성 마케팅으로 단골고객수를 늘려야 합니다. 틈 날 때마다 백화점 매장을 둘러보면서 인기 상품의 종류, 가격 등 시장정보를 수집해야 합니다. 수요층의 욕구가 어디에 있는지를 항상 체크하면서 매장을 운영해야 합니다.

성공 자영업 길라잡이 24

Q 경기 김포시 생활용품제조업체

경기도 김포시 대곶면 초원지리에서 제조업체인 '협진화학'을 11년 동안 운영해온 정상진(가명, 67세)입니다. 주요 생산제품은 냉장고용 물병, 전자레인지용 밀폐용기, 식품보관용 페트병, 저금통 등 플라스틱을 이용한 각종 생활용품입니다.

공장은 대지 1,155㎡(350평)에 건평 826.4㎡(250평) 규모입니다. 1998년 창업 당시 4억 원에 공장 용지를 분양받았고, 1억 5,000만 원을 설비 투자에 썼습니다. 이공계 출신으로 대한페인트잉크(현 DPI) 계열사인 ㈜대협에서 기술부장을 거쳐 이사로 15년간 재직했습니다. 이어 바비인형 완구로 유명한 클로버완구 상무로 15년 일한 경험을 바탕으로 사업을 시작했습니다.

창업 이후 연 6억~7억 원의 매출을 유지해왔으나 경기침체로 2008년 매출은 2억 7,000만 원으로 떨어졌습니다. 수출은 4,000만 원 정도입니다. 2009년은 실적이 더 나빴습니다. 아무리 노력해도 매출 2억 원을 넘기기 어려울 것 같습니다. 게다가 환율 상승으로 원자재값도 70% 정도 올라 어려움이 가중되고 있습니다. 냉장고용 물병 1.5L의 경우 개당 재료비가 2008년 100원에서 170원으로 높아졌습니다. 아내와 함께 공장을 운영하며, 외국인근로자를 2명 고용해 인건비로 매달 300만 원

이 나갑니다. 은행 대출이 약 4억 원에 달해 이자로 월 250만 원을 지출하고 있습니다.

제품을 다양화하기 위해 정수기 부품(연결 그립)과 정수기 필터 등을 개발, 특허를 신청한 상태입니다. 하지만 판로가 없어 개발비 1억 원만 날리고 제품 생산을 포기했습니다. 1990년대 말 외환위기 때 4억~5억 원가량의 물품 대금이 부도 처리된 후 현금만으로 거래하고 있습니다. 저는 플라스틱 제조 경력 40년이 넘는 엔지니어입니다. 어떤 제품도 맞춤생산이 가능합니다. 이 위기를 어떻게 탈출할 수 있을까요?

A 판촉물 업체 적극 공략해 거래처 늘려야

의뢰인이 운영하는 플라스틱생활용품은 중국 업체에 밀려 경쟁력을 잃은 업종입니다. 특히 부가가치가 높은 생활용품이 아닌 저가형 플라스틱 제품이기 때문에 고전하는 것입니다. 의뢰인 부부와 외국인근로자 2명이 있는 규모로는 제조업종 10인 이상 중소기업을 지원하는 정부의 중소기업정책지원 범위에서도 제외돼 자금 지원을 받기 어렵습니다. 소상공인이나 자영업자를 지원하는 소상공인 지원 대상에서도 빠져 안타깝습니다.

의뢰인이 생산 중인 제품은 10여 품목으로 한정돼 있습니다. 제품 다양성이 부족해 특정 업체를 제외하면 일반적인 소비를 촉진하는 데 한계가 있습니다. 다른 제품들과 차별성을 찾기도 어렵습니다. 판촉물이나 증정용으로 많이 소비되는 플라스틱생활용품은 경기에 민감해 최근 경기상황을 감안하면 소비를 늘리는 데 어려움이 있습니다.

지금 공장은 기계 한 대에 제품 1만 개 생산 능력을 갖추고 있습니다. 플라스틱 물병 뚜껑, 저금통, 완구 등을 생산하는 사출기 용량은 충분합니다. 현재 매출은 연 2억 원이 안 되어 업종 전환을 심각하게 고려해야 할 시점입니다. 의뢰인의 공장 손익분기점은 6억 원으로 추정됩니다. 월 1~2건에 불과한 전화 문의와 기존 거래처 영업만으로는 한계가 있습니다.

경영자 제조 경력이 40년을 넘어 제품개발 능력이 뛰어나고 맞춤형 공급이 가능하다는 점은 평가할 만합니다. 그러나 67세인 의뢰인의 연령과 금형제작에 개당 500만~1,000만 원 이상 소요되는 점을 감안할 때 새로운 제품 개발을 시도하는 것도 어려움이 있습니다. 여러 여건을 감안할 때 현재 생산하는 제품을 중심으로 공격적으로 영업해 매출 증대를 시도하는 것이 최선의 방법입니다.

현재 거래하는 업체는 한일맨파워, 한비식품 등 기존 거래처에 그치고 있습니다. 영업 활동은 상품 잡지 광고와 인터넷 홈페이지 등으로 주문받는 게 전부입니다. 컴퓨터 사용이 가능한 직원 1명을 별도로 고용해 홈페이지를 관리하고, 판촉물 회사 등을 대상으로 직접적인 마케팅 활동을 해야 합니다.

제품의 가격 경쟁력은 있다고 판단됩니다. 인터넷 쇼핑몰에 올리거나 관련 업체 홈페이지에 제품을 등록하는 것도 매출 증진에 도움이 됩니다. 회사 자체 홈페이지나 전문지에 영업 인력 모집 등의 구인 광고를 실어 실적급 형태로 영업 조직을 가동하는 것도 검토해보기 바랍니다. 신제품 개발과 관련해 신규 투자자를 유치하는 방안도 있습니다. 연령을 고려할 때 장기적인 관점에서 사업을 활성화하는 것은 무리라고 봅니다. 사업 지분이나 특허권 등을 양보해서라도 리스크를 줄여나가야 합니다.

공장 내부는 클린 사업장으로 바닥이나 안전 등의 관리가 비교적 양호합니다. 하지만 공장을 방문하는 고객을 위해 화장실이나 접견실 등을 청결하게 관리하는 것이 필요합니다. 신규 고객을 유치하려면 첫인상이 매우 중요합니다. 또 공장 내 설비나 생산 제품들을 잘 정돈해 고객들의 구매 욕구를 유발하려고 노력해야 합니다.

글로벌 경기침체 여파로 서울 등 수도권 지역의 부동산 가격도 떨어지고 있습니다. 공장 용지는 2년 전만 해도 6억~7억 원에 거래됐으나 현재는 4억 원선이니 지금 공장을 매매할 수도 없습니다. 의뢰인은 연령에 비해 건강을 잘 관리하고 있으므로 최선을 다해 공장을 운영하다가 임대를 고려하는 것도 검토해보기 바랍니다.

 **생계형 창업보다 제조업 유리한 공단지역**

의뢰인의 공장이 있는 경기도 김포시 대곶면 초원지리 상권은 군부대에 인접한 공업단지 지역이다. 대곶면에는 4,875가구, 1만 673명이 거주하고 있다. 외국인도 3,027명 살고 있다. 대곶면에는 김포시 전체의 16%에 달하는 2,509개 업체가 있다. 근로자 수가 1만 7,547명에 달해 시 전체 인구의 20.8%로 많은 편이다. 주요 중소기업으로는 성민금속, 보벨스, 대양산업, 신성산업, 우세산업, 대영화학, 미지엔지니어링, 유신정밀, 천지산업, 논노케미컬 등이 있으며, 인근에 율생가구공단이 있다.

한강 하류에 있는 대곶면은 국내 최고의 토질을 자랑하는 지역으로 김포쌀이 유명하다. 유명한 맛집도 즐비해 서울 등지에서 찾아오는 사람들이 많다. 덕포진교육박물관과 덕포진사적지는 가족과 함께 드라이브 코스로 가볼 만한 곳이다. 김포시의 유일한 관광호텔인 약암홍일천관광호텔(객실 71개)이 영업하고 있지만 다른 숙박시설이나 모텔은 거의 없다. 음식업종을 보면 한식 24개, 중식 4개, 일식 1개, 분식 4개, 닭요리 4개, 제과·제빵 3개 등이다. 최근 수년간 공장 유입이 늘면서 유흥 주점은 14개, 다방·카페가 12개로 증가했다. 그러나 생활 서비스나 소매업종은 감소하는 추세다.

교통이 불편하기 때문에 일시적인 거주자들이 별로 없고 가구당 인원수가 적은 것도 특징이다. 성별로는 남성이 많고 연령별로는 35~55세 비중이 높다. 연고가 없을 경우 생계형 창업은 하지 않는 것이 좋다. 제조업 공장이 많이 입주해 있고 임대도 가능하다. 근처에 김포공항, 인천항이 있고 산업도로들이 연결되어 있다. 다른 시·군·구에 비해 산업 규제도 완화되어 있어 제조업으로 창업하기에 좋은 환경이다.

플라스틱생활용품업체 성공 TIP

행사상품 구매자 니즈부터 파악, 온라인 마케팅 활용

- 먼저 최종 구매 고객의 니즈를 파악해야 합니다. 플라스틱생활용품은 판촉·선물용 수요가 많습니다. 1차 고객은 판촉물 유통회사(도매상)이지만 최종 구매 결정은 판촉 이벤트를 하는 업체들입니다. 최종 고객에게 판촉에 도움이 될 수 있다는 확신을 심어줘야 합니다.
- 동물 캐릭터 형태의 물통 등 다양한 형상의 제품을 개발해야 합니다. 플라스틱생활용품은 기능·품질도 우수해야 하지만 소비자의 눈길을 끌 수 있어야 합니다. 금형 제작비가 부담된다면 라벨을 붙이는 것도 검토할 수 있습니다.
- 영업 인력을 채용해 제품을 홍보하고 새 거래처를 발굴해야 합니다. 소규모 제조업체들은 인력이 부족해 사장이 개발·생산·영업까지 모두 담당하는 경우가 많습니다. 단순히 납품·수금을 하는 영업직원이 아니라 거래처 상담·주문·홍보를 전담할 영업 인력이 꼭 필요합니다.
- 제품 경쟁력을 갖춰야 합니다. 디자인과 품질이 중요 요소이지만 먼저 가격 경쟁력이 필수적입니다. 이를 위해 불량·재고를 줄여 원가를 낮춰야 합니다. 제품 경쟁력을 갖추면 도매상 외에 최종 구매 고객과 직거래 등으로 판로를 넓힐 수 있습니다.
- 온라인 마케팅을 활용해야 합니다. 판촉물 유통회사의 전화 주문만 기다리는 영업으로는 한계가 있습니다. 최종 구매 고객의 리스트를 확보해 이메일로 홍보하는 일이 우선 필요합니다. 인터넷 카페나 블로그를 활용하면 효과가 큽니다. G마켓, 옥션 등에 제품을 올리거나 온라인 쇼핑몰에 입점해 판매하는 방법도 있습니다.

성공 자영업 길라잡이 ❷❺

Q 경기 안산시 청소기판매점

경기 안산시 상록구 이동에서 프랜차이즈 가맹점 형태로 독일 청소기 '카쳐' 판매점을 운영하는 이영환(52세)입니다. 점포는 안산 한대역 인근 대로변에 위치한 건물 1층에 있습니다. 매장 면적은 66.6㎡(20평) 규모로 로봇청소기, 진공청소기, 스팀청소기 등 가정용 '카쳐' 청소기 제품을 전시·판매하고 있습니다.

원래 자동차 용접장치를 제조하는 회사를 운영하다가 중국산에 밀리면서 수지 타산이 맞지 않아 몇 년 전 사업을 접었습니다. 새로운 사업을 물색하던 중 '로봇청소기'에 관심을 갖게 됐습니다. 외국 생활을 한 친구들에게서 '카쳐'가 유명하고 성능이 뛰어난 브랜드라는 얘기를 듣고 2007년 말 가맹점을 열었습니다. 창업비용으로 보증금 2,000만 원, 가맹비 1,000만 원, 시설투자비 4,000만 원, 초도 상품비 1,000만 원 등 약 8,000만 원이 들었습니다.

주력 제품인 로봇청소기는 경쟁 제품에 비해 크기도 작고 소음이 적을 뿐 아니라 흡입력도 뛰어납니다. 잔 고장이 없어 애프터서비스가 거의 필요 없는 것도 장점입니다. 하지만 가격이 200만 원대로 시중에 유통되는 제품보다 4~10배 비싼 게 결정적인 흠입니다.

처음부터 고가라 영업이 힘들 것이라 생각했지만 판로를 뚫기가 쉽

지 않습니다. 가맹 본사에게서 영업이나 홍보 지원을 받는 것도 전혀 없습니다. 2008년에는 1억 원(월 800만 원 정도)가량 매출을 올렸지만 2009년 들어선 매출이 한 달에 두 대꼴인 400만~500만 원에 불과합니다. 이 정도 수입으로는 생계를 꾸리기 어렵습니다. 영업과 마케팅을 어떻게 해야 매출을 늘릴 수 있을까요? 업종 전환도 고려하고 있습니다.

A 인터넷 홍보 힘쓰고 품목 늘려 복합매장으로 전환

3~4년 전부터 진공청소기 가구 보급률이 80%를 넘으면서 로봇청소기는 스팀청소기와 함께 청소기 시장을 주도할 것으로 예상됐습니다. 하지만 가격이 비싸고 품질이 낮은 제품들이 소비자의 만족도를 떨어뜨리면서 성장세가 주춤한 상태인데다 불황이 본격화되어 생필품으로 인식되는 진공·스팀 청소기 품목에 비해 타격을 더 많이 받은 것으로 보입니다.

의뢰인이 판매하는 제품은 성능이나 디자인, 편의성 등에서 경쟁 제품보다 월등히 뛰어난 것으로 판단되지만 가격이 너무 비쌉니다. 현재 대당 가격이 248만 원으로 40만~60만 원대인 다른 제품보다 4~6배 높습니다. 따라서 구입 여력이 있는 소비층이 한정될 수밖에 없습니다. 가격이 높은 만큼 소비자들에게 제품 가치를 지속적으로 알리는 활동이 필요하지만 한국지사나 가맹본사 차원의 홍보나 광고도 미흡한 실정입니다.

따라서 가맹점 수준의 영업 활동으로 판로를 넓히는 것은 한계가 있을 수밖에 없습니다. 또 의뢰인에 따르면 가맹비를 1,000만 원이나 냈는데도 매출 증진이나 홍보 등에서 본사의 지원을 전혀 받지 못하고 있습니다. 자체 홈페이지를 개설해 광고하는 활동에도 제약을 받고 있습니다.

의뢰인은 먼저 불공정하다고 판단되는 본사 관계부터 개선해야 합니다. 본사에 시정을 요구하고 받아들여지지 않는다면 공정거래위원회(www.ftc.go.kr)나 한국공정거래조정원(www.kofair.or.kr)에 분쟁 조정을 신청해 도움을 받는 게 좋습니다.

최근 1년간 구매 고객 100여 명의 소비 실태를 분석해본 결과 고객들은 전단지보다는 인터넷에서 정보를 얻어 구매하는 경향이 강합니다. 의뢰인은 본사와 계약 조건이 시정되면 우선 제품 소개, 사용 후기, 점포 연락처와 구입 방법 등을 담은 자체 홈페이지를 개설하고 포털 키워드 검색광고 등을 통해 인터넷에서 많이 노출되게 해야 합니다. 아파트 단지별 홈페이지나 블로그에 자체 홈페이지를 링크해 홍보하는 것도 효과적인 방법입니다.

가격이 워낙 고가인 만큼 소비자들이 직접 써보고 비교한 뒤 살 수 있도록 '체험 마케팅'을 강화해야 합니다. 의뢰인이 제품에 확신을 갖고 있는 만큼 샘플 제품을 이용해 소비자들이 일정 기간 집에서 체험해볼 수 있는 기회를 주거나 점포 안에 타사 제품과 함께 시연하는 마케팅을 도입하는 게 필요합니다. 아파트 단지의 알뜰 장터 등을 돌며 시연회를 하는 것도 시도해볼 만합니다.

현재 영업지역과 취급 제품만으로는 판매를 늘리는 데 한계가 있습니다. 영업지역을 확대하거나 취급 품목을 늘려 복합매장으로 전환하는 것도 고려해봄직합니다. 다른 해외 브랜드를 함께 파는 수입 웰빙가전 전문매장이나 가정용 외에 산업용 청소기와 청소용품 등을 판매하는 청소백화점 등이 검토해볼 만한 복합매장입니다.

또 가맹점이 없는 인천, 부천, 용인 등 아파트 입주 예정지역이나 산업용 제품을 취급할 경우 반월·시화·남동공단이나 경인지역의 테크노파크 등으로 영업지역을 확대해 홍보와 판촉활동을 벌이는 게 좋습니다. 본사와 관계 개선이 여의치 않을 경우 아예 업종을 바꾸는 것도 고려해보기 바랍니다.

현재 상태로는 월 300만 원 이상 수익을 내기가 매우 어려운 상황입니다. 의뢰인이 관심 있는 유명 제과점이나 아이스크림전문점의 프랜차이즈 창업 시 비용이 약 2억 원 더 들어가기 때문에 자금조달이나 운용 계획을 잘 세워야 합니다.

30~40대 비중 높아, 생활편의 업종 강세

의뢰인의 점포가 있는 상록구 이동 지역은 고잔 신도시와 한대역 상권의 중간 지점에 해당하는 전형적인 중소형 아파트 단지 상권이다. 1차 상권인 반경 500m 이내에 모두 3,500여 가구, 1만여 명이 거주하고 있다. 주거 분포별로는 아파트가 차지하는 비중이 72.4%에 이를 정도로 높다. 평균 가구원 수가 2.66명으로 10대 자녀를 둔 아파트 주민들을 주소비층으로 볼 수 있다.

고잔 신도시와 한대역을 관통하는 대로변에 형성된 단지 상권으로 차량 통행이 많은 반면 유동인구는 그리 많지 않다. 상권 크기가 작은 데다 도보로 10분 이내에 도달할 수 있는 거리에 한대역 역세권 쇼핑가나 중앙역 상권, 고잔신도시 푸르지오 3차와 주공그린빌 단지를 잇는 도로변 상가 등 안산의 메이저 상권들이 버티고 있어 외부고객을 끌어들이기가 쉽지 않다.

넓은 범위로 보면 고잔신도시 상권에 속한다. 인구 구성면에서 10대 청소년과 이들을 자녀로 둔 30대 후반에서 40대 중반의 부모들이 많다. 이들은 가족 외식과 주말여행을 즐기고, 대형 쇼핑몰이나 인근 지역 중심상가에서 쇼핑을 하며 간단히 외식하는 소비 패턴을 보인다. 따라서 상권 내에는 생활편의성 업종들이 강세를 보인다. 의뢰인의 점포와 관련된 소매업의 경우 여성의류를 판매하는 소매점이나 편의점, 통신기기판매점, 제과점, 화장품판매점 등이 많다. 또 전체 단지 중 20~30평형이 92%에 달하고 한창 주거비와 자녀 양육비 지출이 높은 30~40대가 주로 살기 때문에 상권이 뻗어 나가거나 고가 제품을 판매하는 업종이 성장하는 데는 한계가 있다.

가전제품소매점 성공 TIP

'시연·체험 마케팅'으로 소비욕구 자극, 카탈로그 판매도 병행

- '시연·체험 마케팅'으로 소비 욕구를 자극해야 합니다. 점포 안이나 점포 앞에서 소비자들이 직접 제품을 써볼 수 있는 공간과 환경을 조성하는 게 필요합니다. 소비자들이 사용법을 익히고 품질과 성능을 확인하도록 해 제품에 신뢰감을 갖고 사고 싶은 욕망이 생기게 해야 합니다.
- 경쟁업소의 가격과 영업환경을 철저히 분석해 차별화된 경쟁력을 개발해야 합니다. 가격은 소비자가 구매를 결정하는 가장 중요한 요인입니다. 인근 가전 대리점뿐 아니라 대형마트, 백화점, 양판점의 판매가격과 마케팅 등을 알아보고 대응 전략을 세우는 게 좋습니다. 동일한 상품을 상권 내 경쟁업소보다 비싸게 팔면 곤란합니다. 양판점 수준으로 가격을 내리기가 곤란하다면 다양한 서비스를 제공해 떨어지는 가격 경쟁력을 보완하는 게 필요합니다.
- 취급 품목이 다양하다면 카탈로그 판매 방식을 병행하는 게 좋습니다. 카탈로그 판매는 통신판매의 일종으로 상품을 소개한 카탈로그를 소비자에게 배포하고 전화나 팩스 등으로 상품을 주문받는 방식입니다. 광고비를 크게 들이지 않고 카탈로그 한 권으로 상품을 많이 소개할 수 있습니다.
- 구전 홍보를 통한 판매 촉진에도 신경 써야 합니다. 동네 상권에서는 먼저 구매한 고객들의 구전 효과가 영향을 많이 미칩니다. 구매 고객을 대상으로 사후 서비스를 철저히 해 만족도를 높여야 합니다. 또 간접적인 영업·홍보활동을 벌일 수 있도록 유도해야 합니다. 예를 들면 기존 구매 고객의 추천이나 소개로 상품을 팔았을 경우 소액의 상품권이나 선물을 주는 것도 한 방법입니다.

성공 자영업 길라잡이 26

Q 서울 상계동 식품제조업체

　서울 상계동에서 식품제조업체 '진미식품'을 운영하는 김진수(51세)입니다. 공장은 231㎡(70평) 규모로 상계역에서 도보로 10분 거리에 있는 건물 지하 1층에 있습니다. 창업한 지 4개월 지났습니다. 보증금 1,500만 원을 포함해 시설비 등으로 총 7,000만 원을 투자했습니다. 여동생, 처남과 셋이서 운영하는데, 저는 영업과 구매를, 동생 부부는 생산과 관리 업무를 맡고 있습니다. 현재 매출은 월 3,000만 원선이나 점차 늘고 있습니다.

　외식사업에 오랫동안 종사해왔지만 5년 전 임대 건물이 경매로 넘어가면서 사업에 실패한 경험이 있습니다. 친구와 공동으로 만두공장을 운영하다 최근 독립해 진미식품을 창업했습니다. 현재 왕만두, 군만두, 생만두, 김치만두, 어묵만두 등의 완제품과 반죽제품 등을 생산하는데, 즉석 생만두를 주력 상품으로 만들어 팔고 있습니다. 전자동 진공반죽기를 개발해 만두를 빚기 때문에 경쟁업체들에 비해 품질이 좋다는 평가를 받고 있습니다.

　우리 회사 제품은 신선도가 뛰어나고 윤기가 흐를 정도로 만두피가 쫄깃합니다. 만두 성형이 잎사귀 형태여서 수제 만두 느낌을 줍니다. 생만두와 완제품 냉장만두는 대형마트나 만두 수요가 많은 김밥전문점, 분식점, 체인 업체 등에서 많이 찾습니다. 영세 만두공장에 만두피를 만드는 밀가루 반죽도 납품하고 있습니

다. 제품 가격이 다른 업체보다 10~15% 정도 저렴해 가격 경쟁력은 있다고 자부합니다.

　시간당 만두피를 1,500개 이상 생산할 수 있는 미니 만두성형기, 10분 만에 만두 30판을 요리할 수 있는 워머와 소형 보일러도 최근 초소형으로 개발했습니다. 매장이 좁은 분식점을 겨냥한 신제품입니다. 체인사업을 벌여 만두기계를 판매하고 제품 공급을 늘리고 싶습니다. 어떻게 해야 할지 좋은 방안을 알려주십시오.

A 품질 우수성을 적극 알리고 소비자보다 음식점 상대 마케팅해야

　2004년 발생한 불량 만두 파동의 여파로 1,500억 원 규모로 쪼그라들었던 만두 시장은 2008년 2,270억 원으로 회복됐습니다. 군만두와

물만두에 국한됐던 제품이 찐만두, 생만두 등으로 다양해지고 있기 때문입니다.

의뢰인은 대형 식품업체들이 파는 냉동만두에서 탈피해 냉장만두와 생만두로 시장을 공략하고 있습니다. 서울 지역에 5개 정도 경쟁 업체가 있으나 대부분 영세합니다. 생만두나 냉장만두는 신선도가 뛰어나지만 유통기한이 짧아 빨리 소비해야 하는 단점이 있습니다. 가정에서 만두를 즐기는 소비자보다는 만두를 취급하는 음식점에 초점을 맞춰야 합니다.

의뢰인은 대형마트나 만두전문점에 완제품과 반제품을 납품하고, 즉석만두제조기도 판매하고 있습니다. 기술력이 있고 업계 경험도 풍부합니다. 하지만 대형마트의 경우 대기업들이 선점하고 있기 때문에 가격 경쟁을 피하기 어렵습니다.

시장 지배력을 키우지 못하면 높은 수익을 기대할 수 없습니다. 만두의 고급화와 신개념 만두에 집중할 필요가 있습니다. 매출 비중은 군만두 50%, 냉장만두 10%, 생만두 40%씩입니다. 군만두는 중국집에서 주로 서비스로 이용돼 이윤이 적은 품목입니다. 부가가치가 높은 생만두 판매에 치중하는 게 좋습니다.

현재 의뢰인은 분식센터나 체인본부 등에 발품을 파는 방식으로 거래처를 뚫고 있습니다. 하지만 즉석 생만두 기계를 보급하고 만두 재료를 팔아 매출을 올리는 방법이 효과적입니다. 분식센터나 만두전문점들이 만두성형기를 활용하면 손으로 만들 때보다 10배 이상 시간을 절약할 수 있습니다. 식품박람회나 창업박람회 등에 제품을 전시해 고객들에게 우수성을 적극 알려야 합니다. 프랜차이즈 본사에 OEM(주문자상표부착생산) 방식으로 기계를 납품하는 방법도 있습니다. 창업 첫해에는 매출의 20% 정도를 홍보에 투입할 필요가 있습니다.

의뢰인이 개발한 만두성형기는 차량 탑재가 가능하기 때문에 점포 없이 길거리에서 즉석 생만두를 제조·판매하는 창업자를 공략하면 좋습니다. 만두성형기가 탑재된 차량을 홍보용으로 만들어 점주들에게 직접 체험하게 해주는 방법으로 관심을 끌 수 있습니다. 작업하는 과정을 담은 홍보물을 홈페이지 등을 통해 알려야 합니다.

온라인 마케팅과 함께 이동식 차량 마케팅을 적극 활용해야 합니다. 현재 사용하는 물류 차량은 물론 승합차도 도색이나 선팅을 해 만두제품 판매나 창업 관련 정보를 제공하면 도움이 됩니다. 투자가 가능하다면 브랜드를 개발해 직접 프랜차이즈 사업까지 전개하거나 체인본부를 운영하는 데 관심이 많은 사람들에게 제품을 공급하는 방식도 검토해 보십시오.

식품제조와 물류, 판매를 결합한다면 유통 과정에서 발생하는 가격 거품을 줄일 수 있어 가맹점주나 가맹본부 모두에게 이익이 됩니다. 프랜차이즈 사업을 본격적으로 하려면 시스템 구축이 선결돼야 합니다. 메뉴 구성이나 맛의 완결성을 높이기 위해 반드시 외부 전문가의 평가나 조언을 받아야 합니다.

모든 거래처와 계약은 상담으로 이뤄집니다. 고객들이 업무상 공장을 방문하는 기회도 많습니다. 가격 경쟁력도 필요하지만 회사 분위기도 매우 중요합니다. 사무실에 상담용 테이블 등을 구비해 편안한 분위기에서 상담할 수 있도록 해야 합니다. 공장 내부 벽면에 제품 관련 사진이나 인쇄물 등을 비치하는 것도 한 방법입니다.

만두는 가장 대중적인 음식이면서도 위생과 관련된 문제가 자주 발생하는 품목입니다. 작업장과 판매장의 위생을 최대한 청결하게 유지해야 합니다. 사용하는 식자재 역시 보관, 제조, 유통 과정에서 위생관리를 철저히 하십시오. 식품위생 관련 서류나 인증도 획득해 적극적으로 알리는 것이 좋습니다.

 **만두분식점 입지는 주택가 초입이 적당**

만두전문점의 입지는 만두를 어떤 음식으로 규정하느냐에 따라 결정된다. 우선 근교에서 흔히 볼 수 있는 만두전문점은 대부분 이동하는 차량에서 별미로 즐기는 별식 개념으로 차량 접근성이 중요하다. 차량 이동 방향에 맞춰 임시 판매대를 설치해 고객을 유인하면 된다.

분식 개념의 만두점은 주택가 초입이 적당하다. 만두만 판매한다면 16.5㎡(5평) 남짓한 테이크아웃전문점을 추천한다. 오피스가나 대학가의 경우 식사 중심으로 만두를 구매하기 때문에 김밥이나 면류를 함께 취급하는 게 좋다. 최소한 33.3㎡(10평) 이상 매장으로 운영하는 것이 바람직하다.

　최근 요리 개념으로 만두의 품격을 올려 전문점으로 만든 점포도 늘고 있다. 고기만두, 김치만두 외에 다양한 재료로 만든 웰빙 만두뿐 아니라 만둣국, 만두전골, 칡냉면 등으로 메뉴를 다양화해 접대, 모임, 가족 외식으로 인기를 얻고 있다. 먹자골목이나 아파트 단지 상권에서 66.6㎡(20평) 규모의 매장이 적당하다.

　스낵카를 이용한 무점포 사업일 경우 유동인구가 많은 역세권이나 주택가 초입, 유흥가를 노려볼 만하다. 노점의 경우 단속이 빈번하기 때문에 비용이 다소 들더라도 건물주의 동의를 얻어 자투리 공간을 임대 형식으로 운영하는 게 좋다.

　의뢰인은 만두 제조와 B2B(기업 대 기업) 판매를 주력으로 하기 때문에 현재 소재지 상권이 큰 의미가 없지만 향후 가맹사업을 희망한다면 지역 기반을 두고 매장을 얻는 것이 유리하다. 만두전문점은 김밥전문점과 마찬가지로 동네 단위에서 먹히는 아이템이기 때문이다. 주택가에서는 초·중학생 자녀를 둔 30대 후반~40대 중반인 부모가 많이 거주하는 지역이 적당하다. 서민층이 많은 일반 주택가가 좋고 재래시장 주변은 피해야 한다.

만두성형기계업 성공 TIP

개인점주 공략 넘어 프랜차이즈 본사와 제휴 노려야

- 만두를 만드는 업체는 위생관리에 만전을 기해야 합니다. 소비자들은 아직도 '만두 파동'을 기억하고 있습니다. 만두에 들어가는 식재료 관리를 더욱 철저히 해야 합니다. 신발을 갈아 신고, 위생복에 위생모자를 쓴 뒤 에어샤워실에서 강한 공기바람을 이용한 멸균 과정을 거쳐야 생산공장으로 들어갈 수 있는 식품위해요소중점관리기준(HACCP)을 반드시 도입해야 합니다.
- 다양한 제품을 개발해야 합니다. 만두 형태를 성형해주는 기본 틀인 몰드 유닛의 종류를 여러 가지로 만들어 간단한 몰드 교체만으로 자기가 원하는 모양의 만두를 만들어낼 수 있어야 합니다. 그래야 물만두를 비롯해 손만두, 군만두, 왕만두 등 다양한 품목을 대량생산할 수 있습니다.
- 해외시장으로 눈을 돌려야 합니다. 만두성형기는 조작이 간편하고, 사용 후 청소가 쉬워야 합니다. 또 기계를 이동하거나 설치하기가 용이해야 합니다. 스팀기, 냉동기, 포장기에 이르는 모든 생산라인을 자체 기술로 개발해 만두 생산 전 과정을 자동화해야 합니다. 자체 개발한 제품을 브랜드화해 해외시장에 진출해야 합니다.
- 판매 루트를 확보해야 합니다. 만두성형기는 인건비를 줄여주기 때문에 만두전문점 점주들의 수요가 늘고 있습니다. 최근 기계가 소형화되면서 전기료 등 관리 비용이 크게 줄었습니다. 하지만 기계만 가지고 창업하는 사람은 많지 않습니다. 프랜차이즈 만두전문점들이 많기 때문입니다. 개인 점주를 대상으로 만두성형기를 판매하는 방식을 버리고 프랜차이즈 본사와 제휴해 기계를 판매해야 합니다. 그래야 수요처를 확대할 수 있습니다.

성공 자영업 길라잡이 27

Q 강원 춘천 민속카페

강원도 춘천시 동면 감정1리에서 민속카페인 '얼사랑카페'를 운영하는 박정숙(53세)입니다. 매장은 200㎡(60평) 규모로 테이블 6개를 두고 있습니다. 춘천 시내에서 장학리를 지나 홍천 구성포 방면으로 가다가 동면파출소 앞 삼거리에서 우회전하면 연산골 막국수촌이 나옵니다. 연산골에는 저희 업소를 포함해 8개 식당이 영업하고 있습니다.

저는 춘천에서 아이들과 생활하고 남편은 양구에서 군 생활을 하느라 25년간 주말부부로 지냈습니다. 그동안 잡화, 세탁수선, 휴게소 운영 등 다양한 장사를 해온 경험이 있습니다. 정년퇴직 후 남편과 함께 할 수 있는 사업을 구상하다가 1995년 연산골에 카페 부지를 매입했습니다. 매입 당시 시장조사를 해보니 좁은 도로 앞을 지나는 차량이 하루에 200대가 넘었습니다. 방문 차량의 5%인 10대만 확보해도 인건비는 벌 수 있다는 생각으로 카페를 시작했습니다.

카페와 주거용 가옥 건축비로 2억 7,000만 원을 투자했고, 82.5㎡(25평)짜리 별채를 짓는 데 추가로 7,000만 원이 들어갔습니다. 평소 취미로 수집해놓았던 고가구, 반닫이, 생활용품 등을 활용해 가게를 꾸몄습니다. 카페는 2003년 7월 문을 열었고, 별채는 식자재용 창고로 쓰고 있습니다.

주말 고객이 많지만 종교생활 때문에 일요일은 영업을 하지 않습니다. 차와 음료, 간단한 식사, 안주 등을 서비스하고 있습니다. 오전 10시부터 오후 10시까지 문을 열지만 하루 매출이 10만원도 안 돼 적자상태입니다. 큰돈 욕심은 없고 생계비만 벌어도 좋겠습니다. 매출을 늘릴 수 있도록 도와주세요.

A 향토음식점으로 바꾸고 지역 커뮤니티 공략을

의뢰인의 점포는 도시 외곽이나 지방도로 인근에 있는 '가든형 카페'로 주로 주말 영업에 의존하고 있습니다. 매장이 위치한 '연산골'은 1996년 열린 막국수대축제에서 명가로 선정된 춘천의 대표적인 명소입니다. 춘천은 물론 멀리 서울에서 막국수를 좋아하는 고객들이 많이 찾아오는 곳입니다. 향토음식인 막국수를 즐겨 먹는 연인과 가족 단위 고객이 주요 소비층입니다.

연산골에서 식사를 마친 1차 고객 중에서 2차 후식으로 '얼사랑카페'를 들르는 경우가 많을 것으로 판단됩니다. 지역 내 10여 개 외식업소 가운데 1곳 정도는 카페형으로 생존할 여지가 있습니다. 하지만 카페들이 밀집해 있는 인근의 구봉산전망대에 비해 경쟁력이 떨어집니다.

'얼사랑카페'는 전통적 양식의 기와와 향토적으로 꾸민 인테리어가 뛰어납니다. 넓은 대지에 조성된 진입로와 분수, 정자 등 외부 조경도 훌륭한 수준입니다. 하지만 점포 안에 소품이 너무 많아 산만해 보입니다. 카페 안팎이 농기구, 목공예품, 총기류 등 성격이 다른 소품들로 넘쳐나 편안한 휴식공간이라는 이미지를 주지 못하고 있습니다.

고객들이 몰려드는 일요일에 휴업하는 것도 걸림돌로 작용하고 있습니다. 일요일에 영업하지 않을 경우 교외지역 업소의 특성상 월매출의 절반을 포기하는 것을 의미합니다. 한번 매장을 방문했다가 허탕 친 고객은 재방문을 기피하기 때문입니다. 메뉴 구성에도 실패했습니다. 카페, 주점, 식당의 메뉴를 모두 제공해 다양해 보이지만 전문성이 떨어집니다. 어느 업종에 주력할지 확실하게 정해야 합니다.

지금 매출은 손익분기점에 턱없이 부족한 수준입니다. 우선 월 900만 원을 목표로 삼아 메뉴를 새롭게 보완하고, 홍보활동을 강화해야 합니다. 주요 고객이 나들이객이라는 점을 감안하면 '카페'를 강조해야 하지만 인근의 구봉산 카페촌이 경쟁력을 갖고 있는 만큼 현실적으로 무리가 따릅니다. 따라서 업종 전환을 고려해보길 바랍니다.

전통 한옥 분위기를 살려 막국수를 대표 메뉴로 하는 향토음식점을 권합니다. 연산골이 '막국수마을'로 지정돼 있고, 최근 서울~춘천 고속도로가 개통돼 주말 관광객이 크게 늘고 있습니다. 춘천 지역의 향토음식점 수요는 꾸준히 늘어날 전망입니다. 막국수를 대표 메뉴로 하면서 주민들이 선호하는 만둣국을 서브 메뉴로 추천합니다. 감자전과 올챙이국수 등을 추가해도 좋습니다. 막국수는 여름철 별미지만 따듯한 육수를 사용한 겨울철 막국수를 함께 제공하면 사계절 영업이 가능합니다.

넓은 마당과 별채를 활용해 고객을 유치해야 합니다. 현재 창고로 사용하는 별채를 정돈해 민박이나 펜션으로 이용하면 매출 증대에 도움이 될 것입니다. 종교활동으로 일요일 영업이 곤란한 만큼 금요일과 토요일에 펜션 고객을 유치하면 월 100만 원 정도 추가 매출을 올릴 수 있습니다.

업종 전환 때 소품을 대폭 줄여 매장 공간을 재배치해야 합니다. 외식 고객들은 상호보다 메뉴를 보고 업소를 선택하기 때문에 외부 간판에 대표 메뉴를 넣어 무엇을 판매하는 곳인지를 명확하게 알릴 필요가 있습니다. 웰빙 소비 트렌드에 맞춰 천연 식재료만 사용한다는 점도 강조하세요. 점주가 직접 지어 수확한 농산물을 매장 입구에 전시·판매하는 것도 도움이 됩니다.

지역 특성을 감안한 고객 유치 활동도 필요합니다. 춘천의 경우 같은 해에 고등학교를 졸업한 동기들이 연합해 정기적으로 동기회를 하고 있습니다. 동기회 등 다양한 커뮤니티를 대상으로 가게의 존재를 알려야 합니다.

 **막국수 원조마을로 주말 의존도 높아**

춘천시 후평동에서 동쪽으로 나와 56번 국도를 따라 장학저수지를 지나 5분 정도 달리면 세월교 못 가서 동면 감정리 연산골에 이른다. 이곳은 전체 외식업소가 10여 곳에 불과한 전형적인 도심 외곽상권으로 자체 배후 수요가 없다.

연산골을 찾는 고객들은 대부분 춘천에서 드라이브 나온 사람들이다. 산과 계곡으로 둘러싸인 연산골은 춘천의 별미인 막국수의 본고장이다. 식당들이 막국수를 간판 메뉴로 내세워 춘천시로부터 '막국수마을'로 지정된 곳이다.

의뢰인의 점포는 56번 지방도로에서 갈라진 샛길로 진입해 연산골 끝부분에 있다. 사전에 점포 위치를 알고 있지 않다면 찾아오기가 쉽지 않다는 것이 단점이다. 주요 고객들이 춘천 시내에 거주하기 때문에 주중에는 연인 등 커플이 많고 주말과 휴일에는 친구, 동창, 가족, 계모임 등을 하는 단체고객이 많다. 주중 5일보다 주말 이틀 매출이 두 배 이상 많다.

춘천은 천혜의 자연경관을 배경으로 한 대표적인 '카페 도시'로 손꼽힌다. 시 외곽에는 차별화된 경쟁력을 갖춘 카페가 무수히 많다. 얼사랑카페가 있는 인근의 구봉산전망대 지역에도 복사꽃 피는 마을, 해밀, 하얀 추억 등 유명 카페가 즐비하다. 소비 수준이 높은 춘천시민의 특성을 감안하면 특화된 이미지를 갖춰야만 카페로 존립할 수 있다.

가든형 카페 성공 TIP

멋진 인테리어·간판으로 유혹, 차별화된 테마 있어야

- 인테리어와 간판에 신경을 많이 써야 합니다. 교외로 드라이브하다가 멋스럽게 꾸며진 식당이나 카페를 보면 한번 들어가 보고 싶은 충동을 느끼기 때문입니다. 끌리는 외형만큼 내부도 알찬 매장으로 만들어야 합니다.
- 접근성이 좋아야 합니다. 도심에서 멀지 않으면서 차량이 많이 다니고 쉽게 다가갈 수 있어야 합니다. 경기침체기에는 소비자들이 씀씀이를 줄이기 때문에 도심에서 먼 곳에 있는 전원 카페들이 먼저 경영난을 겪을 확률이 높습니다. 쾌적성도 고려해야 합니다. 접근성이 좋다 해도 자동차 소음이 심하거나 주위에 주택들이 밀집돼 있어 주변 환경이 어수선하면 고객들이 오래 머물기 힘들어집니다.

- 차별화된 테마가 있어야 합니다. 도심 점포와 달리 확실한 테마 없이 막연히 시작했다가는 실패하기 쉬운 업종이 카페입니다. 과거에는 통나무집, 초가집, 흙집 형태의 '민속 카페'가 유행했으나 최근 들어 조각공원, 체험카페, 갤러리박물관 등의 '테마 카페'가 유행하는 추세입니다.
- 주인의 경영 방침에 따라 성패가 좌우되는 경향이 큽니다. 접근하기 쉽고 주변 환경이 양호하며 터가 넓다면 16.5~40㎡(5~12평) 정도의 작고 예쁜 방갈로를 만들어 펜션을 함께 운영하면 좋습니다.

성공 자영업 길라잡이 28

Q 서울 인사동 호프주점

서울 인사동에서 '2번가 호프주점'을 운영하는 김연숙(52세)입니다. 점포는 종각역 2번 출입구에서 인사동으로 이어지는 YMCA 후문 골목길에 있습니다. 116㎡(35평) 규모로 테이블 17개를 두고 있습니다. 30년 동안 주점으로 운영하던 자리를 인수한 지 3년 정도 됐습니다. 권리금 5,000만 원, 보증금 2,100만 원에 월세 110만 원의 조건으로 계약했습니다. 주방 종업원 1명과 함께 오후 5시부터 새벽 2시까지 영업하고 있습니다.

저는 남매를 둔 평범한 주부였습니다. 두 아이 모두 대학생으로 생활비가 많이 들어가는 편입니다. 남편이 의류 부속품 공장을 운영하고 있으나 불황의 여파로 몇 년 전부터 어려움을 겪고 있습니다. 그래서 교육비와 생활비라도 벌려고 3년 전 창업을 결심했습니다. 허름한 골목길 구석에 있지만 처음 문을 열 때만 해도 고객이 꽤 있었습니다.

2008년 초까지 월평균 매출이 1,500만 원선을 유지해 많지는 않아도 이익을 냈습니다. 그러나 1년 전부터 고객이 급감해 매출이 절반 이하로 떨어졌습니다. 대학생 등 젊은 고객은 거의 없고, 인근 회사 직장인만 조금 찾아옵니다. 종로 대로변은 초고층 건물이 들어서면서 발전해가고 있으나 뒷골목은 낙후돼 고객의 발길이 줄어들고 있습니다. 현재 골뱅이, 부대찌개 등 50여 종의 메뉴를 제공하고 있습니다. 안주가 푸짐하고 맛있다는 평은 듣고 있지만 물가가 많이 오른 탓에 비용 부담이 갈수록 커져 어려움이 가중되고 있습니다.

홍보 전단을 가끔 배포하지만 효과가 없습니다. 이달 중 골목길 입구에 수백 평 규모의 초대형 퓨전 노래주점이 들어서게 됩니다. 고객들이 몰려들면 집객 효과가 있겠지만 인근 영세 점포를 찾는 고객은 더 줄어들 수 있다는 얘기도 있습니다. 어떻게 대처해야 할지 좋은 방안을 알려주십시오.

A 복고풍 민속주점으로 변신, 향수 자극하면 승산

의뢰인의 점포가 있는 일대는 도심 재개발 사업과 맞물려 젊은이들이 관철동이나 신촌 방면으로 발길을 돌리면서 상권이 축소되고 있습니다. 개인 혼자 쇠퇴한 상권을 활성화하는 것은 어려운 일입니다. 인근 지역 상인들과 힘을 모아 건물 벽에 흑백 사진을 게시하거나 골목길에 적합한 주제나 문화적 요소를 가미해 특색 있는 골목길로 만들어가는 노력이 필요합니다. 옛 화신백화점 뒷골목인 이 지역은 중장년층들이 향수를 갖고 있는 전통의 먹자거리입니다.

지금 점포는 시골 동네 호프주점 이미지를 풍기고 있습니다. 목재로 만들어진 외관에 내부가 노후했기 때문입니다. 점포 내부의 좁은 공간이 1, 2층으로 연결된데다 주방도 협소합니다. 젊은 층이 선호하는 밝은 분위기의 생맥주전문점으로 바꿔도 주변 환경과 어울리지 않습니다. 오히려 불황에 강한 복고풍 민속주점이 적당합니다.

오래된 사진이나 소품을 이용해 복고풍 주점 분위기로 바꾸고, 요즘 인기 있는 막걸리를 주력으로 판매하십시오. 상호도 '골목길 민속주점'이나 '2番街 민속주점'처럼 한문 표기를 넣어 행인들의 눈길을 끌도록 해야 합니다.

종각역 2번 출입구에서 100m도 안 되는 거리에 있지만 유동인구의 유입이 적은 곳에 점포가 있습니다. 고객도 인근에 상주하는 30~40대 직장인이나 지역 주민에 그치고 있습니다. 젊은 신규 고객을 끌어들이는 노력이 필요합니다. 매장이 눈에 띄도록 만들기 위해 출입구의 화분 등을 깔끔히 치우고 밝은 간판으로 대체해야 합니다. 출입구 벽면을 활용해 '이달의 인기 메뉴 5선' 등을 제시하거나 메뉴 사진 등을 부착하는 방법도 있습니다. 중·저가 민속주점을 전면에 내세워 고객들에게 알려야 합니다.

매장 내부의 2층 공간도 활용하십시오. 테이블 14개를 테마별로 구분해 독특한 명칭을 부여하고, 사진을 찍어 1층 출입구 전면에 부착하면 효과가 있습니다. 분위기를 개선하기 위해 1층 계단 뒷부분의 식자재 창고는 커튼이나 가리개를 활용해 정리해야 합니다. 민속주점 콘셉트에 맞춰 점주와 종업원이 개량 한복을 입는 것도 좋습니다.

점포 앞 골목길을 이용하는 행인은 대부분 직장인입니다. 주말 고객은 거의 없고, 평일에도 2차로 오는 손님들이 많아 8시가 지나야 자리가 찹니다. 시끌벅적한 분위기가 싫어 조용한 곳을 찾아오는 고객이 많습니다. 의뢰인의 점포는 음식 맛이 좋고 양이 푸짐해 실속형 소비자들이 선호하고 있습니다. 이들을 겨냥해 실속형으로 메뉴를 리뉴얼할 것을 권합니다. 소주 세트, 막걸리 세트, 맥주안주 세트 등으로 구성하고 단품 메뉴는 5,000~1만 원대까지 가격대별로 구성하면 좋습니다.

3가지 이상 메뉴를 동시에 주문할 경우 가격을 낮춰주는 등 할인 이벤트도 필요합니다. 간편 안주로 계란말이를 양은도시락에 담아 제공하는 등 향수 마케팅을 도입해보십시오. 홍보 전단을 제작할 때는 가게로 진입하는 약도를 정확하게 표기해야 합니다.

글로벌 경제위기로 소비 위축이 지속되면서 많은 자영업자들이 어려움을 겪고 있습니다. 의뢰인의 경우 자녀들의 교육비 지출이 커 생활고가 가중되고 있습니다. 자녀들은 몇 년 뒤면 대학을 마치고 사회로 진출합니다. 의뢰인은 인생의 8부 능선을 넘은 셈입니다.

더 나은 삶을 찾기 위해 시작한 장사로 스트레스만 가중된다면 불행

한 일입니다. 미래를 낙관하고 긍정적인 사고로 생활하는 게 좋습니다. 반짝이는 아이디어를 장사에 접목해 고객들과 더불어 장사를 즐기시길 바랍니다.

 **문화중심지로 다시 뜨는 서울 구도심**

종로는 서울을 상징하는 중심 상권이다. 점포 가격이 비싸기로 소문난 종로 상권은 하루 10만 명이 이용하는 지하철 종각역을 중심으로 발달해 있다. '2번가 호프주점'의 1차 상권에 해당하는 반경 500m 이내의 거주민은 2,700여 명에 불과하지만 인근에서 일하는 직장인은 30배가 넘는 8만 2,000여 명에 달한다.

직장인들이 주소비층이지만 대형 서점과 극장가, 주얼리숍, 학원 등이 몰려 있어 젊은이들도 많다. 1990년대 중반 이후 상권이 약해지고 있지만 최근 인사동이 제2전성기를 누리면서 '소비 중심지'에서 '문화 중심지'로 새롭게 탈바꿈하고 있다.

종로는 옛 종로서적을 중심으로 관철동과 YMCA 인근의 인사동 상권으로 크게 나눌 수 있다. 관철동 상권은 10대와 20대가 소비 주체로 젊은 감성을 자극하는 패스트푸드와 파스타, 테이크아웃 커피숍, 분식류 등이 어울리는 곳이다. 식사와 술을 동시에 해결할 수 있는 저가의 닭갈비, 찜닭, 해물떡찜, 호프집 등이 성업 중이다. 노래방이나 DVD방

역시 대표 업종이며 청계로 인근엔 유흥 주점도 많다.

의뢰인의 점포가 있는 인사동 상권을 찾는 소비층은 관철동에 비해 연령대가 다소 높아 젊은 감각보다 향수를 느낄 수 있는 매장을 선호하고 있다. 물론 대로변에는 회전율이 빠르고 감성적인 아이템이 강세를 보이지만 뒷골목에는 동동주와 파전 등을 찾는 중장년층의 발길이 끊이지 않고 있다. 피맛골 주점골목을 비롯해 수십 년 역사를 자랑하는 장터국밥집들이 즐비하다. 관철동 쪽과 달리 직장인들의 회식 수요도 많은 곳이다.

의뢰인은 입지 전략을 분명하게 해야 한다. 호프와 주점이라는 모호한 콘셉트를 버리고, 30대 이상 중장년층을 타깃으로 한 테마 주점으로 이미지를 강화할 필요가 있다.

주점 성공 TIP

싸구려 분위기는 금물, 지속적으로 새 안주 개발해야

- 싸구려 같은 분위기는 금물입니다. 풍성한 먹을거리와 편안한 인테리어는 기본입니다. 음식 맛은 물론 분위기가 매우 중요합니다. 메뉴 특성에 맞게 고객 취향을 고려한 인테리어와 소품은 음식 맛을 돋우는 데 한몫합니다. 매장을 찾은 고객에게 추억과 재미를 선사하면서 단골고객을 늘려야 합니다. 자기 점포만의 서비스나 이벤트 등 차별화된 전략을 마련해야 합니다.
- 고객감동 서비스를 제공하기 위해 직원 관리를 철저히 해야 합니다. 주점은 취객을 응대하는 업종인 만큼 서비스 정신이 투철한지 항상 점검해야 합니다. 취객들의 까다로운 요구에 일일이 응대해야 하기 때문에 서비스 마인드가 없으면 운영에 어려움을 겪을 수 있습니다. 오후부터 새벽까지 영업하기 때문에 체력 소모가 상당하다는 점도 감안해야 합니다.
- 점주는 지속적으로 새로운 안주 메뉴를 개발해 고객들이 식상하지 않게 해야 합니다. 주점 메뉴는 많습니다. 40~50가지 다양한 메뉴를 모두 완성도 있게 만드는 것은 쉽지 않습니다. 손쉽게 만들 수 있는 가공·냉동식품보다는 좀 더 정성이 들어간 요리가 필요합니다. 주인이 편하게 만들 수 있는 음식이 아니라 고객이 다시 찾는 메뉴를 만들어야 합니다.
- 좋은 식자재를 써야 합니다. 보통 주점은 저가 판매로 승부하면 승산이 있다는 생각을 많이 합니다. 하지만 저가 판매의 경우 소비자들에게 외면당하는 경우도 많습니다. 싼 가격을 지향하다 보면 좋은 식자재를 쓰기 어려워집니다. 고객은 싼 가격에 고품질을 요구합니다. 적절한 가격을 받으면서도 품질이 좋다는 소문이 나야 고객이 몰려옵니다.

성공 자영업 길라잡이 29

Q 서울 용답동 치킨전문점

서울 용답동에서 치킨전문점 '한강치킨호프'를 운영하는 임남석(48세)입니다. 가게는 지하철 2호선 용답역 1번 출입구에서 100m 떨어진 이면도로 1층에 있습니다. 132㎡(40평) 규모로 70석을 갖추고 있습니다. 생맥주전문점을 운영하던 자리를 권리금 4,000만 원을 주고, 보증금 3,000만 원, 임차료 230만 원의 조건으로 계약했습니다. 동부이촌동과 유사한 입지조건을 갖춘 가게를 찾기 위해 서울 시내 전역을 돌아다녔습니다. 가게를 인수받은 뒤 2,000만 원을 들여 새 단장하고 2008년 8월 개업했습니다.

치킨점에 앞서 장안평에서 자동차부품 판매업을 10년 동안 했으나 매출이 부진해 그만뒀습니다. 아내와 함께 고민하다 음식업이 적성에 맞는다고 판단했습니다. 동부이촌동에서 30년 넘게 '한강치킨호프'를 하고 있는 선배에게서 기술을 전수받아 창업했습니다. 아내와 함께 만 2년 동안 오후 5시부터 밤 12시까지 치킨요리를 배웠습니다. 낮 시간에는 짬을 내 하이트맥주에서 실시하는 하이트창업아카데미를 수료했습니다. 소상공인지원센터에서 실시하는 창업강좌도 빠짐없이 들었습니다.

가게는 아내와 둘이서 운영하며 오후 2시부터 새벽 2시까지 영업하

고 있습니다. 월평균 1,200만 원 정도 매출을 올리며 1인당 객단가는 1만 1,000원 선입니다. 월세를 제외하면 두 사람 인건비 정도가 나오는 것 같습니다. 아내가 주방을 맡고 제가 홀을 보고 있으나 아내가 주방일을 힘들어 해 종업원을 고용해야 할지 고민 중입니다.

가게는 근처 경쟁 업소보다 넓어 5~6명 이상 단체 고객들이 선호하고, 가족 단위 고객도 많이 오는 편입니다. 더 적극적으로 영업하면 하루 70만 원 정도를 팔 수 있을 것 같습니다. 신규 고객 창출이나 매출 증대 방안이 있으면 도움을 주시기 바랍니다.

A '테이크아웃·배달' 홍보, 초저녁엔 할인행사

의뢰인 가게의 매출은 월평균 1,200만 원으로 식자재 구입비, 점포 임차료 등을 제외하면 부부 인건비 수준입니다. 창업 초기임을 감안하면 양호한 편입니다. 가게 인테리어나 청결 유지, 인터넷 서비스 등 시설도 우수한 편입니다. 하지만 상권 특성, 임차료에 비해 매출은 미흡한 수준입니다. 임차료를 월 230만 원 지불하는 매장이라면 월평균 2,000만 원 이상 팔아야 합니다. 전략적으로 판매촉진 활동을 전개하면 매출 목표를 달성할 수 있습니다.

의뢰인은 프랜차이즈 가맹점은 아니지만 '한강치킨호프'라는 브랜드를 활용해 영업하고 있습니다. 30년 동안 이어진 치킨 요리기술을 전수받았지만 핵심을 놓쳤습니다. 강산이 세 번이나 바뀌면서 터득한 운영 노하우와 산전수전을 겪으면서 풍겨내는 주인의 이미지입니다. 의뢰인도 30년 전통에 걸맞은 넉넉한 인심은 물론 고객을 배려하는 노력이 필요합니다.

부부 중심의 가게 운영을 재검토해야 합니다. 비용 절감 효과가 있지만 인력 부족으로 서비스 품질이 떨어질 수 있습니다. 파트타임으로 종업원을 고용해 고객 만족도를 높이면 매출 상승을 기대할 수 있습니다. 가게 내 유니폼 착용도 권합니다. 유니폼은 고객을 위한 기본적인 접객 예의입니다. 의뢰인은 스티커 배포 등 배달 홍보를 하지 않는 상태에서 하루 5건 정도 배달주문을 받고 있습니다. 매출을 늘리기 위해 가게 외부에 '테이크아웃'이나 '배달가능' 문구를 표시할 필요가 있습니다.

이용 고객은 30~40대가 대부분이며 가족 단위도 많습니다. 오후 3~4시쯤 첫 손님이 들어오고 있습니다. 퇴근길에 가족과 주변 상인들의 이용 빈도가 높은 것으로 보입니다. 의뢰인은 단골 위주의 영업전략을 전개해야 합니다. 자주 오는 고객이나 일정 금액 이상 팔아주는 고객에게는 서비스 안주를 제공하는 센스가 필요합니다. 안주의 원가 이상으로 주류 매출이 발생하게 됩니다.

단골고객을 대상으로 이벤트를 알리는 문자서비스도 고려해보십시오. 고객 정보를 확보하기 위해 명함을 받아두고 매달 추첨을 통해 무료시식권을 제공하는 것도 좋습니다. 계산할 때 명함을 주는 고객에게 휴대전화 고리 등 작은 선물을 주면 효과적입니다.

고객들은 손님이 많은 가게로 몰리는 성향이 강합니다. 다른 가게보다 먼저 초저녁 손님을 유치하는 게 성공의 관건입니다. 저녁 6~7시 이전에 오는 방문객에게 특별한 서비스를 제공할 필요가 있습니다. 실속 있는 세트 메뉴와 서비스 안주 제공 등의 방법을 구사해야 합니다.

현재 메뉴는 프라이드와 양념 치킨 중심입니다. 골뱅이 소면을 제외하면 주문할 만한 안주거리가 마땅치 않습니다. 1만 3,000원에 1마리 반을 제공하기 때문에 실속을 즐기는 고객들이 선호하는 편입니다. '한강치킨'을 강조하기 위해 메뉴를 다양화할 필요가 있습니다. 호프 손님의 효자 메뉴인 낙지볶음+소면, 해물떡볶이를 권장하며 소주를 찾는 고객을 위한 얼큰한 탕류의 신메뉴 개발도 검토해보시기 바랍니다.

치킨의 경우 직장인이 선호하는 간장치킨이나 마늘치킨을 접목하세요. 소스를 늘려야 합니다. 소금 외에 머스터드, 칠리 등 최소한 3가지가 필요합니다. 메뉴와 소스 개발이 완성되면 메뉴판을 다시 제작해야 합니다. 음식 사진을 삽입하고 간단한 설명을 붙여 식욕을 돋게 만들면 효과적입니다.

가게 외부에는 신선한 기름에 닭을 통째로 튀겨내는 이미지를 내세워 이곳만의 차별점을 강조하고, 대표 메뉴인 프라이드치킨과 양념치킨을 집중 홍보해야 합니다. 매장 내에서 가장 먼저 손님을 맞는 것이 사인물입니다. 간판, 현수막, 메뉴판 등은 고객들에게 상품 정보뿐만 아니라 분위기와 신뢰감까지 전해줍니다.

 **배후 세대 많은 주택가 상권, 직장인은 적어**

서울 용답동 상권은 지하철 2호선 성수지선의 용답 역세권에 있다. 다른 역세권과 달리 500m 정도 떨어진 천호대로 방면 노선버스를 제외하면 교통수단이 없다. 지하철을 이용하는 유동인구는 의뢰인의 가게 앞 이면도로를 이용한다.

도로를 중심으로 로데오거리와 재래시장이 형성돼 있고, 배후 세대가 다른 주택가 밀집 지역보다 많은 편이다. 동대문상권과 건국대상권, 장안동 유흥상권 등과 적당한 거리를 두고 있어 '항아리상권'으로 불리기도 한다. 점포 임차료도 비교적 높다.

한강치킨호프의 1차 상권 이내에는 7,200여 가구가 거주하고 있다. 단독주택 비중이 95%에 달하는 전형적인 지역 상권이다. 5호선 답십리역과 2호선 용답역 사이에 로데오거리가 있고, 근처에 재래시장이 있어 유동인구가 풍부한 것이 최대 강점이다. 다만 주차공간이 부족하다는 것은 단점이다.

상가 건물들이 오래됐고, 깨끗한 매장이 많지 않은 편이다. 다른 지역과 달리 상권의 폭이 좁고 수요가 많아 장사하기에 적당하다. 하지만 주변에 대형 빌딩이 없어 직장인 수가 적다. 따라서 음식점의 점심 매출은 예상보다 저조하다. 주류를 전문으로 하는 업소들도 많은 편이다. 치킨점 12개, 호프점 38개 등 총 50여 점포가 영업 중이기 때문에 그만큼 경쟁이 치열하다.

주변에는 모든 연령층이 선호하는 한식점, 고깃집, 분식집도 있다. 약국, 도소매 유통업, 제과점 등을 제외하면 음식점이 강세를 보이고 있다. 이곳에서는 튀는 업종보다 대중적이고 서민적인 아이템으로 창업하는 것이 바람직하다.

치킨전문점 성공 TIP

치킨 대체할 다양한 메뉴, 소스 개발 힘써야

- 치킨전문점은 소자본으로 창업하기 적당한 업종입니다. 규모가 작은 점포에서 운영이 가능해 부부가 함께 일하면 인건비 부담을 줄일 수 있습니다. 수익성이 다소 떨어질 수 있지만 실패 위험을 최소화하는 게 불황을 이기는 최고의 운영전략입니다.
- 동네 사람을 대상으로 한 지역밀착형 업소이기 때문에 단골 확보는 쉬운 편입니다. 손님이 오게끔 전화하고, 전단지를 돌려 재방문을 유도해야 합니다. 고객에게 지속적으로 관심을 쏟고 친절과 정성으로 서비스한다면 신뢰를 얻을 것입니다. 젊은 고객들은 이벤트를 좋아합니다. 다양한 이벤트를 주기적으로 실시해 젊은 층을 파고들어야 합니다. 시간대별 할인행사나 주말 가족특판행사 등으로 고객의 관심을 유도해야 합니다.
- 조류 인플루엔자, 식자재 파동 등 예상치 못한 악재에 대비해 치킨을 대체할 메뉴 구성이 필요합니다. 평소에 각 메뉴의 차별성을 강조해두면 좋습니다. 또 메뉴마다 타깃 고객층을 분명하게 설정해 관리해야 합니다. 메뉴별로 수요층을 확보해두면 매출 감소를 예방할 수 있습니다.
- 조리과정이 단순해 일반 음식점에 비해 음식 준비가 쉽지만 경쟁이 치열합니다. 상품개발을 지속적으로 하고 지역 소비자의 입맛을 맞추기 위해 꾸준히 노력해야 합니다. 맛의 다양성은 소스에 있습니다. 색이 약한 요리에는 화려한 소스, 싱거운 요리에는 강한 소스, 팍팍한 요리에는 부드러운 소스를 사용하는 등 음식과 조화하는 것이 중요합니다.

성공 자영업 길라잡이 30

Q 서울 자양동 치킨호프전문점

서울 광진구 자양동 스타시티몰에서 2008년 11월부터 치킨호프전문점 '스타라운지'를 운영하는 전양정(52세)입니다. '스타라운지'라는 상호를 내걸고 프랜차이즈 가맹점 형태로 영업하고 있습니다. 점포는 333㎡(100평)로 158석 규모입니다. 보증금 1,000만 원에 임차료와 관리비 명목으로 매출액의 15%를 내고 있습니다. 계약기간은 4년 6개월이나 최저 매출로 월 4,000만 원을 올리는 조건입니다.

창업할 때 가맹비, 물품 보증금, 시설비 등으로 총 4억 원을 투자했습니다. 직원은 정규직 5명과 파트타임 3명입니다. 매달 인건비로

1,000만 원을 지출하고 있습니다. 영업시간은 오후 5시에서 새벽 1시까지입니다. 오후 8시부터 두 시간 정도만 바쁘고 나머지 시간은 한가합니다. 장소가 넓어 학생, 직장인 등 단체고객이 많습니다. 롯데시네마와 이마트 이용고객, 주상복합 주민들도 가끔 찾아옵니다. 매장에서 라이브 공연도 서비스하고 있습니다. 골드프라이드 등 20여 종의 치킨과 골뱅이 등 안주거리, 돈가스 등의 식사 메뉴가 있습니다.

현재 매출은 월평균 3,000만~4,000만 원입니다. 하루 평균 20여 팀이 이용하며 테이블당 평균 단가는 5만 원 정도입니다. 투자비를 감안하면 매출이 월 5,000만 원은 돼야 정상 운영이 가능합니다. 매출을 늘리기 위해 점심 샐러드 뷔페도 운영해봤으나 이용자가 적어 보름 만에 중단했습니다. 매출을 증진하기 위해 점심시간에 돌잔치 등 각종 연회를 유치하고 싶습니다. 남편이 용산구에서 웨딩홀을 운영해 뷔페식 연회 노하우를 갖고 있습니다. 종합적인 경영진단과 함께 신규 고객 창출 방법이나 매출 증대 방안을 알려주세요.

A 매장 고급스럽게, 식사 겸한 호텔식 메뉴 도입을

의뢰인의 점포는 건국대 메인상권인 건대입구역 2번 출입구 대각선 방향에 있는 스타시티몰 지하에 있습니다. 중심 상권과 매우 가까운 거리지만 기존 중심 상권보다 소비수준이 높습니다.

2007년 1월 롯데시네마를 시작으로 이마트, 롯데백화점 등이 잇따라 스타시티몰에 문을 열었습니다. 지하에는 상점과 식당들도 입점해 있습니다. 매장은 대부분 수수료 매장으로 운영돼 가격이 비싼 편입니다. 식당가 객단가는 6,500~7,000원으로 기존 상권에 비해 높습니다. 의뢰인 매장의 매출은 월평균 3,500만 원으로 손익분기점에 1,000만 원가량 부족합니다. 스타시티몰이 개점 초기인 점을 감안하면 실망스러운 수준은 아닙니다. 손익분기점 이상의 매출을 올리려면 적극적인 영업활동이 필요합니다.

우선 매장 분위기를 바꿔야 합니다. 라이브를 갖춘 대형 매장인데 치킨 프랜차이즈로 국한시켜 운영하는 것은 바람직하지 않습니다. 고객들의 수준이나 연령을 감안하면 프리미엄 맥주 팝 형태의 매장으로 탈바꿈하는 것이 좋습니다. 매장에서 '안주나 술을 판다'는 사고에서 벗어나 '장소와 분위기를 판다'는 방식으로 인식을 전환하는 게 급선무입니다.

치킨호프전문점 분위기가 점심식사 영업을 가로막는 걸림돌이 되고 있습니다. 단체 고객이나 돌잔치 등의 연회 고객을 유치하려면 오전 11시 30분~오후 2시 점심 영업을 상시화해야 합니다. 이를 위해 전문화된 식사메뉴 3~4가지를 개발해야 합니다. 점포 분위기를 바꾸기 위해 테이블클로스를 사용하고, 메뉴판을 깔끔하게 새로 만들거나 화병 등을 활용해 매장 분위기를 고급스럽게 바꾸어야 합니다.

의뢰인의 점포를 찾는 고객은 대부분 인근에서 식사하고 입가심으로 가볍게 생맥주 한 잔 나누며 담소를 즐길 곳을 원하는 사람들입니다. 따라서 오후 8시가 지나야 고객이 몰려들며 노가리, 마른안주 등 간단한 안주류를 선호합니다. 치킨 중심의 안주를 피하고 호텔식 메뉴를 도입해야 합니다. 양이 적더라도 고급화를 시도하십시오. 식사를 겸한 1, 2차 완결형 실속 메뉴도 필요합니다.

특히 초저녁 고객을 유치하기 위한 파격적인 영업전략이 필요합니다. 고객들의 평균 체류시간이 두 시간은 되기 때문에 오후 6시 이전에 입장하는 고객에게 무료 안주를 제공하거나 생맥주 500cc 한 잔씩 서비스하는 등의 판촉활동을 시도해야 합니다.

매장은 넓지만 하루 평균 20여 팀만 방문해 회전율이 60% 수준에 그치고 있습니다. 고객들이 보기에 썰렁할 수 있습니다. 시각적인 효과를 내기 위해 일정 매출 이상을 올린 고객에게 점주나 점장 재량으로 서비스 안주를 제공하는 것도 고려해볼 만합니다. 생맥주의 추가 매출을 기대할 수 있고, 고객들이 오래 앉아 있으면 영업이 잘되는 매장으로 소문나는 부수 효과도 있습니다.

의뢰인의 매장은 지하층에서도 노출 빈도가 적고 대로변에서도 찾기 어려운 곳에 있습니다. 현재 마케팅 활동은 단골고객에 대한 DM 발송과 홈페이지 운영에만 의존하고 있습니다. 출입구에 점심특선, 실속 메뉴 소개, 초저녁 특별 이벤트 등을 알리는 게 필요합니다. 외부에서 지하 2~3층 주차장으로 이어지는 통로에 안내문구가 적힌 사인보드를 보강해야 합니다. 점심 메뉴나 저녁 술자리 분위기, 회식을 즐길 수 있는 넓은 장소 등을 담은 전단지를 작성해 지하상점·식당가 등에 배포하는 방법이 효과적입니다.

기온이 올라가면 야외에서 생맥주를 즐길 수 있는 여건이 됩니다. 매장 앞 야외공간을 활용하면 고객을 불러올 수 있습니다. 공사 중인 건국대병원과 함께 실버타운까지 들어서면 건대지역은 앞으로 5년 이상 상권이 계속 확대될 것입니다. 왕십리뉴타운 개발이 가시화되고 성수동 주변 공장지대가 주거지역으로 바뀌면 유동인구가 더욱 늘게 돼 장기 전망도 밝은 편입니다.

스타시티몰 개점 후 고가품 소비 늘어

건국대 주변 지역은 하루 유동인구가 신촌에 버금가는 서울의 메이저 상권이다. 2만여 명에 달하는 건국대 재학생과 2,000여 명의 교직원 그리고 870개 병상의 대학병원 외래환자와 방문객 등이 잠재고객이다. 롯데백화점과 할인매장, 11개관을 보유한 복합상영관 등이 입주한 스타시티몰이 들어서면서 상권이 급속히 커지고 있다.

하지만 대형 유통업체나 자영 상인들의 매출은 아직 기대에 미치지 못한다. 롯데백화점이 예상 외로 부진한데다 스타시티몰을 찾는 소비자도 적은 편이다. 대학생이 이용하기에는 가격 부담이 크고, 스타시티 내 주민만으로는 수요가 부족하기 때문이다.

스타시티가 들어선 뒤 과거 건대상권의 집객력을 높였던 건대 로데오거리가 위력을 상실했고, 먹자골목 역시 다소 주춤한 양상이다. 반경 500m 이내에 1만 8,000명이 살고 있지만 여전히 20~30대 소비자가 다른 지역에 비해 압도적으로 많다. 스타시티가 문을 연 뒤 중장년층이 증가하면서 고가품 소비가 늘고 있다.

대학가 상권은 감수성을 자극하는 아이템과 박리다매형 소비가 통한다. 대로변 점포는 회전율이 높고 여성 지향적인 분식집이나 판매점, 휴게업종이 적합하다. 뒷골목 점포는 식사와 술을 동시에 해결할 수 있는 주점, 호프, 저가형 고깃집으로 승부해야 한다. 다만 점포에 프리미엄이 형성돼 있어 사전에 사업성을 철저히 따져봐야 한다. 의류 판매점의 경우 보세의류가 적합하다. 로데오 고객을 상대로 한 음식점의 경우 메뉴가 차별화되지 않으면 창업 후 실패할 확률이 높다.

치킨호프전문점 성공 TIP

프랜차이즈는 재무 튼튼한 곳으로, 생맥주 맛 관리 힘써야

- 치킨호프전문점은 가맹점 형태가 많기 때문에 프랜차이즈 본사 선택이 중요합니다. 무엇보다 재무적으로 안전한 가맹본부를 골라야 합니다. 또 안정적인 물류·유통 시스템, 메뉴 구성, 맛 개발 의지, 메뉴의 수익성과 차별성은 물론 가맹점 모집에만 신경 쓰는 회사인지 등을 꼼꼼히 살펴야 합니다.
- 생맥주의 원래 맛을 제대로 관리할 수 있는 시스템을 갖추고 있어야 합니다. 생맥주 보관 과정에서 맥주관 관리가 부실하면 세균이 번식하면서 시큼한 맛을 내 고객이 발길을 돌리게 만드는 원인이 됩니다. 최소한 하루 2번은 살균 세척을 실시해 맛 변질을 막아야 합니다. 맥주관도 정기적으로 교체해야 합니다.
- 고객이 자가용을 이용할 경우 음주운전에 대비해 대리운전을 부를 경우 5~10% 싸게 서비스해주는 대리운전업소를 만들어놓는 것도 좋습니다. 직장인 등 단체고객을 겨냥해 단체석을 만들 수 있는 공간을 확보해야 합니다. 접이식 탁자와 의자를 여유 있게 준비해두는 게 좋습니다.
- 안주는 맛으로만 먹는 것이 아닙니다. 눈으로 보고 코로 냄새를 맡고 감촉을 느끼며 즐거움을 느껴야 합니다. 음식을 너무 수북하게 담아내거나 접시 밖으로 나오게 하는 것은 좋지 않습니다. 그릇 가장자리 선을 넘지 않게 안쪽으로 여유 있게 담는 게 요령입니다. 그렇다고 납작하게 펼쳐서 조금만 담으면 빈약해 보입니다. 접시 중심을 향해 약간의 높이와 볼륨을 주면 한결 깔끔해집니다.

성공 자영업 길라잡이 31

Q 서울 독산동 도시락제조업체

서울 독산동에서 도시락제조업체 '청일외식산업'을 운영하는 양미영(51세)입니다. 시흥대로 말미사거리에서 국철 1호선 독산역 방향으로 100m 지점 우측 이면도로에 있습니다. 사업장은 대지 1,650㎡(500평)에 건물 666㎡(200평) 규모입니다. 도시락제조업을 한 지 21년째를 맞았습니다.

식품영양학과를 졸업하고 학교와 병원 구내식당에서 영양사로 6년 동안 직장생활을 하다가 내 사업을 하고 싶어 도시락제조업에 뛰어들었습니다. 도시락제조 외에 단체급식, 출장뷔페, 위탁급식 등의 업무도 병행하고 있습니다. 대기업을 제외하면 중소 도시락제조업체 중에서 규모가 가장 큽니다. 위생 면에서도 업계 1위라고 자부합니다.

2009년 5월 보증금 1억 원, 월 1,000만 원의 임차료를 지불하는 조건으로 지금 공장으로 이전했습니다. 주방 설비와 집기비품 구입 등으로 1억 7,000만 원을 투자했습니다. 연매출은 15억~20억 원 정도이며 하루 평균 1만 5,000개에서 2만 개 정도의 도시락을 생산하고 있습니다. 평균 단가는 3,600원입니다.

거래처는 수백 곳에 달하지만 고정적으로 납품하는 곳은 경찰기동대, 군부대, 대기업 등 30여 곳입니다. 정직원 11명을 포함해 평균 40

여 명이 일하고 있습니다. 보통 새벽 1시부터 작업을 합니다. 주문량에 따라 마감 시간이 다르지만 24시간 풀가동할 때도 많습니다. 월평균 인건비는 4,000만 원 정도입니다.

이번 공장 확장을 계기로 회사를 성장시키고 싶습니다. 거래처를 더 늘리고, 매출 증대가 필요한 상황입니다. 회사가 한 단계 도약할 수 있는 방안을 알려주세요.

A 원가절감을 위한 자동화와 홍보, 사회공헌에도 힘써야

도시락 시장은 연간 수조 원이 넘는 규모로 급팽창하고 있습니다. 하지만 대기업 등 일부 회사를 제외하면 대부분 영세업체입니다. 도시락은 원재료 구매에서 보관, 가공, 조리 과정을 거쳐 소비자 손에 도달하는 단계까지 모든 공정에서 식품안전 문제가 발생할 우려가 있어 식품위해요소를 철저히 통제해야 하는 업종입니다.

도시락제조업체들은 대부분 출장연회, 단체급식, 위탁급식 등의 사

업도 함께 하고 있습니다. 의뢰인 회사의 매출 역시 도시락 50%, 출장 연회 15%, 위탁급식 20%, 기타 15%씩입니다. 현재 시설과 인력을 기준으로 할 경우 하루 최대 2만 7,000개의 도시락 생산이 가능하며, 월 평균 생산량은 30만 개 수준입니다.

현재 서울지역에 호가호가외식, 선미외식산업, 나눔푸드시스템 등 10여 개 대형 도시락업체가 있으나 의뢰인 회사는 경쟁력에서 우위를 유지하고 있습니다.

그렇지만 일부 대기업이 도시락시장에 뛰어들면서 시장쟁탈전이 치열해지고 있습니다. 대기업들은 도시락뿐만 아니라 슈퍼마켓, 재래시장, 음식업 등 거의 전 업종에 진출하고 있습니다. 중소 상인들도 정부 규제에 기대기보다는 자생력을 키워야 합니다.

의뢰인 회사의 손익분기 매출은 월 1억 5,157만 원으로 분석됩니다. 지금 매출은 손익분기점을 조금 넘는 수준입니다. 인건비 25%, 수도광열비 등의 제반 경비 10%, 임차료 7% 등으로 잘 유지되고 있습니다.

그러나 연간 20억 원의 매출 규모에 비해 직간접 재료비가 55~60%에 달해 채산성이 낮은 편입니다. 채산성을 높이려면 원가 절감이 필요합니다. 식재료의 대량 구매나 산지 직구매 등을 통해 원가 절감에 나서야 합니다. 일회용 도시락 용기(수저 포함)를 개발하고, 효율적인 인력 운영도 필요한 시점입니다.

의뢰인은 도시락을 위생적으로 제조하기 위해 기계화와 자동화를 시도했지만 오히려 생산 능력이 떨어진다고 판단해 숙련 직원을 중심으로 수작업을 하고 있습니다.

일본이나 미국 등 선진국의 경우 도시락제조업체는 최첨단 설비를 갖춰 위생적이고 현대적인 방식으로 생산하고 있습니다. 사업을 확대하려면 수작업 생산으로 회귀하기보다는 자동화 설비를 도입하는 게 바람직합니다.

도시락 업계에서는 회사 매출의 절반 이상이 수의계약으로 이뤄지고 있습니다. 입찰 계약 및 개별 주문을 통해서도 영업이 진행되고 있습니다. 도시락 시장은 계절적으로 성수기와 비수기 구분이 뚜렷합니다. 매출을 증대하기 위해 거래처를 확대해야 합니다.

영업담당 직원의 노력도 중요하지만 인터넷 홈페이지를 통한 홍보활동, 사회공헌활동 등도 실시해야 합니다. 예를 들어 '결식아동 도시락 후원' 등을 주제로 캠페인을 전개하는 방식입니다. 이런 간접 홍보활동으로 거래처를 늘릴 수 있습니다.

기업의 이미지가 성패를 좌우합니다. 홈페이지나 브로셔에 경영자의 철학을 담아내야 합니다. '국민 건강을 책임지는 청일외식산업' 등을 콘셉트로 내세워보십시오.

제품 생산에서 유통까지 전 과정에 식품안전 및 위생에 만전을 기하는 모습을 강조하고, 부가가치가 높은 제품을 개발해야 합니다. 회사가 한 단계 도약하기 위해 첨단 위생관리 기법인 HACCP(식품위해요소중점관리기준)의 도입도 검토하기 바랍니다.

공장·주택가 밀집된 중장년층 상권

독산동 우시장 상권은 시흥대로변에서 시흥사거리 방향 우측에 형성돼 있고, 안양천을 넘으면 광명시와도 연결되어 있다. 주변 지역에 비해 큰 건물들이 많아 다양한 업종의 점포들이 자리 잡고 있다. 연령별로는 중장년층이 많은 편이다.

독산역 도로변을 오가는 유동인구는 많지 않고 오히려 도로 이면 골목의 주택가에 유동인구가 넘쳐난다. 도로 이면 쪽에 초·중·고교가 있어 오후 3시 이후 교복을 입은 학생들이 많이 눈에 띈다. 주택가 상권으로 5시 이후 이동 인구가 점차 늘어나는 특성이 있다.

코카콜라 맞은편은 독산사거리와 연결돼 있다. 우시장 뒤편에 중소기업들이 즐비하고, 코카콜라 공장도 있어 이곳에 근무하는 중장년층이 많다. 이들 소비자를 겨냥한 점포들이 영업 중이다.

여기에서 가장 눈에 띄는 업종은 역시 고깃집이다. 학교와 일반 주택이 밀집해 PC방도 넘쳐난다. 객단가가 낮은 다양한 프랜차이즈 가맹점들도 있다.

독산동 우시장은 서울에서 전통 축산시장의 모습을 간직하고 있는 몇 안 되는 곳이다. 최근 우시장 주변에 롯데마트와 홈플러스, 까르푸, 이마트 등 대형마트들이 속속 들어서면서 우시장의 위상은 쪼그라들었다. 다세대 연립주택 상권이어서 생계 및 생활편의를 중심으로 한 점포들이 많다.

서민층이 많아 화려한 상권은 아니지만 인구 밀집도가 높은 점을 고려하면 창업 기회는 많다. 저가형 매장이나 새로운 소비 아이템을 찾으면 성공 확률이 높다.

도시락제조업체 성공 TIP

철저한 원가관리 중요, 위생점검 시스템도 필수

- 새로운 수요처를 꾸준히 개발하고 제품 홍보를 지속적으로 해야 합니다. 자체 브랜드를 만들어 도시락전문업체로서 인지도를 향상하는 것도 한 가지 방법입니다. 광고 전단 외에 인터넷 홈페이지, 블로그 등 홍보 채널을 다양화해야 합니다.
- 도시락은 메뉴가 거의 비슷해 경쟁업체와 차별화하기 어렵습니다. 고객의 연령, 계절과 날씨, 장소와 시간, 이용 횟수 등을 감안해 고객이 요구하는 가격 수준에 맞는 다양한 메뉴를 개발해야 합니다.
- 원가관리를 철저히 해야 합니다. 도시락 원가에서 식재료와 도시락 용기(소모품 포함)는 전체 원가의 70% 이상을 차지합니다. 식재료 구입 가격을 항상 점검하고, 신선한 재료를 저렴하게 조달할 수 있는 방안을 강구해야 합니다. 구입 단가가 높은 PP(폴리프로필렌) 재질의 도시락 용기와 소모품의 원가를 낮출 수 있는 방안을 찾으세요.

- 단체급식으로 주로 공급되는 도시락은 위생과 안전이 중요합니다. 식재료 보존, 유통기간 준수, 종사자 건강진단, 생산 및 작업 일지 등을 상시 관리해야 합니다. 위생점검 시스템을 철저히 갖춰 안전한 먹을거리가 공급되도록 해야 합니다.
- 사업 다각화에 나서야 합니다. 도시락제조 노하우를 활용해 신규 사업을 창출하려는 노력이 필요합니다. 도시락 시장은 계절에 따라 수요 변화가 커 수익을 안정적으로 확보하기가 어렵습니다. 기존 사업과 수평적으로 결합할 수 있는 신제품을 개발하면 원가 절감과 함께 회사 인지도를 높이는 데 도움이 됩니다.

성공 자영업 길라잡이 32

Q 경기 의정부시 제과점

의정부시 금오동 거성아파트 상가 내 1층 104호에서 '빠리베이커리'라는 상호로 제과점을 운영하는 안종석(49세)입니다. 경기도청 2청사에서 포천방향 43번 국도변에 있는 의정부성모병원 부근에 있습니다. 1997년에 이곳에서 창업했습니다. 상호는 프랜차이즈 체인이 아닌 독자 브랜드입니다.

가게는 89㎡(27평) 규모로 제과 시설을 갖추고 빵과 과자 등을 만드는 공장이 33.3㎡(10평), 제과·제빵을 판매하는 매장이 약 56㎡(약 17평)입니다. 매장에는 테이블 1개(4석)가 놓여 있습니다. 영업은 오전 6시 30분에 문을 열어 밤 12시 30분경이면 문을 닫습니다. 아내가 매장을 담당하고 제빵기술자인 저는 종업원 1명과 함께 공장에서 제과·제빵을 합니다.

저는 1979년에 제과·제빵업계에 뛰어들었습니다. 1997년 이곳에 문을 열기 전에는 서울 은평구 대조동에서 6년 동안 제과점을 운영한 경험도 있습니다. 경기도청 제2청사 설치계획이 나면서 이곳이 발전할 것을 예상하고 주거지역과 가게 등 생활터전을 이곳으로 옮겼습니다. 그동안 아내와 함께 열심히 일한 덕분에 5년 전에는 가게를 33.3㎡(10평) 더 매입하여 늘리고 6,000만 원을 들여 인테리어공사와 함께 재단장했습니다.

그동안 월매출은 1,800만 원으로 하루 60만 원선은 유지했습니다. 그러나 최근 3년간 매출이 감소하여 월 1,200만 원으로 떨어져 하루 40만 원을 겨우 유지합니다. 재료비 또한 많이 올라서 50%로 600만 원이 나갑니다. 직원 1명의 인건비 200만 원, 수도광열비 50만 원을 제하면 부부 인건비가 겨우 나오는 수준입니다. 분양받은 가게이기 때문에 월세부담은 없습니다.

올해 초 P사와 T사에서 가게를 월 200만 원에 임대하라는 제안을 해왔습니다만 가족의 생활터전이기에 거절했습니다. 가맹점 전환을 고려해보라는 권유도 있었습니다. 높은 가맹비와 시설비에 마진율 또한 기대 이하 수준이었습니다. 매출감소로 어려움에 처해 있는데 설상가상으로 3개월 전 도로 맞은편에 파리바게뜨가 입점하여 매출이 50% 수

준인 하루 20만 원으로 줄어들었습니다.

현재 파리바게뜨와 경쟁하기 위해 제품들을 세일하지만 매출이 늘지 않습니다. 매출하락으로 재고부담도 늘어났습니다. 프랜차이즈와 경쟁하며 영업해야 합니까? 그동안 해오던 제과점을 그만두고 업종을 전환해야 할지 고민스럽습니다.

A '30년 명가' 알리고 카페형 매장으로 리뉴얼

동네 빵집들이 문을 닫는 사례가 속출하고 있습니다. 대기업 프랜차이즈 파리바게뜨와 뚜레쥬르가 공격적으로 점포를 늘리면서 마케팅, 상품 개발 등에서 밀리는 기존 제과점들이 도태되고 있습니다.

12년간 운영해온 의뢰인의 점포도 유명 브랜드인 파리바게뜨가 출현하면서 매출이 급감하고 있습니다. 하지만 본인 소유 점포로 임차료 부담이 없고 매장이 넓은데다 오랫동안 지역사회에 뿌리 내려 경쟁력은 충분하다고 판단됩니다. 신설점과 경쟁하기가 두려워 치킨호프점 등으로 업종을 전환할 경우 창업비용 등 문제가 많이 발생합니다. 기술력을 내세워 점포를 계속 운영하는 게 바람직합니다.

점포 인근 주민들 중에서 30대 중반 이하 고객은 경쟁점으로, 30대 중반 이상은 의뢰인 가게를 이용하는 특성을 보이고 있습니다. 시설을 개보수한 지 5년이 지나 신세대 고객을 끌어들이려면 간판 교체 등 매장 리뉴얼이 필요한 시기입니다. 점포 단장에 맞춰 제빵 경력 30년의 점주가 직접 운영하는 '명가'를 강조하고 유럽형 베이커리 카페의 이미지를 담아내야 합니다.

점포 인근에 커피를 마실 수 있는 카페나 커피숍이 없기 때문에 빵과 커피·음료를 접목한다면 신규 수요를 만들 수 있습니다. 시설 보수 때 창가와 벽면에 테이블을 5~6개 정도 설치해 활용하면 좋습니다. 경쟁점은 매장이 좁아 테이블을 놓을 공간이 없습니다.

의뢰인은 매장에 과자에서 케이크류까지 상품을 지나치게 많이 진열해 복잡하다는 인상을 줍니다. 고객 선호도가 낮은 케이크, 캔디, 와인 등을 줄이고 신선한 빵을 중심으로 대표 상품을 전시해야 합니다. 빵은 신선도가 생명이기 때문에 유통기한을 철저히 표시해 신뢰도를 높여야 합니다.

고객 취향에 맞춘 신상품도 지속적으로 개발해야 합니다. 신선한 빵을 공급하기 위해 새벽시간을 이용한 전량 생산방식에서 탈피해 소량 생산체제로 바꿔야 합니다. 이용 고객이 많은 퇴근 시간대에 맞춰 제품을 생산·진열하는 시스템을 만들어야 합니다.

진열대로 가려져 있는 주방 부문은 소비자가 볼 수 있게 개방형으로 만들어 빵을 구워내는 모습을 보여주면 좋습니다. 공장 직원 외에 판매원들도 위생복과 위생모를 착용해 위생적인 면을 부각해야 합니다. 또 영업과 마케팅을 강화해야 합니다. 출입문 쪽 빈 공간을 활용해 판매대를 만들면 효과가 있습니다. 가게 앞을 지나가는 퇴근길 고객을 겨냥해 무료 시식코너를 설치하고, 요일별로 할인판매 이벤트를 실시하면 재고 관리가 수월하고 신규 고객 창출도 기대할 수 있습니다.

지금 사용 중인 금전등록기 대신 POS(판매시점정보관리) 시스템 도입을 권합니다. POS를 구축하면 매출과 재고관리가 가능하고 고객 관리도 할 수 있습니다. 단골을 대상으로 쿠폰을 발행하거나 마일리지제를 도입하고, 자주 오는 고객에게 각종 이벤트와 갓 구워낸 빵이 나오는 시간, 생일 등을 문자로 알려주는 서비스를 제공하는 게 좋습니다.

의뢰인은 12년 동안 현 위치에서 영업해 지역사회와 친근하고 단골 고객이 많습니다. 경쟁업체에 겁먹고 물러선다면 설 곳이 없습니다. 의뢰인은 오랫동안 제과업을 하면서 직업병으로 하지정맥수술을 받을 정도로 열심히 한 우물을 파왔습니다. 경쟁점보다 장점이 많은 만큼 자신감을 갖고 새 출발하면 좋은 결과가 기대됩니다.

 **30대 여성 비중 높은 베드타운**

경기도 의정부시 금오동 거성아파트 지역은 수도권의 주택난을 해소하기 위해 1990년대 후반 개발한 베드타운이다. 점포의 1차 상권인 반경 350m 이내에 2,800여 가구, 7,500여 명이 살고 있다. 거주민들의 주거 형태는 아파트 비중이 78%로 매우 높다. 면적별로는 66.6㎡(20평) 규모의 중소형이 95% 이상을 차지해 소비 수준이 낮은 편이다. 연령별

로는 30~40대가 주류이며, 소비 트렌드에 민감한 30대 여성 비중이 특히 높다.

의뢰인 점포의 1차 수요자는 거성아파트 거주자를 포함해 1,000여 세대로 추정된다. 소비층이 제한돼 있기 때문에 2, 3개 이상의 제과점이 존립하기에는 좁은 상권이다. 특히 최근 차로 10분 거리인 경기도 제2청사 인근 지역에 대형마트가 문을 열면서 상권이 전반적으로 위축되고 있다.

점포의 1차 상권에는 지난 2년간 유통 판매업소가 크게 감소한 반면 외식업은 증가하고 있다. 영업 중인 매장의 45%가량이 외식업체일 정도로 외식업 비중이 높다. 유행에 민감한 커피숍이나 주점, 패스트푸드점이 적은 대신 보수적 취향의 한식업소가 37곳으로 가장 많다.

가족 외식을 주도할 어린 자녀를 둔 가구들이 많은 만큼 피자, 치킨 등을 취급하는 배달업과 지역밀착 서비스 업종인 세탁편의점, 가구수리업 등이 유리하다. 인근 미군부대 이전 후 행정업무 시설이 들어설 예정인 만큼 상권 변화도 예상된다.

제과점 성공 TIP

가족과 함께 운영하고 신제품 개발 꾸준히

- 제과점을 창업하려면 실무 경험부터 쌓아야 합니다. 제과점 창업을 준비하는 사람들은 자격증 취득을 우선시하는 경향이 있지만 현장에서 1년 정도 실무 경험을 쌓으면서 자격증을 따면 상황 대처 능력이 생깁니다. 제과점은 특별한 자격증이 필요하진 않지만 실력 있는 '제과제빵사'를 확보하는 것이 중요합니다.
- 인도 폭이 너무 좁거나 햇빛이 너무 잘 드는 곳은 제과점 입지로 적당치 않습니다. 인도가 좁으면 행인의 유속이 빠르기 때문에 빵집을 쳐다보기가 쉽지 않으며, 햇빛이 너무 잘 들면 빵 색깔이 바래기 쉽습니다.
- 끊임없이 신제품을 개발해야 합니다. 고객은 늘 새로운 것을 원해 고객을 만족시킬 수 없는 제과점은 도태될 수밖에 없습니다. 정보를 습득하기 위해 관련 업계 사람들과의 교류도 필요합니다. 세미나 등에 참석해 새로운 제품에 대한 관심을 높이세요.
- 제과점은 여름 매출이 부진합니다. 커피, 아이스크림 등 다양한 후식 메뉴를 함께 판매하는 게 좋습니다. 제과점 운영에는 상당한 체력도 요구됩니다. 제품을 만드는 동안 내내 서 있어야 하고, 휴일도 거의 없습니다. 가족과 함께 운영하면 이런 어려움을 줄일 수 있습니다.

성공 자영업 길라잡이 33

Q 서울 신길동 빵집

서울 영등포구 신길1동에서 '강고집빵집'을 운영하는 강경수(45세)입니다. 신길동 대신시장길에서 영신초등학교 방향으로 100m 지점에 있습니다. 가게는 40㎡(12평)로 빵을 굽는 공장이 26㎡(약 8평), 빵을 판매하는 매장이 약 14㎡(약 4평)입니다.

저는 어린 시절 공놀이를 하다가 다리를 다쳐 장애 3급 판정을 받았습니다. 부산에서 제과제빵 학원을 수료하고 서울로 올라와 제빵업계에 뛰어들었습니다. 제빵기술자로 14년간 일하다가 7년 전 신길동에 26㎡(8평)짜리 가게를 마련해 창업했습니다. 가게를 연 뒤 5년 정도는 장사가 잘돼 돈을 모았습니다. 가게가 좁다는 느낌이 들어 2년 전 대로 쪽으로 매장을 옮기기로 결정하고, 분식점 자리를 권리금과 보증금 3,000만 원에 월 100만 원의 조건으로 인수했습니다.

영업은 24시간 하고 있습니다. 집이 가게에서 5분 거리여서 큰 불편은 없습니다. 아내와 파트타임 직원이 매장을 담당하고, 저는 종업원 1명과 함께 빵을 만들고 있습니다. 빵 종류는 약 50가지로 매일 구워내 동네 주민들의 평판은 좋습니다.

올 상반기만 해도 월 2,000만 원 정도 매출을 올렸으나 하반기 들어 1,700만 원선으로 떨어졌습니다. 밀가루, 설탕 등 식자재 가격이 많이

올라 원가 비중이 50%에 달하고 있습니다. 인건비 300만 원과 임차료 100만 원, 전기·수도·가스료 50만 원 등을 제하면 부부 인건비가 겨우 남는 셈입니다. 밤낮으로 일하는 노력에 비하면 수익이 너무 적습니다. 매출을 다시 늘리는 방안을 알려주세요.

A '100% 수제빵' 만드는 전문성 적극 알려야

의뢰인의 가게는 '제과점' 보다 즉석에서 구워내는 '빵집' 이라는 표현이 어울리는 곳입니다. 재래시장 길목에 자리 잡아 주부들이 장 보러 오는 오후 5~8시가 피크 타임입니다. 퇴근길에 들르는 손님들도 많습니다. 경기침체에도 월 400만 원 이상 수익을 내는 것은 밤낮으로 일하는 점주 부부의 노력 덕분이라고 판단됩니다.

　최근 매출이 부진한 것은 계절적인 요인도 있습니다. 요즘 소비자들은 신종 인플루엔자 때문에 위생관리가 깨끗한 매장을 찾습니다. 먹을거리를 파는 매장은 위생관리를 철저히 해야 합니다. 점주가 솔선수범해 유니폼을 입고, 종업원들의 위생관리도 직접 챙기세요. 주방은 청결히 하고, 고객들의 시선이 머무는 곳은 깔끔하게 정돈해야 합니다. 주방과 판매 공간 사이에 통유리를 설치해 먼지나 불순물이 유입되지 않도록 하세요.

　지금 판매하는 빵 종류는 50여 종에 달해 너무 많습니다. 품목 수보다는 '신선한 빵집' 이미지를 만들려고 노력해야 합니다. 잘 팔리는 빵은 품질을 높이고, 팔리지 않는 빵은 제외시키세요. 그날 만든 빵은 당일 소비되도록 해야 합니다. 당일 팔리지 않은 빵은 안내 표지판을 세워 싸게 판매하십시오. 늦은 저녁시간 등 특정 시간대를 정해 세일하면 효과적입니다.

　서민들의 주머니 사정이 좋지 않지만 저가 웰빙 제품의 매출은 늘고 있습니다. 강고집빵집은 가격은 저렴해도 '웰빙'에 신경 쓰고 있다는 이미지를 강조하세요. 매장 곳곳에 위생 관련 문구를 써두면 손님을 안심시킬 수 있습니다. 스탠드 메뉴판을 만들어 제품 이름과 가격을 표시하세요. 종이에 쓴 현 가격 표지판은 지저분해 보입니다.

　매장 안팎의 디스플레이도 바꿔야 합니다. 가게 앞 도로변에 설치된 판매대가 눈에 거슬립니다. 값싼 재고 빵을 쌓아둔 것 같은 분위기를 풍깁니다. 작업 공간도 효율적으로 정리해야 합니다. 필요 없는 물건은 버리고, 자주 사용하는 설비는 동선이 짧은 곳에 배치하세요. 그래야 생산성이 높아집니다.

매출을 늘리려면 주부와 아이들로 편중된 현재 소비층도 확대해야 합니다. 요즘 젊은 층은 식사대용으로 빵을 많이 찾습니다. 젊은 소비자들의 기호를 파악해 출근 시간대에 아침식사용 빵을 만들어 판매하는 것도 한 가지 방법입니다. 빵과 우유를 함께 판매하면 매출 증대를 꾀할 수 있습니다. 요즘 젊은이들이 선호하는 오븐에서 갓 구운 신선한 빵 '번'을 출근시간대에 직접 만들어 팔면 효과적입니다.

홍보활동도 늘려야 합니다. 강고집에서 만든 빵은 100% 수제 빵이라는 점을 적극 알리세요. 20여 년 동안 한 우물을 파온 전문성을 강조해야 합니다. 빵이 나오는 시간을 손님들에게 알려주고 신선한 빵이 나오는 시간을 메모판에 기재해 행인들이 볼 수 있는 곳에 걸어두세요. 특히 출퇴근시간에 맞춰 따뜻한 빵을 공급한다는 사실을 알려야 합니다. 프랜차이즈 빵집보다 '맛과 품질은 떨어지지 않고 가격은 싸다'는 인식을 심어줘야 합니다.

지역 내 유치원, 교회 등을 대상으로 제품 홍보도 필요합니다. 카탈로그나 전단지를 만들어 직접 방문해 공격적인 마케팅을 펼치세요. 처음에는 어색하지만 몇 번 도전하면 자신만의 노하우가 생기고 새로운 거래처도 확보할 수 있습니다. 거절하더라도 자주 찾아가면 정이 들고, 주문 연락도 오게 됩니다. 자신감을 갖고 도전하세요.

24시간 영업을 하기 때문에 체력관리에도 신경 써야 합니다. 시간대별 활동일지를 만들어 불필요한 시간을 최대한 줄이고, 확보된 시간에 가족과 함께 재충전하는 시간을 가지세요. 자신이 행복해야 맛있는 빵이 나옵니다.

 **단독·다가구 밀집지역, 유동인구 적어**

서울 신길1동 상권은 노량진로를 따라 신길삼거리부터 대신시장까지 이어진다. 노량진로의 북쪽 끝은 철도가 가로막고 있지만 동쪽은 노량진로, 서남단은 영등포로터리에서 나오는 신길로와 연결돼 교통이 매우 편리한 곳이다. 영등포여고, 장훈중·고, 영원중학교가 인근에 있고, 도로 이면에 단독주택과 다가구, 빌라 등 주거 지대가 광범위하게 펴져 있는 인구 밀집지역이다. 외부에서 유입되는 인구는 거의 없고, 현지 주민들이 주소비층이다. 유동인구가 적어 우신초등학교 앞 사거리 상권은 위축된 상태다.

대방동과 신길동의 배후 상권에는 3만 2,000세대가 살고 있다. 인구밀도가 가장 높은 곳은 신길3동으로 4만 5,000명이 산다. 이곳은 1970년대 자연발생적으로 형성된 주거지로, 대부분 골목이 폭 4m에 미치지 못한다. 좁은 골목길과 30년 이상 된 노후 불량 주택이 밀집돼 있어 주거환경은 매우 열악하다.

대신시장 주변에는 기업은행과 미주메디칼센터를 비롯해 호프집, 음식점, 편의점, 잡화점 등이 고루 분포돼 있다. 신길3동 세화예식장 인근에 있는 치킨집, 고깃집 등 소형 음식업소의 실적은 양호한 편이다.

의뢰인 점포의 이면도로에는 영신초등학교, 삼환아파트, 충무아파트 등이 있다. 축협직매장, 대신시장, 영신초등학교까지 주요 통로는 주택가 진입로여서 유동인구가 매우 많다. 유통판매업, 잡화, 병·의원, 호프집 등이 성업 중이다. 신길1, 2동에는 소규모 병원, 약국 등 서비스 업종도 다양하게 분포돼 있다.

노후 건물이 많아 재개발될 확률이 높은 지역이다. 예비 창업자들은 과다한 투자를 삼가는 게 좋다. 도로 폭이 좁아 좁은 점포에서 운영이 가능한 분식집, 중·저가형 테이크아웃 판매업이나 저가형 선술집, 생활 서비스 업종이 적당하다.

빵집 성공 TIP

오피스·유흥가보다 주거형 배후 세대 탄탄한 곳

- 빵집은 오피스 밀집 지역이나 먹자골목, 유흥 매장들이 혼합된 A급 상권보다 주거형 배후 세대가 탄탄한 상권이 적당합니다. 퇴근 동선인 버스정류장 앞에 위치하면 좋고, 점포 앞 도로가 너무 혼잡하거나 복잡하지 않고 잠깐 주차할 수 있는 공간이 있으면 최적의 입지입니다. 출퇴근 시간대에 유동인구만 많은 오피스 지역이나 구매력이 떨어지는 학생들이 많이 다니는 대형 학원 상권은 겉보기와 달리 임대료만 높고 매출이 떨어집니다.

- 소득 수준과 주거 밀도가 높은 아파트 단지를 배후지로 준상업 지역과 은행, 관공서, 병원 등을 이용하기 위해 움직이는 동선의 중심에 있는 지역이 가장 좋습니다. 주거 밀도는 아파트보다 떨어지지만 주거 중심형 상권을 배후지로 둔 단독주택 지역도 적당합니다. 빵집이 없는 중·소형 마트와 손님이 많이 오고 가는 대형병원이 매장 근처에 있으면 유리합니다. 먹자골목 상권의 경우 유동인구는 많지만 투자 대비 수익률은 떨어집니다.
- 인도 폭이 너무 좁거나 햇빛이 지나치게 잘 드는 곳은 좋지 않습니다. 인도가 좁으면 지나가는 행인들의 보행 속도가 빠르기 때문에 매장이 눈에 잘 띄지 않습니다. 햇빛이 너무 잘 들면 빵의 색깔이 바래 품질이 떨어집니다.
- 빵집 점포를 고를 때 무조건 싼 가게를 찾거나 유동인구가 많은 상권을 고집하는 것은 실패하는 지름길입니다. 치열한 경쟁에서 살아남으려면 임대료가 비싸지 않으면서 배후 세대가 탄탄한 상권을 찾아 창업하는 것이 가장 중요합니다.

3부
우리 시대 영웅,
성공 창업자 13人

남상만 대림정 대표, 한국음식업중앙회 회장
김순진 (주)놀부 회장
배연정 배연정소머리국밥 사장, 코미디언
장경순 촛불1978 대표
이호경 떡삼시대 대표
정형화 닥터정 E클래스 대표
김익수 채선당 사장
이영덕 (주)한솥 대표
김영덕 퀴즈노스서브 사장
김성동 카페띠아모 대표
현철호 네네치킨 대표
정수연 프레쉬버거·할리스커피 대표
홍종흔 마인츠돔 사장

자영업으로 성공한 CEO 13人의 이야기

한국경제신문에 입사한 지 21년이 지났다. 정치, 국제, 산업, 사회, 증권, 유통부를 거쳐 도쿄특파원으로 일하면서 국내외 사람들을 많이 만났고, 세상을 넓게 볼 수 있는 기회가 있었다. 다양한 분야에서 성공한 사람들을 취재했지만 그중에서도 가장 인상 깊은 사람들은 역시 기업가들이다.

젊은 시절 한때 '재벌'이나 '대기업주'로 불리는 사람들에 대해 얼마간의 동경과 '질투심'을 가진 적도 있었지만 철이 든 지금은 이들을 매우 존경한다. 스스로 기업을 일으켜 성공한 사람들도 훌륭하지만 '부'를 지키고 이어가는 것 또한 힘들고 고통스러운 일이라는 점을 깨달았기 때문이다.

10여 년 전 유통부에 근무하면서 2년 정도 창업을 담당한 적이 있다. 10년 만에 다시 이 분야를 맡고 보니 회사를 크게 일궈 대기업으로 키워 이름을 날리는 분들도 있고, 반대로 경영에 실패해 업계에서 사라진 분들도 있다. 하루가 다르게 급변하는 기업 환경 속에 10년은 짧지 않은 시간인 듯하다.

2009년 4월 다시 창업 분야를 맡고 나서 7개월 동안 여러 사업가들을 인터뷰했다. 우리나라 프랜차이즈산업을 일구는 젊고 신선한 창업자들을 만날 수 있었던 것은 큰 행운이며 즐거움이었다.

취재경험을 되돌아보면 성공한 사람들로부터는 몇 가지 공통점을 찾을 수 있었다. 정치건, 사업이건, 학문이건 어느 분야에서 일하든 성공하려면 기본적으로 운이 따라야 하지만 더 중요한 것은 '실력'이다. 반짝 성공을 거두는 데는 '운'만 있으면 되지만 성공하고 오랫동안 회사를 지속하려면 역시 '실력'이 있어야 한다. 기본기를 단단히 갖추고 남보다 부지런히 뛰는 사람들은 어느 분야에서나 결국 빛을 본다.

특히 사업으로 성공한 경우 경제 흐름을 파악하고, 장사될 만한 아이템을 찾는 천부적인 감각을 지닌 사람도 있지만 성공한 사람들은 정말 열심히 일한다. 이들의 하루는 24시간이 아니다. 그야말로 밤낮없이 사업에 올인하는 사람만이 성공한다는 확신을 갖게 한다.

평소 기자도 "세상에 공짜는 없다"라는 말을 자주 한다. 정말로 사업에는 '공짜'가 없는 것 같다. 성공한 사람들을 만난 뒤 머리와 마음으로 고민하고, 연구하고, 몸으로 뛰는 만큼 사업 결과로 나타난다는 것을 깨닫게 됐다.

성공한 창업자들의 궤적은 기자 본인은 물론 사업을 준비하는 예비 창업자나 경기침체 여파로 어려움을 겪는 많은 자영업자들에게 훌륭한 나침반이 될 것으로 믿는다. 지금까지 만나 본 성공한 사람들 중 기자에게 깊은 인상을 준 창업가 열세 분을 소개한다.

남상만
대림정 대표
한국음식업중앙회 회장

모친의 뒤를 이어 46년째 서울 필동에서 한식당 대림정을 운영하는 남상만 대표(한국음식업중앙회 회장)는 외식업계에서 엘리트 경영인으로 잘 알려진 인물이다. 남 회장은 서울고, 연세대 경영학과를 나와 1974년 무역회사 인왕실업에 들어갔다.

업무 능력을 인정받아 미국 주재원으로 3년 동안 근무하기도 했으나 어머니가 운영하던 대림정이 화재로 어려움을 겪자 1979년 가업을 이어받았다. 남들이 부러워하는 대기업 간부사원의 길을 버리고 음식업을 잇는 데는 결단이 필요했다.

남 회장은 대림정을 맡은 뒤 조그만 식당을 우리나라 '한정식'을 대표하는 명소로 키웠다. 정통 한식이야말로 인생을 걸고 승부할 만한 일이라는 의무감을 갖고 모든 것을 걸었기 때문이다. 남 회장은 대림정을 성장시켰고, 2003년에는 서울 프린스호텔을 인수하는 등 사업 능력을 발휘했다. 남 회장은 외유내강형이다. 대화를 나눠보면 언제나 부드러운 듯 말하지만 중요한 사업 결정에는 매우 단호하다는 평을 듣고 있다.

남 회장은 '정치력'도 뛰어나다. 한국 경제발전을 위해선 외식업의 현대화가 필요하다는 판단 아래 한국음식업중앙회 회장으로 두 번째 일하면서 음식업의 위상 제고와 업계 발전에 힘을 쏟고 있다. 남 회장의 과감성과 뛰어난 판단력은 22대 회장이던 2004년 당시 음식업주 생존권 사수를 위해 벌인 '솥단지 시위(전국 음식업주 3만 5,000명이 국회의사당 앞에서 솥을 모아놓고 경영난을 호소한 시위)'에서도 잘 드러난다. 그는 시위를 성공적으로 주도하며 강한 리더십을 보여줬다.

"외식업 발전에 여생을 바쳐 우리나라 음식업 선진화에 기여했다는 평가를 받는 게 개인적인 소망입니다." 2009년 4월 제24대 한국음식업중앙회 회장에 선출된 남 회장은 기자와의 인터뷰에서 "한식당을 운영하면서 남부럽지 않게 부와 명예를 얻어 '영원한 외식인'으로 남기 위해 회장 선거에 출마했습니다. 한식 세계화와 회원사들의 권익 증진에 최선을 다할 것입니다"라며 상기된 표정으로 취임 소감을 밝혔다.

음식업중앙회는 회원 수가 41만 명에 달하는 국내 최대 민간 직능단체다. 2009년 선거에서는 21대 회장을 지낸 윤광석 늘봄공원 회장과 22대 회장을 지낸 남 회장이 격돌해 외식업계의 이목이 집중됐다. 1955년 중앙회가 발족된 후 만포면옥, 촌형제갈비, 하림각, 삼원가든 등 국내 외식업계를 대표하는 쟁쟁한 인물들이 회장직을 맡을 정도로 한국음식업중앙회 회장은 무게 있는 자리다.

치열한 경선을 치른 끝에 승리한 남 회장은 "우선 불황으로 어려움을 겪는 회원사들의 생존을 위해 현재 2.7%인 음식점업의 신용카드 수수료율을 1.5%로 낮추는 데 주력하겠습니다. 신용카드회사들이 계속 거부한다면 일전을 벌일 각오가 돼 있습니다"라고 경고했다. 영세 자영업자들이 많은 음식점업의 수수료율이 주유소, 골프장(1.5%)에 비해 높은 것은 말이 안 된다는 게 남 회장의 설명이다.

남 회장은 이어 "영세한 음식점주들의 권익을 향상하기 위해서는 음식업중앙회가 금융업이나 농축산물 제조업 등에 진출해 영리사업을 할 수 있어야 합니다. 전국 40여 개 지부 네트워크를 활용해 '외식산업진흥법'이 제정되도록 노력하겠습니다"라고 강조했다. 또 "정부가 추진 중인 한식 세계화를 적극 지원할 것입니다. 김치, 비빔밥, 신선로 등 전통 한식을 현대화하기 위해 음식업중앙회 산하에 연구소를 설립하겠습니다"라고 밝혔다. 남 회장은 향후 경기전망과 관련해 "2009년 하반기에도 회원사들의 실적이 2008년 말보다 나빠졌습니다. 정부가 재정과 세제 면에서 145만 명에 달하는 영세 음식업소를 적극 지원해야 경기 회복을 앞당길 수 있습니다"라고 했다.

남 회장 취임 후 음식업중앙회는 회원사들의 경쟁력을 강화하기 위해 자금지원과 교육훈련 등 다양한 사업을 펼치고 있다. 또 '음식물 쓰레기 줄이기' 등 사회활동도 펼쳐 업계 위상 제고에 앞장서고 있다. 남 회장의 지도 아래 외식업자들이 똘똘 뭉쳐 업계 발전은 물론 한국경제 발전의 견인차 역할을 하기를 기대해본다.

김순진
(주)놀부 회장

 기자가 2009년 4월 프랜차이즈 산업과 창업 분야를 맡고 나서 가장 만나고 싶은 기업가는 김순진 (주)놀부 회장이었다. 그동안 여러 매체를 통해 김 회장의 기사를 보면서 정말 '여걸'이라는 느낌을 받았기 때문이다. 김 회장은 우리나라가 외환위기에 빠진 후 프랜차이즈업체들이 어려움을 겪는데도 회사를 지속적으로 키워온 몇 안 되는 창업가이기도 하다. 대기업을 빼면 전문 프랜차이즈업체 중 놀부의 성장 잠재력이 가장 크지 않을까 하는 생각을 해본다.

 역사가 짧은 국내 프랜차이즈업계에서 김순진 놀부 회장은 성공 신화를 만든 대표적 여성 기업인이다. 프랜차이즈 본사들이 대부분 3년을 못 넘기고 간판을 내리는 게 현실이지만 놀부는 1989년 '놀부보쌈'으로 출발해 20년 만에 국내 최강 외식업체로 성장했다. 보쌈, 부대찌개 등을 매뉴얼화해 한식 현대화에도 기여했다.

 지난해 프랜차이즈 사업 20주년을 맞은 김 회장을 2009년 5월 서울

삼성동 놀부빌딩 회장실에서 만났다. 놀부 사옥에 들어서면서 정말 깔끔하다는 인상을 받았다. 건물 외양이나 시스템 등이 대기업 수준으로 잘 관리되고 있다는 것을 느낄 수 있었다. 김 회장과 악수하면서도 그녀의 강한 '포스(힘)'를 느낄 수 있었다.

"변화하는 소비 트렌드를 남보다 한발 앞서 읽고, 고객을 만족시킬 수 있는 상품과 서비스를 제공해야 합니다." 서울 신림동 뒷골목에서 16.5㎡짜리 보쌈가게로 출발해 국민 기업으로 키운 비결을 묻자 김 회장은 "지금의 소비시장을 보지 말고 미래 시장을 찾아야 합니다"라며 이같이 강조했다. 김 회장은 또 "평소 자기가 해왔거나 관심을 두었던 분야에서 창업해야 실패를 줄일 수 있습니다"라며 예비 창업자들을 위한 조언도 아끼지 않았다.

김 회장은 1987년 문을 연 보쌈가게 '골목집'이 인기를 끌자 1989년 '놀부보쌈' 프랜차이즈 사업에 진출했다. '흥부'에 비해 이미지가 강하고 욕심이 많아 밥상도 푸짐하다는 뜻에서 '놀부'를 상호로 택했다. 현재 놀부는 한식, 중식 등 8개 브랜드를 운영하고 있으며 전체 가맹점 수는 630개에 달한다. 매출은 사업 첫해 30억 원에서 6,000억 원으로 200배, 직원 수는 30명에서 600여 명으로 20배 이상 늘었다. 특히 20년 연속 흑자 행진을 이어가고 있다. 1990년대 후반 외환위기 이후 중산층의 소득이 갈수록 줄어들면서 소비시장이 쪼그라드는 환경에서 흑자를 이어간다는 것은 대단한 경영 능력임이 틀림없다.

김 회장은 "신규 브랜드나 새 메뉴를 개발하기 위해 거의 모든 시간을 소비자들을 만나는 데 쓰고 있습니다. 더 좋은 음식과 인테리어를 찾기 위해 하루에 아홉 끼를 먹은 적도 많습니다"라고 말했다. 김 회장의 최종 목표는 놀부가 한국을 대표하는 글로벌 외식기업으로 성장하는 것이다. "음식업 하나로 승부를 볼 것입니다. 30주년이 되는 10년 뒤 글로벌 기업으로 성장할 자신이 있습니다"라고 말했다. 중국에 문을 연 한정식 식당의 반응이 좋은 만큼 해외 현지 식당을 늘리고 '낙지볶음', '불고기' 등 완제품도 직접 만들어 미국 등으로 본격 수출할 계획도 밝혔다. 놀부는 중국과 동남아 시장에 매장을 낸 뒤 현지인들에게 호평을 받고 있다.

가정 형편이 어려워 학업을 중단했던 김 회장은 늦깎이 학구파 경영자로 유명하다. 마흔을 넘겨 다시 공부를 시작해 검정고시를 거쳐 서울보건대학 전통조리과, 우송대 관광경영학과를 나왔고 경원대에서 경영학 석·박사학위까지 받았다. 회사일로 몹시 바쁘지만 김 회장은 대학에서 요청하는 강의는 거의 수용하는 편이다. 자신의 경험을 바탕으로 젊은이들에게 꿈과 희망을 주기 위해서이다. 그녀는 외식업계에서 마당발로 통한다. 사단법인 21세기여성CEO연합회장을 맡고 있고, 민주평화통일자문회의 상임위원, 이웃돕기 단체인 상록회 총재 등 10여 개 공공단체에서 활동하고 있다.

배연정
배연정소머리국밥 사장, 코미디언

배연정 사장은 1980~1990년대 뛰어난 화술과 미모로 대중의 사랑을 한 몸에 받은 스타 코미디언이었다. 그런 배 사장이 외환위기 당시 남편 사업이 부도가 나면서 방송활동을 중단하고 사업가로 변신해 험한 외식업계에서 성공신화를 만들어냈다.

지난해 말 한국프랜차이즈산업연구원 주관으로 서울 군자동 프랜차이즈협회에서 열린 '한식 프랜차이즈 활성화' 세미나에 초청 연사로 나온 배 사장을 만났다. 주방일을 하다가 다쳤다며 손에 반창고를 붙이고 나타난 배 사장은 옷차림부터 '연예인'이 아니라 '여성 CEO(최고경영자)' 분위기를 물씬 풍겼다. 배 사장은 '배연정 소머리국밥'이라는 브랜드로 곤지암 등 세 곳에서 직영점을 운영 중이며, 직원만도 50명이 넘는다. 곤지암점의 하루 평균 이용객은 500명에 달한다.

"사업이오? 간단치 않습니다. 음식점 장사 13년 만에 몸에 골병 안 든 곳이 없어요. 그래도 돈 벌고, 단골들로부터 사랑받고 있으니 행복합니다." 음식업에서 성공한 비결을 묻자 배 사장은 한마디로 "연예인이나 사업가나 똑같습니다"라고 답했다. 정상에 오르려면 성실하게 열심히 해야 하는 것은 당연하지만 지속적으로 후속 인기 메뉴를 개발해야 정상자리를 지킬 수 있다는 것이다. 배 사장은 음식점으로 뿌리를 내리려면 '맛'과 '청결'은 기본이며, 주인이 24시간 현장을 지키면서 모든 힘을 쏟아 고객을 만족시켜야 한다고 거듭 강조했다.

배 사장은 1997년 곤지암에 소머리국밥 가게를 연 뒤 매일 새벽에 들어오는 소머리는 물론 육수, 김치 담그기까지 모든 식당일을 직접 한다. 개업 초기 배 사장은 하루 3~4시간만 자면서 주방에서 일을 배우고, 음식을 만들며 기틀을 잡았다. 요즘도 가게를 찾으면 홀과 주방을 부지런히 오가는 배 사장을 볼 수 있고, 가게를 비울 때도 행선지까지 확인할 수 있다. "해외에 가도 휴대전화를 로밍해 가게를 찾아오는 단골손님이 원하면 직접 안부 인사를 합니다"라고 밝혔다.

배 사장은 사업으로 성공하려면 남들보다 한발 앞서 틈새시장을 개척하라고 조언했다. 실제로 배 사장은 '쌀만두'를 국내 최초로 개발해 팔았으며, 현재 인기 메뉴인 '오삼불고기'도 처음으로 대중화했다.

물론 배 사장도 실패를 맛봤다. 창업 후 사업 확장에 욕심을 내 프랜차이즈 가맹점을 15개까지 늘렸지만 품질관리가 안 돼 3년 만에 접었고, 미국시장에 진출했으나 현지 한국업체들과 과당 경쟁으로 수지가 맞지 않아 철수했다. "너무 많이 벌리고 하면 돈은 도망가는 것 같습니다. 열심히 일하다보면 돈이 찾아오게 되고, 자신의 능력과 분수에 맞는 규모로 사업을 해야 한다고 깨달았습니다."

배 사장은 "실패를 거울삼아 큰 욕심 내지 않고 '장수 식당'을 만드는 데 최선을 다할 것입니다. 지금까지 코미디언으로 국민에게 웃음을 드렸다면, 앞으로는 맛있는 음식으로 행복을 드리는 게 꿈입니다"라며 환하게 웃었다.

장경순
촛불1978 대표

남산순환도로는 서울에서도 손꼽히는 데이트 코스다. 명동에서 소파길을 타고 올라가면 케이블카 출발지 인근에 시민들이 즐겨 찾는 돈가스, 설렁탕, 이탈리안 레스토랑 등 식당들이 줄지어 있다. 식당가 한가운데에 남산을 대표하는 외식 명소인 이탈리안 레스토랑 '촛불'과 한식당 '산채집'이 눈에 띈다.

두 식당을 운영하는 장경순·강현영 부부는 외식업계에서 억척스럽기로 소문났다. 사실 이들 부부는 필자와 친구 사이이기도 하다. 어릴 때부터 안 친구가 아니라 최근 사귄 친구지만 이들 부부의 경영철학이 존경스러워 소개하려는 것이다.

"레스토랑 업계에서 '음식'만으로는 승자가 될 수 없습니다. 맛은 기본이고 인테리어 등 분위기를 함께 팔아야 고객을 만족시킬 수 있습니다." 장 대표는 글로벌 수준으로 올라선 서울의 레스토랑 업계에서 살아남으려면 차별화된 서비스를 제공해야 한다고 강조했다.

'촛불'은 국내 최초로 '프러포즈 카페'를 콘셉트로 내세워 이름이 알려졌다. 1978년 개업 후 허름하던 양식당 '촛불'을 1990년 인수한 장 대표는 데이트족이 많은 남산의 지리적 이점에 착안해 프러포즈하는 연인들을 집중 공략했다. 적벽돌과 오래된 목재로 리모델링해 아름다운 카페로 입소문이 나면서 촛불은 평일 저녁에도 예약하지 않으면 자리를 잡기 어려울 정도로 연인들의 명소로 자리 잡았다. 돈을 모은 장 대표 부부는 2000년 매장 옆 가게도 인수해 토종 보리밥집으로 운영하고 있다. 두 식당 종업원은 40명에 달하며, 연간 매출은 20억 원이 넘는다.

"촛불의 소망은 모든 연인에게 소중하게 간직하고 싶은 러브스토리를 선사하는 장소로 자리매김하는 것입니다." 문을 연 지 10년이 된 '산채집'도 남산을 대표하는 밥집으로 인기를 끌고 있다. 보리비빔밥을 대표 메뉴로 한 건강 식단을 내세워 남산을 찾은 국내 관광객은 물론 한국의 맛을 보려는 일본인 등 외국인 관광객들이 많이 온다.

장 대표는 사업 감각이 뛰어나다. 남들보다 앞서 '프러포즈 카페'의 카테고리를 만든 것은 물론 소비 트렌드를 정확히 읽고 남들보다 한발 앞서 사업에 반영한다. 그러다보니 이들 부부가 운영하는 레스토랑은 동종업계 점주들이 영업에 참고하는 벤치마킹 모델이 되고 있다.

장 대표 부부는 레스토랑 업계에서 빈손으로 시작해 자수성가했다. 전북대 운동권 출신인 장 대표는 대학 졸업 후 빈손으로 상경해 지하 단칸방에 살면서 신문배달, 공사장 인부 등을 거쳐 6.6㎡(2평)짜리 분식집으로 외식업계에 발을 디뎠다.

  요즘 이들은 서울 레스토랑업계에서도 대표적으로 성공한 창업가로 알려져 있다. 하지만 이들이 더 믿음이 가는 것은 돈에 대한 철학 때문이다. 열심히 돈 벌어서 좋은 일을 많이 하겠다는 것이다. 10대 후반에서 20대 초반에 만들어진 운동권의 순수한 마음을 아직도 간직하고 있다는 것이 정말 존경스럽다. 장 대표는 지금도 종업원 지원 등 작은 일부터 자신의 꿈을 실현해가고 있다.

  온갖 어려움을 겪고 기반을 잡은 장 대표에게 성공 비결을 묻자 "음식 품질이나 서비스가 제대로 나오려면 직원을 만족시켜야 합니다"라며 인력의 중요성을 첫 번째로 꼽았다. 촛불의 경우 롯데호텔 출신 일류 셰프가 주방을 맡고 있으며, 6년 이상 장기 근속자의 경우 한 달간 해외 연수 및 학자금 지원 등 대기업 수준의 인센티브를 지급하고 있다.

  장 대표는 2009년 11월 초 남산순환도로에 세 번째 식당인 '목멱산방'을 냈다. 서울시에서 위탁받아 운영하는 전통 '한식당' 형태다. 장 대표는 점포를 내면서 새로운 경영방식을 선보였다. 자신은 지분을 51%만 갖고 나머지 49%는 종업원과 친지들에게 나눠줘 공동 경영하는 형태다. 이것이 장 대표의 앞날에 관심이 모아지는 이유다.

이호경
떡삼시대 대표

삼겹살 프랜차이즈의 대표 주자인 '떡삼시대'가 창업 10주년을 맞아 종합 외식기업으로 탈바꿈하고 있다. 떡삼시대는 국내 삼겹살식당 업계에서 새로운 메뉴로 성공 신화를 쓴 기업이다.

1999년 9월 1일 서울 신촌에 1호점을 낸 '떡쌈시대'는 삼겹살에다 전통 떡을 결합한 새로운 아이템을 선보이며 젊은 층을 중심으로 돌풍을 일으켰다.

상추 대신 쌀로 반죽한 쫄깃하고 부드러운 떡으로 삼겹살을 싸 먹는 방식의 새로운 메뉴를 선보여 삼겹살을 업그레이드했고, 무공해 채소를 제공해 '웰빙'을 중시하는 소비 트렌드에 부합했다는 평가를 받고 있다. 중장년층이 소주와 함께 주로 먹던 삼겹살을 20~30대 젊은 남녀들이 '맛'과 '분위기'로 먹는 음식으로 만들어 수요층을 대폭 확대했다.

떡삼시대를 운영하는 이호경 에프알푸드시스템 대표는 정말 부지런하고 성실한 기업가다. 기자가 만나본 CEO 중 그처럼 겸손하고 성실한 사람은 그리 많지 않았다. 오늘날 떡삼시대의 성공은 순수하고 근면한 이 대표의 품성의 결과라는 생각이 들 정도였다.

이 대표는 국내를 대표하는 삼겹살 외식업소를 키운 요즘도 매장에서 직접 가위를 들고 고기를 자르면서 손님들에게 서빙한다. 고객 한 사람, 한 사람에게 최선을 다해야 기업이 큰다는 확신이 있기 때문이다.

이 대표는 10주년을 맞아 기자와 인터뷰하면서 "삼겹살 업계에서 드물게 한 브랜드로 영업해 소비자에게 신뢰를 받고 있습니다. 이를 바탕으로 고기 전문 레스토랑과 국수시장에 새로 참여했고 해외 진출도 확대하기로 했습니다"라고 밝혔다.

떡삼시대는 2009년 8월 서울 발산동에 제2브랜드인 '떡삼시대爐' 직영점을 선보였다. 돼지고기 삼겹살전문점인 떡삼시대를 업그레이드한 점포다. 메뉴를 한우 등으로 다양화했으며 호텔식 인테리어로 꾸며 패밀리 레스토랑 형태로 고급화한 게 특징이다.

2009년 9월에는 경기 분당에 제3브랜드인 '다물' 1호점을 열었다. 다물은 국수와 덮밥이 주메뉴이며 가맹점 위주로 운영할 계획이다. 떡삼시대는 2008년 5월 오스트레일리아 시드니에 해외 1호점을 개설했으며 중국, 일본 등지로 해외 진출을 확대할 예정이다.

이 대표는 "2010년부터 국내외 시장에 공격적으로 매장을 늘려 한식 세계화와 현대화에 기여할 계획입니다"라고 말했다. 떡삼시대는 2007년 매출 100억 원(본사 기준)을 달성했고 2008년 가맹 100호점을 돌파했다.

떡삼시대는 해외시장 진출을 대폭 확대할 계획이다. 한국의 대표 메뉴로 세계시장을 공략해 회사를 키우겠다는 꿈을 갖고 있다. 20년 뒤 떡삼시대가 어떻게 변해 있을지 귀추가 주목된다.

정형화
닥터정 E클래스 대표

서울 강남권을 중심으로 영어교육 프랜차이즈를 운영하는 정형화 닥터정 E클래스 대표는 괴짜다. 서울대 의대를 졸업한 의학박사 출신으로 남들이 부러워하는 의사의 길을 버리고 학원 사업을 펼치고 있다. 정 대표의 꿈은 영어교육의 자주화다. "아이들이 외국에 간다고 영어를 잘하게 되는 것은 아니죠. 유학을 가지 않아도 우리나라에서 얼마든지 잘 배울 수 있습니다."

영어교육 프랜차이즈인 '닥터정 E클래스'의 정 대표는 "아이와 캐나다에서 지낸 2년간의 유학생활을 돌이켜보면 현지 학교생활은 영어공부에 큰 도움이 안 됐습니다. 외국어는 스스로 공부하겠다는 의지와 좋은 교재만 있으면 국내에서도 충분히 가능합니다"라고 강조했다.

닥터정 E클래스는 2005년 서울 강남구 대치동에 학원을 낸 뒤 별다른 홍보마케팅 활동 없이 학부모들의 입소문만으로 강남, 송파, 서초를 중심으로 25개 가맹점을 확보했다. 한 달 학원비가 20만 원 정도로 다른 영어학원에 비해 싸고, 영어원서 읽기를 기본으로 하는 독특한 영어 학습법에 대한 평판이 높아지면서 인기몰이를 하고 있다.

닥터정 E클래스는 대한민국 최초의 '영어원서 전문도서관'을 표방하고 있다. 미국 초등학교 교과서를 비롯해 학계 전문가들이 추천한 1,000여 권이 넘는 다양한 종류의 원서를 보유하고 있다. 오디오 학습 시스템을 갖춰 원어민의 발음을 들으면서 책을 읽고 공부하는 환경을 제공한다.

"영어권 국가로 가든, 한국에서 공부하든 영어 공부에 왕도는 없습니다. 영어를 잘하려면 영어환경에 많이 노출돼야 하며, 본인이 투자한 만큼 영어실력이 향상됩니다." 정 대표는 영어원서를 기본으로 하는 자신의 학습법은 초등학교를 마치고 캐나다로 영어 유학을 갔던 아이가 현지 학교에 적응하지 못했으나, 방학 기간 두 달 중 매일 10시간씩 총 600시간을 투자해 책을 읽고 외우면서 영어에 자신감을 갖게 된 것이 계기가 됐다고 소개했다.

영어 전공자가 아닌 정 대표도 영어를 못해 어려움을 겪은 아픈 경험이 있다. 서울대 의대를 졸업한 그는 다국적 제약회사 '로슈'에서 5년 동안 임상연구 부장으로 근무하면서 외국인과 의사소통이 잘 안 되고, 영문 작성에 어려움을 겪어야 했다. 남들이 부러워하는 의사의 길을 버리고 영어학원 사업을 하는 이유를 묻자 "직장도 다녀봤으나 아이들을 가르치는 게 적성에 맞는 것 같습니다. 아이들이 좋은 책을 읽으면서 독서하는 습관을 몸에 익히고, 인생을 살아가는 지혜를 얻을 수 있다면 큰 보람이 될 것입니다"라고 말했다.

정 대표의 향후 꿈은 인테리어 사업에 진출하고, 좋은 책을 지속적으로 만드는 것이다. 그는 "프랜차이즈 사업을 하면서 가장 아쉬운 점이 좋은 인테리어를 합리적인 가격에 제공하는 업체가 없다는 것입니다"라고 지적했다. 또 하나는 아이들에게 꿈과 용기를 줄 수 있는 고전 소설인 'English Classics 50선'을 완성하는 일이다. 지금까지 톰소여 등 6권을 발간했다.

어린이 영어교육 붐이 일고 있어 정 대표의 '닥터정 E클래스'는 올 한 해 프랜차이즈 시장에서 돌풍을 일으킬 것으로 기대된다.

김익수
채선당 사장

샤브샤브전문점 '채선당'을 운영하는 김익수 ㈜다영F&B 사장은 프랜차이즈업계에서 40대 기수의 선두주자로 꼽힌다. 전문적인 지식과 신선한 마인드로 프랜차이즈 사업을 일구는 젊은 사장 중에서도 차별화된 아이템으로 앞서가고 있다.

김 사장의 취미는 해외여행이다. 그는 아이디어가 고갈되거나 사업으로 지칠 때면 해외에 나가 재충전한다. 여유도 찾고 사업 아이디어도 가다듬기 위해서다. 그는 지난해 여름에도 한 주 동안 배낭 하나만 달랑 메고 베트남, 타이 등 동남아를 다녀왔다. 지난해 상반기에 서울 상계동에 '대게도락' 서울본점을 성공적으로 론칭한 뒤 새로운 사업 아이디어를 얻기 위해서였다. 프랜차이즈업계에서 성공모델로 꼽히는 채선당이나 대게도락도 일본에 갔을 때 힌트를 얻었다.

"발품을 팔다가 목 좋은 장소를 보면 동물적 감각이 느껴집니다." 대게도락 서울본점에서 만난 김 사장은 인터뷰 첫마디부터 남달랐다. 그는 "경기가 나쁠 때일수록 돈 벌 기회는 더 많아요. 장사가 안 되는 이유는 '경기' 때문이 아니라 '자신'에게 있다는 점을 아는 게 성공의 지름길입니다"라고 강조했다. 대게도락은 개점하자마자 입소문을 타며 주말마다 매진되는 대박을 터뜨리고 있다. 지하철 7호선 수락산역 인근에 자리 잡은 서울본점은 252석 규모의 초대형 점포다.

김 사장은 외식 프랜차이즈업계에서 사업 수완이 탁월한 인물로 꼽힌다. 2002년 경기 의정부 예술의전당 인근에서 시작한 대게도락은 이 지역의 랜드마크로 불릴 정도로 주민들의 사랑을 받고 있다. 2003년 첫선을 보인 채선당은 고가인 일본식 샤브샤브 요리 대중화에 성공해 6년 만에 가맹점이 120개를 넘어섰다. 이 회사는 2008년 매출 200억 원을 돌파했고 본사 직원도 100여 명에 달한다.

이 같은 성공 이면에는 밑바닥 생활 경험이 큰 도움이 됐다. 경희대 관광경영학과를 나와 신라호텔에 들어갔지만 샐러리맨 생활이 맞지 않아 6개월 만에 그만뒀다. 이후 20년간 운영해본 점포가 주점, 노래방, 호프집, 레스토랑, 분식점 등 20여 가지에 달한다. 지금은 손 뗐지만 이탈리안 레스토랑 '일 마레(IL Mare)'도 그의 작품이다.

외식업계에서 산전수전 다 겪은 김 사장의 꿈은 '맛'과 '분위기'를 파는 훌륭한 외식회사를 만드는 것이다. 그래서 국내 최고 서비스를 자랑하는 신라호텔을 벤치마킹한다. 채선당 가맹점은 200개, 대게도락은 30여 개 정도를 목표로 하고 있다. '외형을 키워야 하지만 더 중요한 것은 고객과 직원에게 사랑받는 회사가 되는 것이다'라는 게 그의 지론이다.

  회사가 성장하는 데 어려운 점은 뭐냐는 질문에 김 사장은 즉각 '인재 확보'라고 답했다. 대기업과 경쟁하려면 인재가 절실한데 중소기업은 유능한 인재를 모으는 게 가장 큰 애로라는 것이다. 그는 "소위 SKY 대학 출신도 들어오고 싶어 하는, 내실 있는 회사로 키워 해외로 진출하는 게 꿈입니다"라고 강조했다.

이영덕
(주)한솥 대표

이영덕 (주)한솥 대표는 경력이 특이한 기업가다. 일본에서 태어난 재일교포로 한국과 일본을 오가면서 사업을 한다. 대외 활동을 많이 하지 않고 사업에만 전념하기 때문에 널리 알려져 있진 않지만 여러 사업체를 운영하는 프랜차이즈업계의 숨은 실력자다.

"기업의 목적은 단순히 돈을 버는 데 있지 않습니다. 종업원과 고객에게 행복을 주는 기업이 성공합니다." 이 대표는 "사업은 '마인드'의 힘에서 승부가 나기 때문에 경영자의 '심성(心性)'이 매우 중요합니다. 직원들에게 비전을 제시하고 자부심을 느끼게 해야 지속적으로 성장할 수 있습니다"라고 강조했다. 이 대표는 국내에 도시락 프랜차이즈를 처음 소개해 새로운 장르를 열었다.

이 대표는 재일교포로 일본에서 초·중·고교를 마친 뒤 서울대 법대를 졸업했다. 한·일 양국을 오가며 관광호텔업, 무역업 등을 하다 일본에서 성공적으로 운영되는 도시락 체인점에 착안해 한국에서 도시락 프랜차이즈 사업에 뛰어들었다. 이 대표는 현대백화점 본점 등 5곳에서 일식점 '미타니야'를 운영 중이며, 세계 100대 골프코스로 선정된 제주 핀크스GC 사장도 맡고 있는 재력가다.

이 대표는 "일본에서 태어나 타인을 배려하고 함께 사는 일본 사회의 장점을 익혔고, 서울대에서 공부하면서 다이내믹하고 결단력 있는 한국 사회의 장점을 배운 것이 사업 밑천이 됐습니다. 양국의 장점을 조화시키면 세계 최고 기업을 만들 수 있을 것입니다"라고 자신했다. 이 대표의 경영 철학은 하나를 하더라도 제대로 하자는 것이다. 이 대표를 만난 미타니야 교대점은 서울 시내 일류 일식집과 비교해도 맛과 분위기가 떨어지지 않았다.

1993년 종로구청 앞에 1호점을 연 한솥도시락은 국내 처음으로 '테이크아웃 도시락'을 선보인 뒤 부침이 심한 프랜차이즈업계에서 17년 동안 성장하면서 장수 브랜드로 뿌리를 내렸다. 가맹점들이 로열티를 내며 운영할 정도로 신뢰도가 높다. 사실 조금만 자리 잡으면 가맹비를 아끼려고 하는 우리나라 프랜차이즈업계 현실에서 한솥처럼 가맹점주들의 신뢰가 높은 업체는 흔치 않다. 한솥도시락 가맹점은 2009년 7월 현재 450개를 넘어섰다. 33.3m^2(10평) 기준 점포당 평균 월매출은 2,100만 원, 순익은 500만 원 정도다.

이 대표는 "일식당과 골프장에 주력하면서 최근 2~3년 동안 안정적으로 운영해왔으나 불황을 타고 수요가 늘어 매장을 확대하고 있습니다. 올 들어 매장 면적을 50%가량 넓히고 다양한 음료수 등으로 취급

품목을 늘린 '뉴 모델숍'을 선보여 호평받고 있습니다. 3년 안에 1,000호점 돌파가 가능할 것입니다"라고 했다. 또 "음식업은 먹을거리를 파는 업종인 만큼 많이 퍼주다 보면 손님은 늘기 마련입니다"라고 성공 비결을 귀띔했다.

한솥은 '지역사회에 공헌하는 점포'를 기업 가치로 내걸고 있다. 2009년 3월 '굿네이버스'와 사회공헌 협약식을 체결한 뒤 고객이 구입한 도시락의 일정 금액을 적립해 기부하고 있다. 일본 기업들의 강점인 서비스 정신과 품질에 한국인의 강점인 과단성과 마케팅력을 접목한 한솥의 앞날이 주목된다.

김영덕
퀴즈노스서브 사장

　미국에서 퀴즈노스서브는 서브웨이와 함께 샌드위치 시장을 양분하고 있다. 미국에서 유학생활을 했거나 미국 여행을 가본 적이 있는 사람들은 한 번쯤 들러본 경험이 있는 친근한 브랜드다. 퀴즈노스서브는 세계 29개국에 6,300여 가맹점을 두고 있으며, 국내에는 30개가 운영되고 있다.

　서울 잠실역 인근 롯데캐슬 1층에 있는 퀴즈노스서브 직영 1호점에서 퀴즈노스서브코리아를 운영하는 김영덕 사장을 만났다. 중후한 느낌을 주는 김 사장이 내민 명함의 회사명 '유썸'이 눈길을 끌었다. 김 사장은 "유썸은 'Your Success is My Business'의 약자로 본사의 성공은 가맹점의 성공에서 시작된다는 의미를 담고 있습니다"라고 설명했다.

　퀴즈노스를 2006년 국내에 도입한 김 사장은 32년간 제빵 분야에 몸담았던 전문 경영인이다. SPC그룹의 전신인 샤니에 1973년 입사해

2005년까지 32년 동안 근무했다. 그는 혁신적인 프랜차이즈 가맹 사업을 전개해 파리바게뜨를 업계 1위 브랜드로 키운 장본인이다. 아이스크림전문점인 배스킨라빈스와 던킨도너츠의 대표도 맡아 SPC그룹을 국내 최대 프랜차이즈 기업으로 성장시켰다는 평가를 받고 있다.

국내 최고 프랜차이즈 전문가로 꼽히는 김 사장이 퇴직 후 내 사업으로 택한 아이템이 샌드위치전문점이다. 김 사장은 "웰빙이 소비 트렌드로 자리 잡아가고 있어 패스트푸드처럼 빨리 먹을 수 있으면서도 상대적으로 건강식인 샌드위치 수요가 늘어날 것으로 판단했어요. 샌드위치 다이닝 레스토랑 매장으로 소비자를 공략해 외식시장에 새바람을 일으킬 것입니다"라고 말했다.

김 사장은 프랜차이즈에 대한 경영철학도 확고하다. 내 사업을 시작한 것도 단지 돈을 벌기 위한 게 아니라 가맹점주와 '윈윈' 하는 사업 모델을 만들어 즐겁게 생활하려는 데 목적이 있다고 했다. 이 회사는 가맹점의 성공적인 정착을 지원하기 위해 지역 특성에 맞춰 매장의 성장과 관리를 책임지는 '지역 중심 발전 계획 시스템'을 운영하고 있다. 매장 형태도 일반적인 상업지역은 다이닝 레스토랑 형식의 '레귤러형', 오피스 밀집지역은 테이크아웃 중심의 '익스프레스형', 공항 및 역사, 대형 쇼핑몰은 '키오스크형' 등으로 세분했으며 가맹점의 매출과 고객 흐름을 실시간으로 분석해 관리해주고 있다.

퀴즈노스서브는 샌드위치가 차가운 음식이라는 고정관념을 깨고 따뜻한 샌드위치를 선보여 경쟁사와 차별화했다. 고객들은 밀빵, 호밀빵,

로즈마리빵 중에서 선택할 수 있으며, 고기와 채소 등 20여 가지 다양한 메뉴를 취향에 맞게 고를 수 있다. 한국인의 입맛에 맞는 샐러드와 피자도 자체 개발해 제공하고 있다.

기업에는 흥망성쇠가 있다. 파리크라상이 출범할 때 고려당, 뉴욕제과를 이길 것이라고는 누구도 예상하지 못했다. 국내 최대 프랜차이즈 회사를 키운 전문가가 운영하는 퀴즈노스서브의 앞날이 관심 가는 이유다. 프랜차이즈업계의 산증인이기도 한 김 사장은 "프랜차이즈업계는 살아 있는 생물 같은 시장입니다. 소비시장의 트렌드에 맞춰 끊임없이 진화하는 업체만이 생존할 수 있습니다"라고 밝혔다.

전문 경영인에서 오너 경영인으로 바뀐 김 사장은 "오너로 경영해보니 최대 관심사는 역시 '자금 문제' 예요. 전문경영인일 때는 그래도 뒤에 오너가 있다는 생각에 '안심' 할 수 있었는데 직접 내 사업을 해보니 회사와 직원을 지켜야 한다는 책임감과 긴장감이 훨씬 큽니다"라고 말했다.

김성동
카페띠아모 대표

아이스크림에 커피, 와플, 샌드위치 등의 메뉴를 접목한 '아이스크림 카페'가 인기다. 아이스크림 카페는 그동안 아이스크림전문점의 단점으로 지적돼온 계절적인 매출 격차를 극복해 창업자들의 관심을 끌고 있다.

여름철에는 아이스크림으로 매출을 올리고, 비수기인 겨울철에는 커피 등으로 매출 공백을 메우는 형태다. 가맹점에서 커피의 매출 비중은 40%에 이른다.

아이스크림 카페의 대표 주자가 젤라또 아이스크림을 판매하는 '카페띠아모(www.ti-amo.co.kr)'다. 이 회사는 카페형 매장 개념을 도입해 기존 테이크아웃 판매 외에 방문 고객을 끌어들여 매출을 늘리고 있다. 프랜차이즈 사업을 시작한 지 4년 만에 전국에 260여 개 가맹점을 확보했다.

외국계 아이스크림이 판치는 시장에서 카페띠아모가 선전한 배경에는 CEO인 김성동 대표의 절대적인 공헌이 있다. 남보다 한발 앞서 아이스크림전문점 시장의 성장 가능성에 주목해 차별화된 아이템으로 진출해 성공을 거뒀다.

특히 소비시장 트렌드가 기존 아이스크림에서 저지방 젤라또 아이스크림으로 바뀔 것으로 판단해 이탈리아식 젤라또 아이스크림에 승부를 걸어 회사를 성장시켰다.

카페띠아모는 국내에 이탈리아 젤라또 아이스크림을 선보여 외국 브랜드가 선점한 프리미엄 아이스크림 시장과 차별화를 시도했다. 젤라또는 천연 원료를 사용하고, 홈메이드 방식으로 매장에서 직접 제조한다는 게 가장 큰 특징이다. 매장에서 즉석 제조해 맛이 신선하고, 유지방 함유량이 낮다는 게 회사의 설명이다.

카페띠아모는 젤라또의 특성을 살리기 위해 품질 관리에 힘을 쏟고 있다. 100% 국내산 우유와 과일, 이탈리아에서 직접 공수해온 젤라또 아이스크림 원료 등을 사용해 매일 아침 아이스크림을 만든다. 인공색소나 방부제 등 화학첨가물은 전혀 사용하지 않으며, 모든 아이스크림에 제조일자를 표시하고, 유통기한도 철저히 지킨다.

해외시장에도 공격적으로 진출하고 있다. 카페띠아모는 일본, 중국, 몽골, 캄보디아 등에 7개 매장을 운영하고 있으며, 미국, 유럽에도 매장을 낼 계획이다. 김 대표는 "커피, 샌드위치 등 다양한 메뉴를 제공해 10대부터 40~50대까지 폭넓은 연령대로 수요층을 확대했습니다"라고 말했다.

김 대표는 몸으로 뛰는 사업가 스타일이다. 시장을 개척하기 위해 밤낮으로 영업을 뛰고 매장 현장을 관리한다. 이것이 아직 젊지만 업계가 김 대표를 주목하는 이유다. 김 대표는 사업에 성공하는 사람은 이유가 있다고 항상 말한다. 남보다 뭔가는 잘하고 특별한 게 있기 때문에 험한 비즈니스 세계에서 살아남을 수 있다는 지론을 갖고 있다.

현철호
네네치킨 대표

　요즘 서울의 치킨시장에서 화제는 단연 '파닭'이다. 젊은이는 물론 중장년층도 기존 치킨 위에 싱싱한 파를 함께 담아주는 파닭을 매우 좋아한다. 자칫 느끼할 수 있는 프라이드치킨 맛을 상쾌하게 만들어주는 데다 파가 웰빙 식재료로도 효능이 높기 때문이다. 이 파닭을 개발한 사람이 현철호 네네치킨 대표다.
　1995년 닭고기 가공업체로 출발한 (주)혜인식품은 '네네치킨' 브랜드로 프랜차이즈 사업에 진출했다. 1999년 경기도 의정부에 1호점을 낸 이래 10년 만인 작년 말 전국 매장이 900를 넘어섰다. 꾸준한 매장 확대에 힘입어 2009년 하반기 들어 매장 수로는 치킨업계에서 2위로 올라섰다. 네네치킨은 매장 수뿐만 아니라 폐점률도 1% 미만으로 높은 안정성을 인정받고 있다.
　특히 네네치킨은 대로변보다 골목상권을 파고들어 자본금이 넉넉지 않은 소자본 창업자들에게 인기를 얻고 있다. 대로변의 경우 권리금이

붙고 임대료가 높아 웬만한 매출로는 수익을 확보하기 어렵기 때문이다. 회사 측은 가맹점주가 수익성을 철저히 분석해 가급적 뒷골목에 매장을 내도록 유도하고 있다.

전체 매출에서 배달 비중이 80%를 넘고, 가정 소비자가 주요 고객층이어서 뒷골목 매장도 영업에 장애가 되지 않는다는 판단에서다. 창업 비용(점포비 제외)은 3,400만 원선이다. 부부가 함께 운영하면 월 500만 원 정도의 순익을 낼 수 있다고 한다.

튼튼한 물류망도 네네치킨의 강점이다. 경기도 양주, 경북 군위, 충북 음성 등에 지역별 생산 거점을 만들어 전국적인 '콜드체인 시스템'을 갖췄다. 맛과 서비스도 차별화하고 있다. 네네치킨은 100% 국내산 최고급 치킨만 사용하며, 트랜스지방을 없애기 위해 순식물성 튀김유를 쓰고 있다. 자체 개발한 전용 포장박스에 치킨과 어울리는 치킨무, 허니머스터드, 양배추샐러드, 콘샐러드를 함께 배달해 소비자들의 사랑을 받고 있다.

네네치킨은 최근 굽는 치킨 선호 경향에 맞춰 구이 전용 제2브랜드를 2009년 하반기 선보였다. 치킨업계에서 처음으로 '원 숍 투 브랜드' 개념을 도입해 기존 점포의 매출 확대를 지원할 방침이다. 현 대표는 "자영업자에게 가장 중요한 것은 안정적인 가게 운영입니다. 반짝하는 브랜드가 아니라 30~40년 영속하는 회사를 만드는 게 목표입니다"라고 강조했다.

이 같은 네네치킨의 성장은 건국대 축산학과 출신인 현 대표가 있기에 가능했다. 현 대표는 마니커 등 관련업계에서 25년간 종사한 닭고기 전문가다. 현 대표는 항상 웃는 얼굴로 사람을 대하는 '덕장' 스타일의 경영자다. 그런 현 대표가 외식업계에서도 경쟁이 가장 치열한 치킨업계에서 정상을 눈앞에 두고 있는 것은 특유의 성실함과 끊임없는 열정에 기인한 것이다. 현 대표는 신메뉴, 포장박스 개발은 물론 회사 광고 문구까지 꼼꼼히 챙기고 있다. 회사의 작은 일 하나하나가 모여 거대한 글로벌 브랜드를 만든다는 것이 현 대표의 생각이다. 네네치킨이 국내 시장을 벗어나 글로벌 시장에서 활약하기를 기대해본다.

정수연
프레쉬버거·할리스커피 대표

토종 커피 브랜드인 할리스커피가 수제버거 시장에 새로 진출해 주목받고 있다. 이 회사는 일본의 대표 버거 브랜드인 '프레쉬니스버거' 국내법인을 2009년 7월 인수한 뒤 '프레쉬버거'로 이름을 바꾸고 공격적으로 매장을 늘려가고 있다. 프레쉬버거 매장은 현재 서울 포스코점 등 4개 직영점을 포함해 총 13개가 있다.

프레쉬버거는 신선한 재료를 사용한 홈메이드 버거를 내세워 패스트푸드 햄버거와 차별화를 시도하고 있다. 회사 심벌도 집에서 어머니가 만들어주는 햄버거 맛을 느낄 수 있는 장소를 형상화하고 따뜻한 매장 분위기를 강조했다. 가격은 6,500원(치즈버거 기준)으로 기존 햄버거보다 50%가량 비싸다. 화이트 컬러를 기반으로 하고 브라운 컬러를 포인트로 활용해 고객들이 편안함을 느낄 수 있는 '카페형 버거숍'을 콘셉트로 내세우고 있다.

이곳에서는 단호박, 오징어먹물 등 건강에 좋은 재료로 만든 빵과 식자재를 사용하고 있다. 매장에서 직접 만든 과일주스나 수프, 샐러드 등 다양한 사이드 메뉴를 함께 제공해 균형 잡힌 식단을 강조하고 있다.

소비자가 매장에서 세계 각국의 여러 가지 소스도 직접 골라 먹을 수 있도록 해 '맛'과 함께 '먹는 재미'를 제공하고 있다는 평가를 듣는다. 대표 메뉴는 먹물 번(빵)과 담백한 대구살을 조화시킨 '오션버거', 부드러운 액상 치즈의 진한 맛을 느낄 수 있는 '치즈버거'다. 프레쉬버거를 인수한 (주)할리스는 1998년 6월 서울 강남에 1호점을 오픈했으며, 2009년 10월 현재 전국에 204개 매장을 확보한 국내 커피전문점 시장 2위 업체다. 급팽창하는 커피전문점에다 고급 버거점을 연계해 시너지 효과를 거두겠다는 게 회사 전략이다.

할리스커피와 프레쉬버거의 사령탑을 맡고 있는 정수연 대표는 두산 KFC에서 마케팅팀장을 지낸 프랜차이즈업계 전문가다. 두산 근무 당시 패스트푸드업계에서 처음으로 마일리지카드, 판매시점정보관리(POS) 시스템을 도입하는 등 경영혁신을 선도했다. 2004년 할리스 대표로 영입된 뒤 공격적인 영업으로 회사를 키워왔다.

정 대표는 "국내에서도 프리미엄 버거 수요가 늘어날 것으로 판단해 신규 진출을 결정했습니다. 카페형 버거 매장으로 소비자를 공략해 시장 트렌드를 바꿔 새 바람을 일으킬 것입니다"라고 강조했다. 정 대표는 또 "수도권과 지방에도 본격 진출해 2010년 말까지 50호점을 열 계획이며, 장기적으로 300호점을 목표로 하고 있습니다"라고 덧붙였다.

정 대표는 외식시장에서 성공하려면 소비시장 트렌드를 남보다 미리

읽어야 한다고 강조했다. 시장은 항상 변하고, 소비자의 니즈는 더 빨리 변하기 때문에 이러한 변화를 제대로 찾아내야 선도적으로 대응해 업계를 리드할 수 있다는 것이다. 대기업을 거쳐 최고경영자로 사업에 나선 정 대표의 프레쉬버거와 할리스커피의 활약이 기대된다.

홍종흔
마인츠돔 사장

올해부터 본격적으로 쏟아져 나오는 베이비 붐 세대 은퇴자들이 가장 하고 싶어하는 자영업 가운데 하나가 제과점이다. 남 보기에도 깔끔하고 관리만 잘하면 수익 좋고 평생 할 수 있다는 게 장점이다. 하지만 베이커리 업계에선 파리크라상, 뚜레쥬르 등 대기업 계열 프랜차이즈들이 시장을 장악해 개별 독립 제과점들은 설자리를 잃어가고 있다.

대기업들이 시장을 좌지우지하는 베이커리 업계에서 중소업체 '마인츠돔(MAINZ DOM)'이 화제다. 대형 베이커리 프랜차이즈들의 공세로 중소 제과점들이 속속 문을 닫고 있는데 마인츠돔은 장인의 손맛을 내세워 점포를 꾸준히 늘려가고 있다. 중산층 소비자들이 많은 서울 강남이나 분당에서 파리크라상, 뚜레쥬르와 승부를 벌여 선전 중이다.

"빵집은 역시 맛이죠. 대형 업체보다 더 좋은 식재료를 쓰고 맛에서 앞선다면 중소 업체도 충분히 승산이 있어요." 홍종흔 사장은 "대기업에 비해 자금과 조직력에서 열세지만 빵 장인들이 매장에서 신선한 제품을 직접 만들어 팔기 때문에 마니아 소비자들에게 평가를 받은 것 같습니다"라고 말했다. 서울 강남의 한신아파트 인근 본점에서 만난 홍 사장은 잘생긴 이웃집 아저씨 같은 인상이었다.

홍 사장은 국내 베이커리 업계에서 최고 장인으로 꼽힌다. 고등학교 2학년이던 1981년 돈을 벌겠다고 무작정 상경해 학원에서 제과 · 제빵 기술을 배운 뒤 빵 명가(名家)인 나폴레옹제과를 시작으로 30년째 제빵 업계에서 한 우물을 파왔다. 2005년 프랑스 제과월드컵에 나가 한국인 최초로 케이크 부문 1위를 차지한 기록을 갖고 있다.

마인츠돔은 1월 현재 전국에 30여 개 매장을 운영 중이다. 직영점이 7개에 달해 다른 프랜차이즈 업체에 비해 직영점 비중이 높은 것도 특징적이다. 가맹점은 대부분 본사에서 빵을 만들던 제빵사들이 독립해 운영하는 곳이다. 홍 사장은 "품질 좋은 빵을 만들려면 제빵사들이 가게에 상주하면서 관리해야 합니다"라고 지적했다.

마인츠돔은 홍 사장이 두 번째로 도전한 빵 프랜차이즈 브랜드다. 1990년대 중반 '프랑세즈'로 가맹점 사업을 시작해 40여 개까지 운영했으나 외환위기가 터져 실패한 경험이 있다. 홍 사장은 2000년 독일 마인츠로 연수를 가 유럽풍 제빵기술을 배운 뒤 2001년 서울 잠원동 한신아파트 앞에 마인츠돔 1호점을 내고 다시 도전했다. 마인츠돔은 잠원에 이어 반포, 올림픽선수촌아파트, 분당 등 중산층 지역을 집중적으로 파고들어 입소문으로 이름을 알렸다.

대형 프랜차이즈와의 경쟁 대책을 묻자 홍 사장은 "사업을 전국적으로 확대하려면 자본과 마케팅력이 필요해 대기업과 자본 유치 협상을 벌여 마무리 단계에 있으며 브랜드 파워를 키우기 위해 마케팅을 강화하고 있습니다"라고 밝혔다. 홍 사장은 또 "1억 원 정도의 소자본으로 창업을 희망하는 사람들이 많아 매장 규모와 취급 품목을 대폭 줄인 소형 베이커리 사업도 검토 중입니다"라고 밝혔다.

대기업의 공세로 중소 업체들이 설자리를 잃어가는 현실에서 홍 사장이 빵 장인의 자존심을 지켜주길 기대해본다.

성공 자영업 컨설팅 후기

한국경제신문이 중소기업청과 공동으로 2007년부터 영세 자영업자들을 위하여 자영업 무료컨설팅사업을 실시한 지 벌써 3년이 되었다. 작년 말 지면컨설팅은 100회를 넘겼다.

그동안 참여한 기자도 4명이나 되고, 2009년 컨설팅에 참여한 전문가들만 최재봉 소장, 박민구 부원장 외에도 20여 명이나 된다. 사실 컨설팅을 신청하고 애타게 기다린 자영업자들도 많았지만 한정된 지면과 예산으로 모든 자영업자들에게 다 찾아가지 못한 점은 못내 아쉽다.

지난 3년 동안 88개 자영업 현장을 따라다니면서 현장의 다양한 목소리와 애로사항을 경청하고, 대안을 제시하고, 실행방안을 권고했다. 물론 컨설팅을 받은 88개 업체가 모두 변신하고 실적이 좋아진 것은 아니다. 그동안 경영이 악화되거나 주변 여건으로 문을 닫은 업체도 있을 것이다.

그러나 한경 자영업 희망콜센터(02-360-4004)를 통해 사후관리해본 결과 업체들이 대부분 기대 이상의 호응으로 경영개선을 이루어 매출 상승으로 이어진 것으로 나타났다. 독자들이 가장 궁금해 하는 컨설팅 후기나 에피소드는 각설한다. 매출상승으로 이어진 업체들의 결과를 두고 많은 자영업자들이 한국경제신문과 참여한 컨설턴트들에게 고마움을 전했다. 멀리서 김장김치나 과일, 신상품 등을 택배로 보내 고마움을 표시하기도 했다.

컨설팅을 받은 수많은 자영업자들 중 제시한 대안이나 권고사항을 받아들이고 행동으로 옮기기 위해 노력한 분들만 성공이라는 결실을 맺었다.

그들의 매출 상승과 수익 상승이 전문가 몫이라고는 생각지 않는다. 성공사업자로 변신한 것은 전문가의 몫이 아니라 자영업자 자신들의 몫이었다고 믿는다. 처방전을 아무리 좋게 써줘도 행동으로 옮기지 않으면 무용지물이기 때문이다.

혼자 헤쳐 나가기 어려우면 전문가에게 적극적으로 손을 내밀어보는 자세도 필요하다. 최선책은 아닐지라도 차선책은 된다는 믿음이 가면 능동적으로 실천해야 한다. 이러한 자세야말로 현재 자영업의 어려움을 극복하는 지름길이 아닐까 싶다.

한경 자영업종합지원단에서는 지면관계나 지리적 여건으로 수혜 받지 못한 자영업자들을 위하여 한경 자영업 희망콜센터를 개설해 전화나 방문상담을 할 수 있는 여건도 마련해두었다. 경영난에 시달리는 자영업자들에게 한경 자영업 무료컨설팅으로 희망의 메시지를 전할 수 있는 좋은 기회가 되기를 기대해본다.

이제 2010년이 밝았다. 올해에도 더욱 발전된 모습으로 중소기업청과 함께 한국경제신문 지면을 통하여 자영업 현장을 찾아다닐 것이다. 자영업이 국가 경제발전의 애물단지가 아니라 신성장산업의 동력이 되는 그날까지.

한국경제신문 자영업종합지원단
최재희 단장(jes2000@naver.com)

중앙경제평론사
중앙생활사

Joongang Economy Publishing Co./Joongang Life Publishing Co.

중앙경제평론사는 오늘보다 나은 내일을 창조한다는 신념 아래 설립된 경제·경영서 전문 출판사로서 성공을 꿈꾸는 직장인, 경영인에게 전문지식과 자기계발의 지혜를 주는 책을 발간하고 있습니다.

손님 모이는 가게 따로 있다

초판 1쇄 발행 | 2010년 3월 12일
초판 3쇄 발행 | 2012년 11월 15일

지은이 | 최인한·최재희(Inhan Choi·Jaehee Choi)
펴낸이 | 최점옥(Jeomog Choi)
펴낸곳 | 중앙경제평론사((Joongang Economy Publishing Co.)

대　　표 | 김용주
책임편집 | 이상희
본문디자인 | 신경선

출력 | 영신사　종이 | 한솔PNS　인쇄·제본 | 영신사

잘못된 책은 바꾸어 드립니다.

ISBN 978-89-6054-068-2(14320)
ISBN 978-89-6054-067-5(세트)

등록 | 1991년 4월 10일 제2-1153호
주소 | ⑨100-826 서울시 중구 다산로20길 5(신당4동 340-128) 중앙빌딩 4층
전화 | (02)2253-4463(代)　팩스 | (02)2253-7988
홈페이지 | www.japub.co.kr　이메일 | japub@naver.com | japub21@empas.com
♣ 중앙경제평론사는 중앙생활사·중앙에듀북스와 자매회사입니다.

Copyright ⓒ 2010 by 최인한·최재희
이 책은 중앙경제평론사가 저작권자와의 계약에 따라 발행한 것이므로 본사의 서면 허락 없이는 어떠한 형태나 수단으로도 이 책의 내용을 이용하지 못합니다.

▶홈페이지에서 구입하시면 많은 혜택이 있습니다.

중앙북샵　www.japub.co.kr
전화주문 : 02) 2253-4463

※ 이 도서의 국립중앙도서관 출판시도서목록(CIP)은 e-CIP 홈페이지(www.nl.go.kr/cip.php)에서 이용하실 수 있습니다.(CIP제어번호: CIP2010000512)